横山健堂著

新訂版

日本相撲史

（中尾方一氏蔵）

櫓太鼓の面影　浮世絵 広重名所江戸百景 両国回向院元柳橋（本文 165 頁）

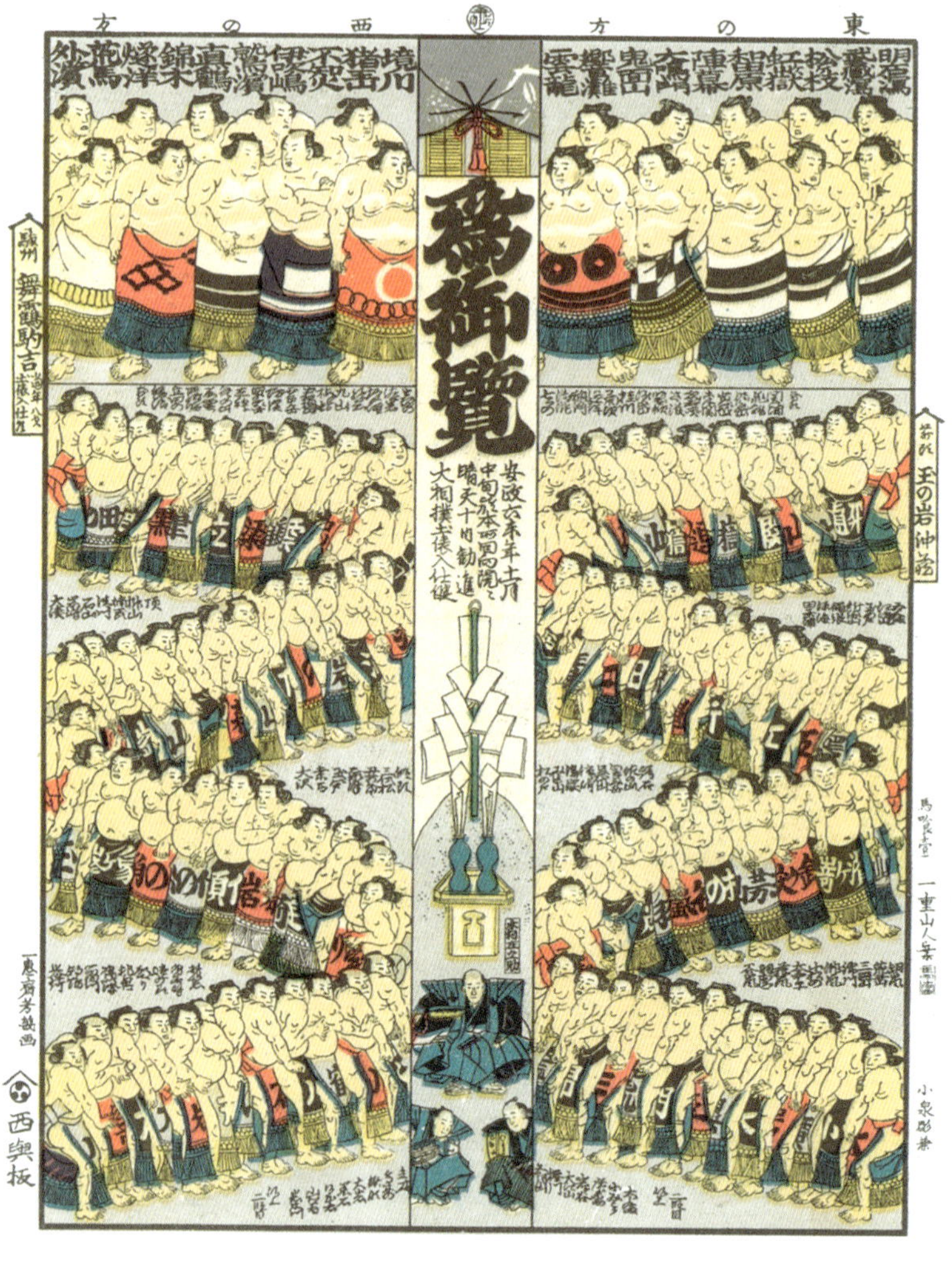

（中尾方一氏蔵）

安政 6 年 11 月 両国回向院勧進相撲番付（本文 129 頁）

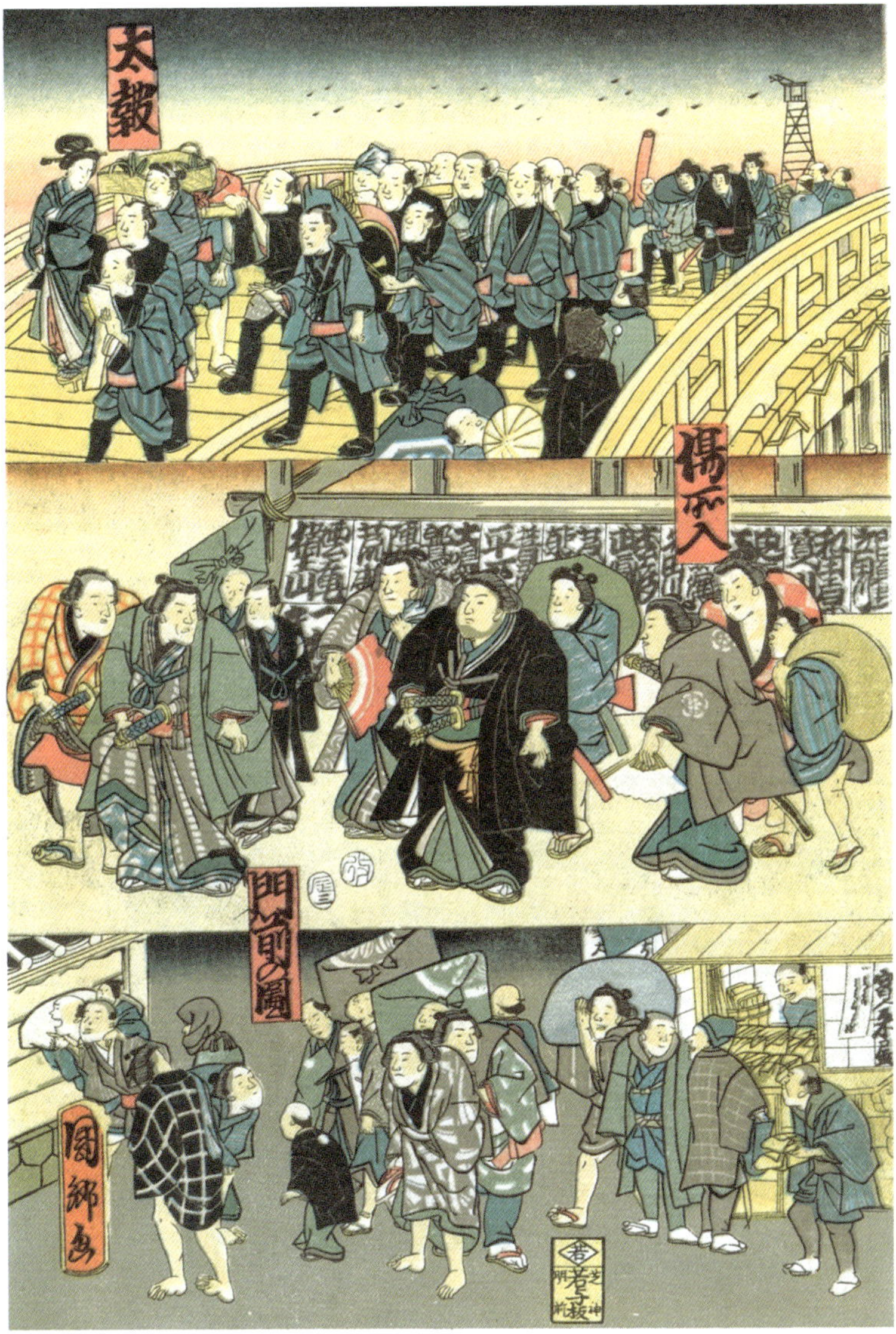

江戸時代両国回向院大相撲の図　3枚続き その一（本文175頁）

同　図　3枚続き その二（本文175頁）

同　図　3枚続き その三（本文175頁）

赤沢山相撲の図（本文 32 頁）　　　　（中尾方一氏蔵）

初代木村庄之助正秀肖像（本文六一頁）

（中尾方一氏蔵）

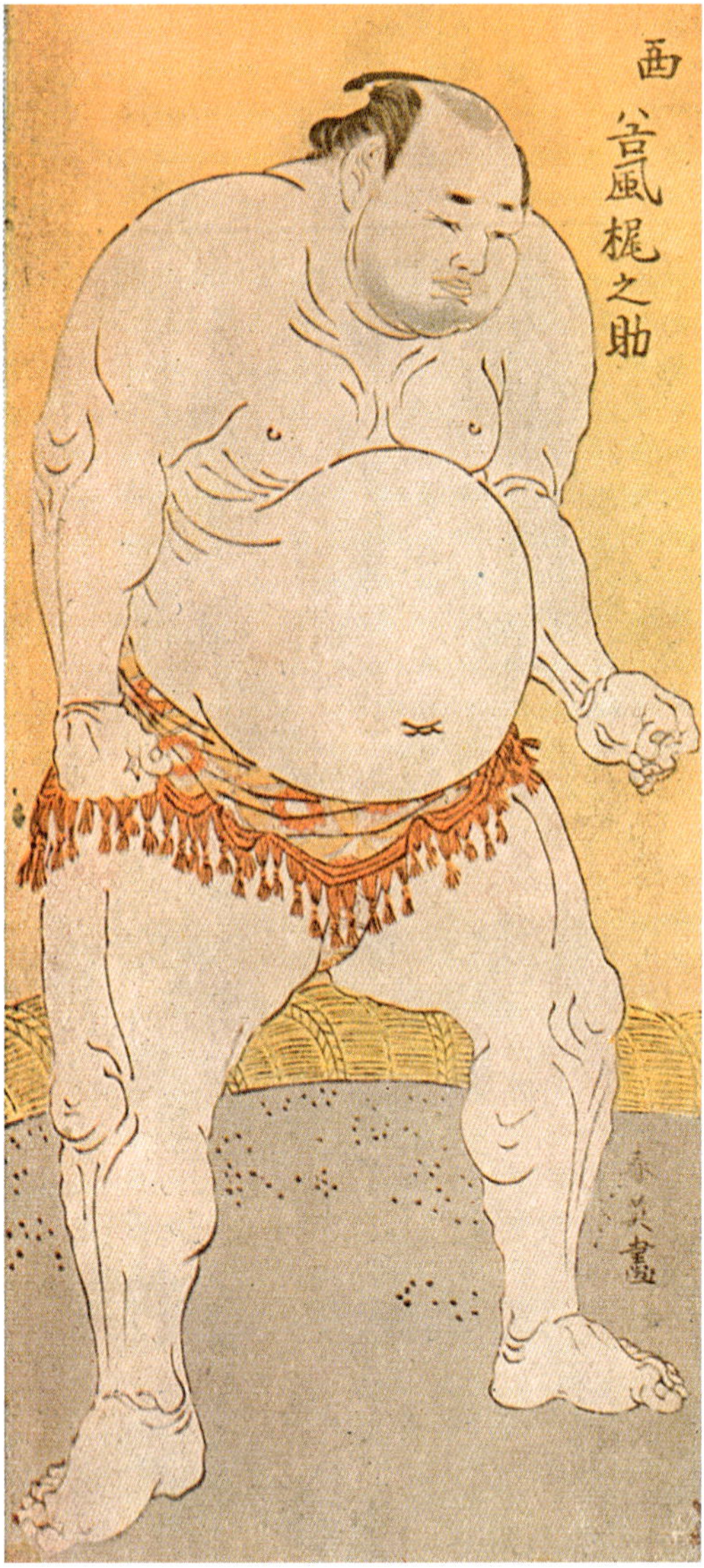

谷風梶之助画像（本文七九頁）

（中尾方一氏蔵）

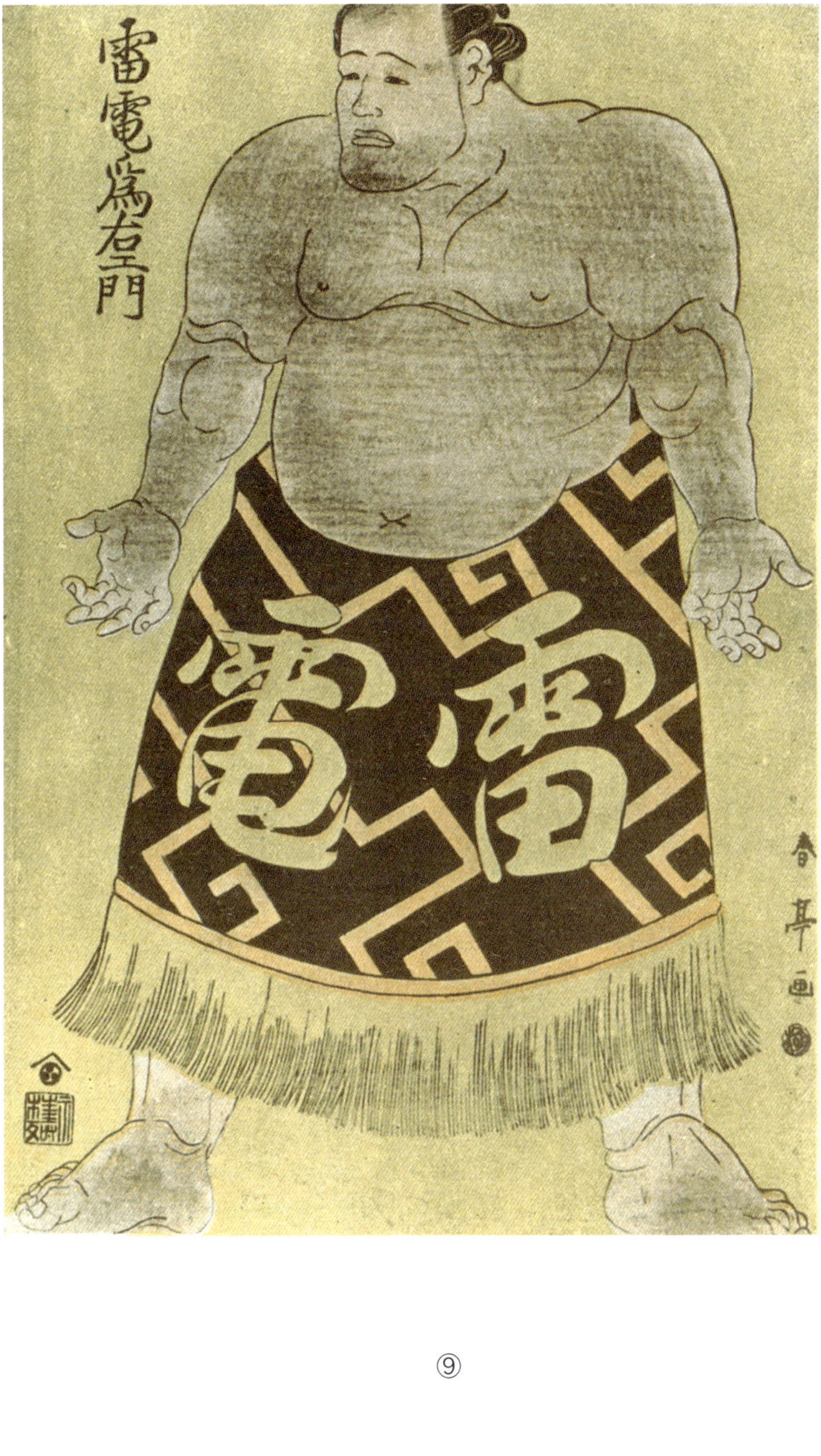

雷電為右衛門画像（本文九五頁）

（中尾方一氏蔵）

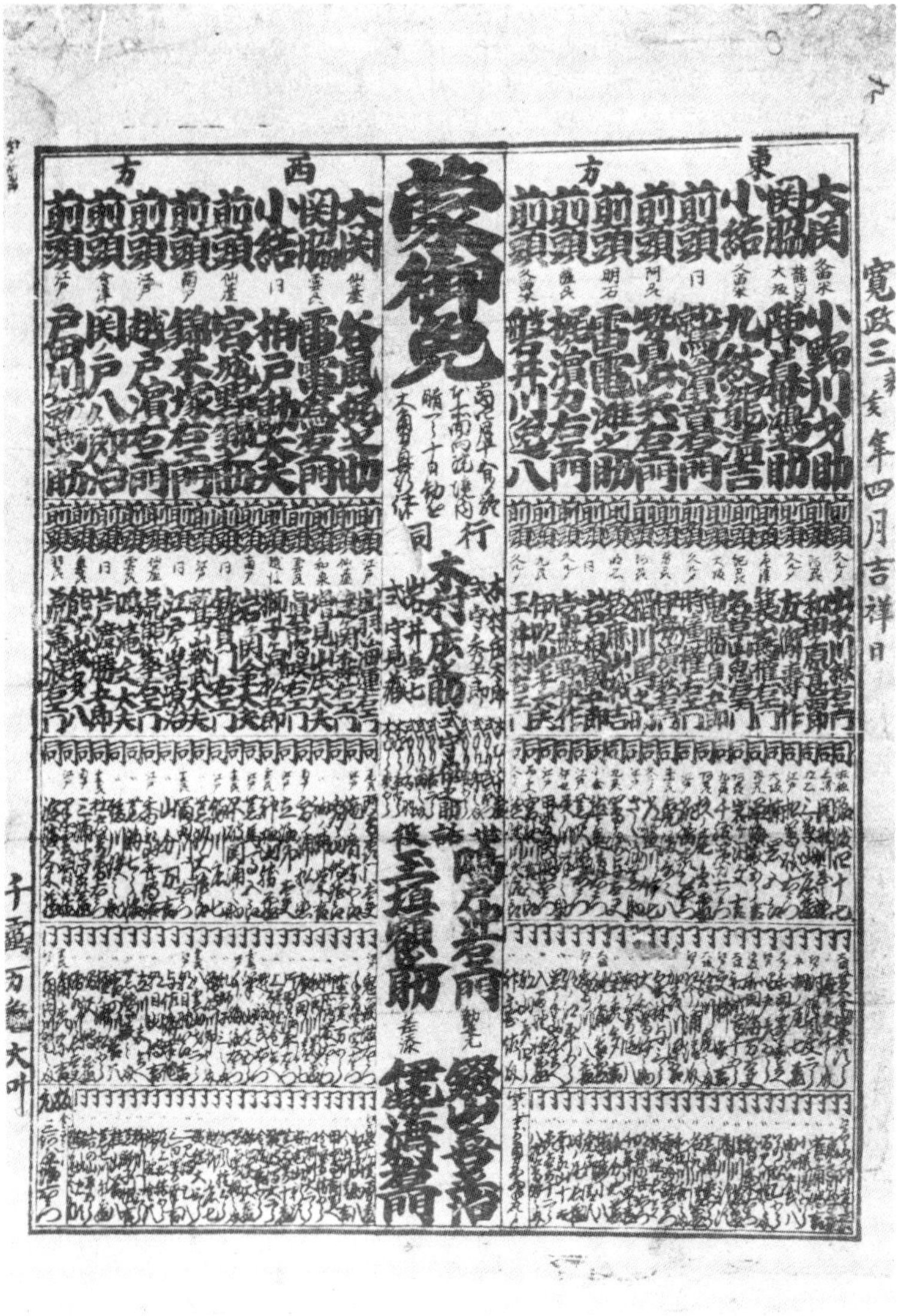

寛政３年４月 番付（本文95頁）

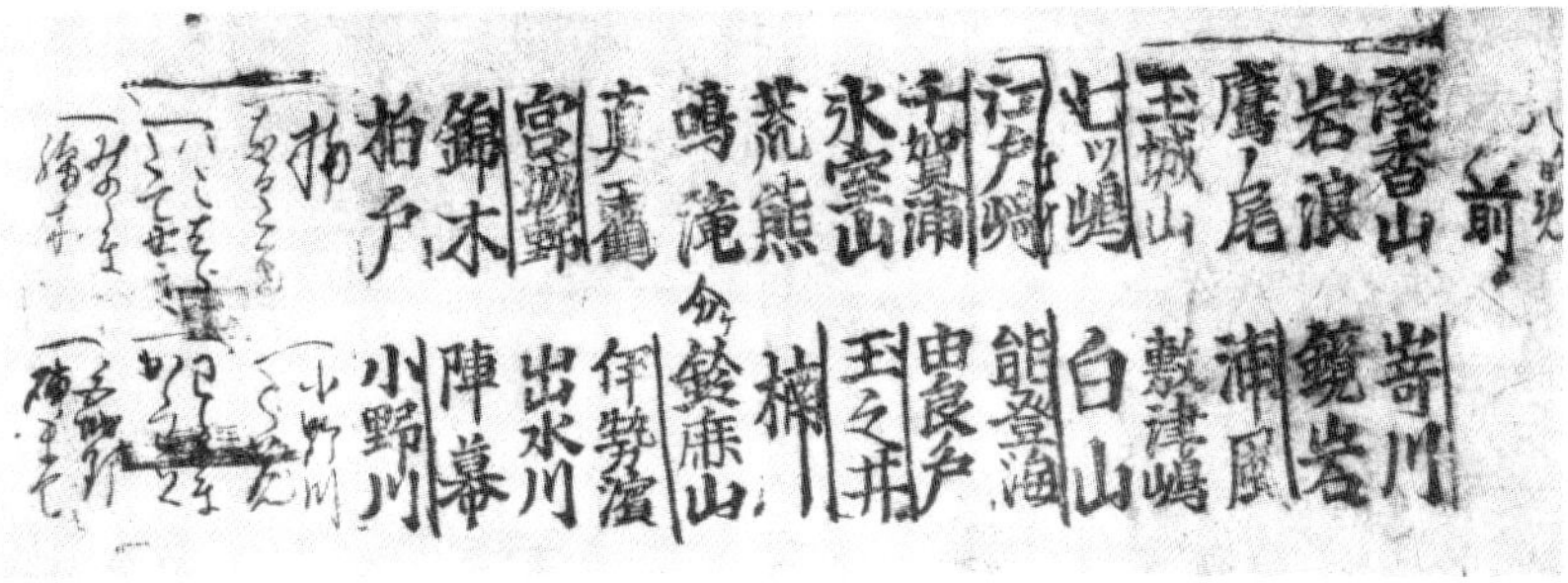

右図は寛政三年四月発行の夏場所東西力士番付で、「当四月十五日より於本所回向院内晴天十日勧進大角力興行仕候」とある。現在のように鉄傘の下で晴雨をものともせず興行できるのと比べて興味ある文句である。丈永紙木板刷である。

上図は年次と場所は分からないが、八日目の取組番付で、丈永紙半切木板刷で現今の更紙活版刷と比べてみて隔世の感がある。

（中尾方一氏蔵）

生月鯨太左衛門画像（本文一四〇頁）

（中尾方一氏蔵）

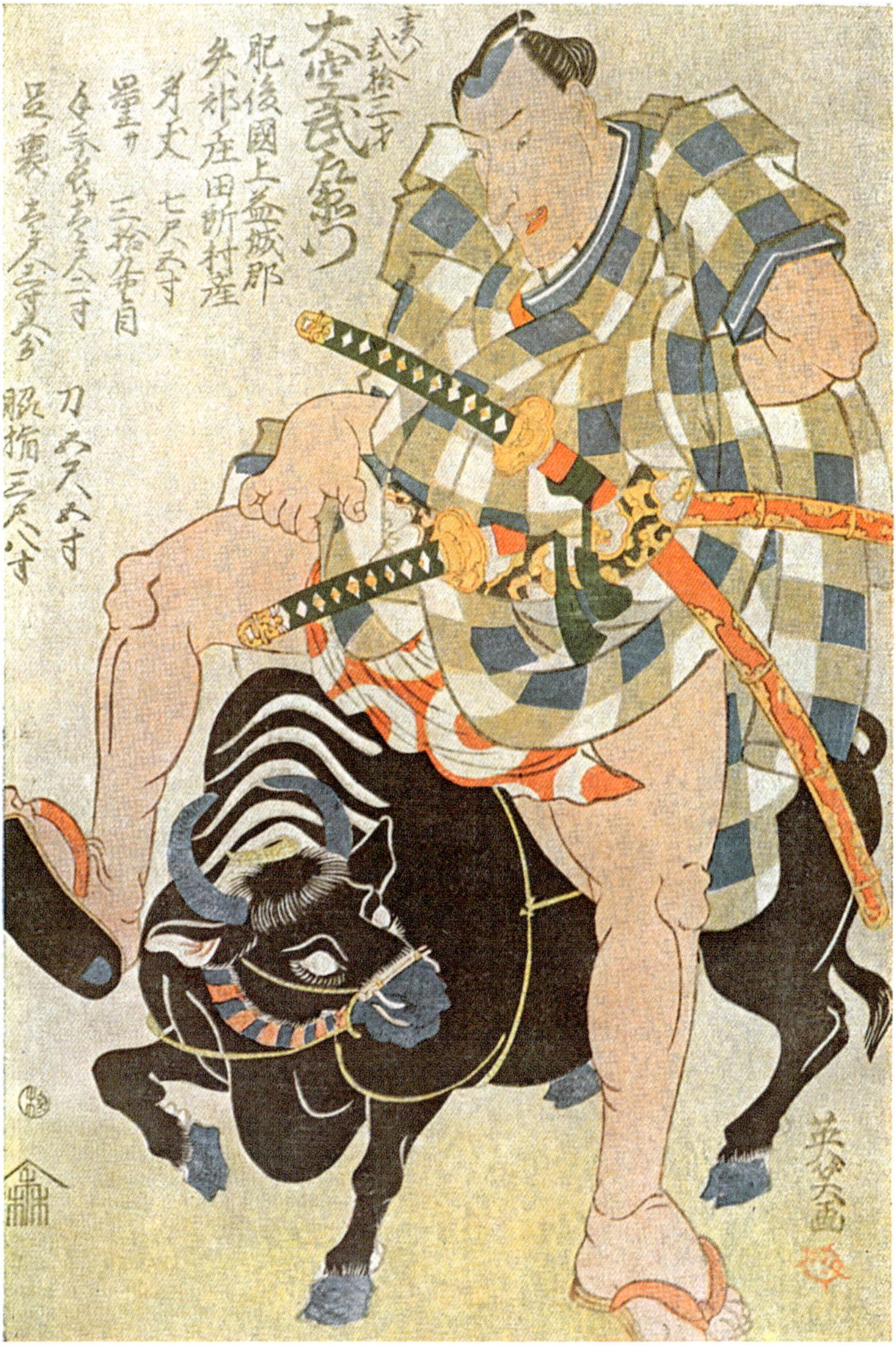

大空武左衛門画像（本文 141 頁）　　（中尾方一氏蔵）

丸山権太左衛門画像（本文 143 頁）　　　　（中尾方一氏蔵）

国技館の一日

——（序言に代えて）——

拙著日本相撲史の校正がほぼ完了に近づいたから、序言を書かねばならぬと考えていると、幸いに上京中の郷里の知人から、桟敷《さじき》を取っておいたからといって、大相撲初日に招かれたので、久しぶりに初日を観た。今から二十年前頃までは、年両度の大場所は、毎日ぶっ通し観ていたから、知人などは、君はもう木戸御免だろうと言う者もあったくらいだが、その後、身辺事情の変化のために、一場所四日も観れば精々というようになり、前晩から押掛けて鉄傘《てっさん》下を占領、二日掛かりの見物という凄い初日の壮観などは、新聞で見るばかりであったから、この意味において、この度の初日観角は一層興味の深いものであった。

従来、大相撲の初日は木戸銭がやすいものだから、歌舞伎座の初日に対すると同じような感想を抱く者もあるようだが、それは大変な見当違いである。蓋《ふた》を開けたばかりの歌舞伎座は、俳優が未だ台詞《せりふ》をよく覚えないために、黒衣《くろご》が後ろにつく必要があったりして、実質上、初日はやすいのが当然だが、大相撲はそれとはおおいに趣《おもむき》を異にし、初日をやすくするのは開業祝の意味であり、相撲としては真剣中の真剣、最も純真なうぶな勝負が観られるのである。移動稽古場のような地方巡業の花相撲を長らくやって来た力士が久しぶりの真剣勝負に臨《のぞ》むのだから、いやが上に張り切って登場する。柵《さく》を離れた奔馬《ほんば》の勢いを現すものもあれば、緊張し過ぎて固くなるのもあり、幸先《さいさき》よく最初の一番をと、だれもかれも颯爽《さっそう》としている。投げた一箇の麩《ふ》に飛びつく群鯉の潑剌《はつらつ》たる気分が土俵に漲《みなぎ》っている。大相撲は続けて観ていれば一日一日と新しい興味が絶えず湧いて来るが、何としても初日の土俵には他に観られぬ清新さがある。故横綱大錦《おおにしき》が私に述懐した話に、大場所中につらいことは、自分の負けた噂《うわさ》がひろがるのを思うことで、終わりの二、三日となれば、噂されるのも短いから気が軽くなるが、初め頃に負けると、その噂が場所中、長く続くからたまりませんと言ったが、力士には、このような見物には知られぬ苦衷《くちゅう》がある。初めには負けても後に勝てばいいと言ったわけのものではない。大錦の話のようだと、同じ負ける一つとしても、初日の負けが一番嫌なことでなければならぬ。初日に負けて発憤の種になることもあれば、それで腐ることもあるらしい。初日の土俵は、きわめて清新潑剌たるのみならずして、この如く意義の深いものがある。

こういう風な感興で観ていると、果然《かぜん》、この日の勝負は非常におもしろいものがあった。幕下のホープといわれる三根山《みつねやま》は、体が一向動かずに負けた。固くなり過ぎたのだ。十両の全勝を期待された東富士《あずまふじ》も脆《もろ》く敗れた。俊敏、隼の如くであった金湊《かねみなと》が動けなくなったのを観ると有為《うい》転変の感を深くする。幕内では、ひときわ大剛ぶりを加えて来たのは相模川《さがみがわ》だ。太刀山《たちやま》と男女《みな》の川《がわ》とを寄せて二で割ったようなのが今の彼である。心機一転したら太刀山らしくなるであろう。相撲合理化の名人笠置山《かさぎやま》が強剛鶴《つる》ヶ嶺《みね》に対する力戦もまた興味深いものがあった。笠置山は得意の二枚蹴りを連発して鶴を崩したが、同時に小躯《しょうく》の自分が潰れた。物言《ものい》いついて取り直し、前と同じ立合い、同じ作戦を繰り返して、今度は笠置が明らかに敗れ去った。智将といわれる笠置には敵陣を脅やかす新作戦があるかと期待したが、あのように強敵に十分用心されては、奇襲を施すべき見込みはない。再び二枚蹴りの一途に出たのは、前の勝負は、二枚蹴りがもう一息というところだったという自信に駆られたのか、あの場合、そうする外《ほか》に手がなかったのか。ここは検討を要するところだろうが、とかく必死の場になると、本能的に得意の手を出すものである。

大《おお》の里《さと》以来、清瀬川《きよせがわ》、幡瀬川《はたせがわ》、旭川《あさひかわ》など相撲上手が続出したが、今では出羽湊《でわみなと》が業師であろう。出羽の相撲には柔らかな曲線美があるとでも言おうか。彼の業師たる本領が潜り相撲ではない。この日、自分よりずっと上背のある強い松浦潟《まつうらがた》に低く組まれ、松の頭を彼の胸に受けて、高い構えとなったので、彼危うしと観ていると、じっと自分の備《そな》えを固めつつ、機を見て蹴って敵の体を崩し、すぐ付け入っての二丁投げは鮮やかだった。この日、第一等の名勝負であろう。その変化の早いことと、前捌《さば》きの巧いのとは、明治の名力士源氏山《げんじやま》以来、稀《まれ》に見る逸材である。これほどの業師だから、一度は双葉山《ふたばやま》攻略の旗を揚げたい希望を持ったらしいが、相手の双葉山は、弾丸のような、手裏剣のような突撃相撲には往々破られるが、決して上手という相撲には敗れたことはない。双葉は洗錬し切った相撲である。これを突破するには蛮勇を要するが、出羽には蛮勇が欠けている。そこに出羽湊の悩みがある。

競馬ファンの見物が、この日、豊島《とよしま》が楯甲《たてかぶと》を突いて出て躱《かわ》されて前に這ったのと、羽黒山《はぐろやま》が九州山《きゅうしゅうざん》に引き落とされたのと、二つの番狂わせは、大穴というところだと話していた。まったく相撲は、取ってみなければ分からぬものだ。豊島の突っ張りは、鉄砲を放つようだから、目標が移動すると、弾丸が空を打つのである。羽黒と九州との対場は猫と鼠との戦いのようだったが、猫がついに鼠に喰われた。九州山は大陸の戦場から帰来して、土俵を戦場として荒れまわる、覇気勃々《ぼつぼつ》、奇襲を生命とする精悍児である。小駆非力だから魁偉《かいい》大力の羽黒を衝《つ》くには、神経戦の作戦に出る外《ほか》はなかろうと観ていると、殺気満面、立ち上がるや、猛烈にもろ手突きに突きかけ、突きかけては飛び退《の》き、飛び退いてはまた突きかけ、ひたすら敵陣撹乱に邁進した。果たして羽黒は怖気《おじけ》ついたのか、用心し過ぎたというものか、守《まもり》を固くしているばかりで、敵の突っ張りに合わせているうち、知らず知らず誘《みちび》き出されて、脚は伴《ともな》わぬに、上半身のみが著しく前進して来た途端に、九州この機を逸せず、さっと蹴って引くようにすると、大剛の羽黒山ペタリと両膝着いた。この大敗北、九州の蹴りも引きも有力なものではなく、神経戦に精神動揺した羽黒山の自滅というが至当であろう。

この日、土俵上の興味を満喫したばかりではなく、各方面における角道革新の光景を見た。国技館、出入法の改良、殊《こと》にはねた刹那の混雑の防止等はもちろん。土俵上における力士の礼儀正しくなったこと、大鉄傘下における国民儀礼、満場幾万人総起立して国歌合唱、天皇陛下の万歳三唱に至っては、他に比類なき民族的壮観にして、国技館は面目を一新したものというべく、国運を賭《と》しての大東亜戦争が土俵上に及ぼした影響の最も光栄あるものである。しかし大相撲が国技という美名を全《まっと》うするには、設備、経営、組織及び斯道《しどう》の技術等に渉《わた》って研究改善すべきものは、まだ多々あるであろう。

この日、私を案内してくれた同郷の紳士は、三十年前、東京の玉椿《たまつばき》に対して、等しく小躯ながら大坂の玉椿として鳴らした経歴を有し、角界には縁故が深い。国技館がはねてから、さらに私を出羽海《でわのうみ》部屋に案内し、名力士両国《りょうごく》の接待を受け、瀟洒《しょうしゃ》とした小庭に沿うた座敷で、隅田川を眺めつつ茶を喫んだのは風流なことであった。それから、両国が得意の手料理を御馳走するからと、招かれて浜町三丁目の自宅に行き、佳肴清酌《かこうせいしゃく》、半夜の快談をしたのは、意外の感興であった。両国は長崎人だから郷里に因《ちな》んで瓊《たま》ノ浦《うら》の名で鳴らしてから、角道に名高き両国梶之助《かじのすけ》を襲名し、幕内生活十年、本名太田勇雄、三十六歳。身長五尺八寸、幕内としては肥満せず、体重は二十二貫二百目の二の字尽しで軽いが、しかし虎のように腹は引っ込み肩は盛り上がって隆々《りゅうりゅう》たる双腕の筋肉、なるほど、これであの櫓投《やぐらな》げをやるのだなと感嘆した。古来、櫓投げの名手少なからずといえども一際《ひときわ》目立つ彼の櫓投げは、かねて私の憧憬《どうけい》の一つであった。今や私は計らずも彼の室に座し、彼と肩を並べて談笑しているのである。両国の印象は意表に出ることが多く、相撲振りのキビキビした男性的の離《はな》れ業《わざ》をやるのに、言葉少なにニコニコしている好漢、しかも庖刀《ほうとう》の冴えの鮮やかさにも驚かされたが、何よりも驚いたのは、その居宅。調度すべてが整斉《せいせい》雅潔にして、家の中が歌舞伎座の舞台の書割《かきわり》のように綺麗なことである。両国は、「私の家内は布団が一寸《ちょっと》曲がっていても嫌《いや》だといって直します」と言って、押入れをあけると、真っ白な絹の寝具が、正しく奉書紙を重ねたようである。私ども土俵の上で竜驤《りゅうじょう》虎闘《ことう》する裸金剛が、この如く絵に描いたような生活をしていようとは思いがけなかった。私は今まで土俵の力士しか知らなかった、その人間味の一面を今初めて見たのである。

……………………………

私は遠き数代以前のことは分からぬが、私の曾祖父以来、代々の相撲好きで、私も伝統的に相撲を観たり、自分でも少しは稽古したこともあり、したがって相撲に関する古今の文書を耽読し、東京に出て、大相撲を観ることになってから、ますますその趣味を発酵せしめ、新聞や雑誌に相撲に関する批評や随筆を書いた。新著、日本相撲史は、私の家系及び私自身の趣味の結晶にして、この超非常時の社会趣味の啓発に多少なりとも貢献することを期するものである。

本書編纂に当っては、故大錦卯一郎、中尾方一、加藤進、上園一樹等の諸友に負うところ少なからず、ここに特筆して敬意を表す。

昭和十七年五月十夜、大相撲初日より帰りて

横山健堂記

目次

本書は昭和十八年一月、冨山房発行の復刻版です。

旧字を新字に、旧かなづかいを新かなづかいに直しましたが、当時の日本語の表現をできるだけ活かしています。

なお、文中の力士の身長や体重は、原文のまま尺貫法で記しました。現代の単位に換算すると一尺は約三〇・三センチメートル、一貫は三・七五キログラムに相当します。

また、原書の皇紀年は西暦に改めました。生年及びその月日が諸説ある場合があり、年齢が一部、数え年になっている場合があります。

一　角力の起原

（一）

相撲また角力《すもう》と書き、現在においては、この二つの称呼が最も広く通用している。互いに力を角《かく》するの技であることはいうまでもない。角力の名称、字義等は、改めて後に記すであろう。そもそも、角力の起原は漠としている。世界諸国、到るところ、太古の代より角力らしいものが行われていて、そして概《おおむ》ね今までそれが伝わっている。しかしそれを国技として誇《ほこ》りとしているのは、我が国だけであり、また単に技術としても、日本の角力が世界的に最も高尚、優雅な発達を遂げているのみならず、ますます発達すべき将来性を有している。

我が国の角力は、遠く神代のむかし、建御雷神《たけみかづちのかみ》と建御名方主神《たけみなかたのかみ》とが、出雲の小浜で力くらべをされたことが神代記に見えている。

「力競《ちからくらべ》」というは我が国固有の術名である。この時、建御雷神より、力競せんと求められたるを見れば、「力競」というは、すでに定まった術名であったことが分かる。また、「力競」の方法として、互いに手を取らんことを求められたのであった。敵手の手を取って強く引く、または刎《は》ねるのであった。神代の「力競」というのは、このような簡単なものであった。しかし数千年を経て今日に至っても、この「手」と「取る」との両語はいつまでも失われずして、角力において術のことを手といい、組むといわずして取るというは、遠く神代に淵源している。

この時の両神の力競は、今の角力とはよほど違う。また神代の角力は、果たして日本固有のものであったか、外国の影響を受けた点があるかということについては、遺憾ながら未だこれを明らかにすることを得ない。広く海外に考えてみれば、世界の何処にも、古くから角力はあった。聖書の旧約全書中には、ヤコブが神と力較《くら》べをしたことが載せてあり、埃及《エジプト》の古墳に残る壁画に、角力の図が描かれてあり、五千年前の埃及の角力の技術がわずかに想像するに足るものがある。印度《インド》においては、数千年前、角力が盛んに行われたことを徴《ちょう》するに足るものが多々あり、法華経安楽行品の中に、「相扠」「相撲」等の字が見え、この相撲の字が、後世、我が日本に最も広く用いられるに至ったのである。その他、仏経中、相撲の字を見るところ少なからず、釈迦《しゃか》の時、角力盛んに行われ、悉多太子《しったたいし》の弟、難陀《なんだ》太子は調達《ちょうだつ》と相撲して、調達、顛倒《てんとう》して神心悶絶すとある。仏経は梵語を訳したものであるから、翻訳が正常であったとしたら、相撲はまさしく拳を用いて突く拳法のようなものではなかったかと思う。とにかく、これ等、埃及、印度諸国古代、図画及び記事の見えたる時より遥かに以前より角力が存在したことは疑うべくもない。

支那《しな》においては、戦国時に穀牴《かくてい》の字が見え、それが改まって「角牴」となった。すなわち「角觝」である。角觝は、今の角力と同じものか否か不明であるが、我が国においては、角觝を以て角力と解釈して来た。その後、支那において、晋書《しんじょ》あたりに相撲の記事が見えている。日本の角力と似ているのは蒙古の角力で、その起原に何らかの関係があると思われる。要するに、数千年の昔より世界到るところに角力あり、その起原はさらに遼遠なる人類の最初期に溯《さかのぼ》るであろう。

（二）

我が国における角力が正史に現れたのは、垂仁天皇御宇《ぎょう》（四世紀前半）、野見宿禰《のみのすくね》、当麻蹴速《たいまのけはや》を朝廷に召させられて、その技を、天覧ありしことを以て最初とするが、これはもちろん、本邦角力の起原ではなく、「天覧角力の起原」である。その後、日本紀に雄略天皇十三年（四六九）に、采女《うねめ》たちをして、裸体に犢鼻褌《たふさぎ》をつけて、相撲をしたとあり、続いて、皇極天皇、及び持統天皇の御代等にも、相撲が催されたことが見えており、兵士の士気を振起するための遊技の一つとして賞鑑せられ、以前から皇室より御奨励がされていたことが知られる。野見宿禰と当麻蹴速との勝負を見ると、宿禰は蹴速を蹴り倒し、その肋骨を蹴折って死に到らしめている。蹴速の名が、第一、蹴ることの速《すみや》かなるを以て称せられたものであることは疑いなく、互いに蹴り合い突き合う、もちろん土俵などはなく、その術、頗《すこぶ》る支那の拳法などと似たものがあるやに思われる。その勝敗の決、生死を賭して戦った深酷なものであり、今のように、わずかに土俵を踏み越しただけで勝負になるのとは雲泥の相違どころではない。およそ諸国の角力的の技は、支那及び西洋には、拳を以て突くものが多く、埃及及び印度の如きは、その図、その記事、ともに取り組んで競うている。だいたいこの技は、突くものと、取り組むものと分かれて二流となるけれども、その源流が一なることは言うまでもなく、日本の角力を見て、突き、蹴り、取り組むと、すべて備わり、立合いの始めはおおよそ皆突き合うのが普通であるのを見ても知るべく、後世に至り、敵を傷害することを避けて、拳《こぶし》を以て突くのが、掌《てのひら》を以て突く突っ張りと変遷したるに過ぎず、日本の角力が支那西洋の拳を主とするに対して、取り組みを主とするものであるとは、断言することはできぬ。

和名抄《わみょうしょう》に、「相撲」を、「古布之宇知《こぶしうち》」と訓じている。相撲はすなわち相扠と同じく、支那の拳法によって訓を下したのであろうが、本邦の角力も、立合いの始めは、突き合い、すなわちコブシウチである。しかし本邦の角力は、単にこのコブシウチのみに止まらず、突く、蹴る、そして戦場格闘及び捕縛等の技と相出入して、きわめて複雑、高尚なる技術の発達を致し、ついに世界的に、最も発達したる今日の角力となり、殊に近世数百年間、角力に武士的精神を吹き込むことを奨励し、成功したるを似て、「角力」者は、力士の名を以て呼ばれ、武士の名、すでに廃せられたる現代においても、力士の名は厳存し、また将来においても、力士の称呼の下に斯道の鼓吹に任ずべく、我が国の国技として世界に誇るべき内容の充実を見るに至ったのである。

（三）

聖武天皇、神亀三年（七二六）相撲節会《すまいのせちえ》を起こし給《たま》い、毎年七月、天下の強力者を召して、朝廷の禁廷において相撲、天覧ありし以来、平安時代を通じて、相撲節会は、朝廷の盛儀として行われたが、武家時代となり、節会が廃せられて、将軍の上覧角力となり、戦国の世となって、初めて角力を職業化し、公開して生活の道とすることが行われ、元和偃武《げんなえんぶ》、天下泰平の世となり、寄付角力、または慈善角力の形で行われたもの、すなわち「勧進相撲《かんじん》」であり、今の大角力は、つまりその延長に過ぎない。勧進角力の起原は、明正天皇、寛永元年（一六二四）明石志賀之助が四谷、塩町の笹寺境内で興行したのを始とするという説があるが、明石志賀之助のことに関しては、学問的の材料が不十分であるため、彼を横綱第一代とすることも、ただ伝説の上のみというにとどめたい。とにかくこの頃から勧進角力が諸方に盛んになり、その弊害もあったと見え、慶安年間にいったん禁止令が出たが、元禄十一年、浅草にあった三十三間堂が炎上したため、深川、富岡の八幡宮境内に移転するにあたり、寄付金奉納の地固めを申し立てて、官許を得て、勧進角力を復活したが、連綿として永続し、今の大日本相撲協会の起原となった。

それ以来八十年間、深川、富岡八幡宮の社地が、大角力の興行地となり、本場所の起原となったものであるが、その後、神田明神境内、四谷、塩町、蔵前八幡、芝神明等でも挙行され、文化十年（一八一三）に至って、初めて「東両国、回向院《えこう》」で、春夏二回の大相撲が挙行せらることになり、すなわち「本場所」ができたのである。回向院といえば、寺院というよりも角力場として天下に知られ、種々の変遷を経て、明治四十二年、斯道の隆盛を極めるに至って、「国技館」の建設となり、いよいよますます無限栄昌の一途を辿りつつあるが、昭和、聖代の洪運に際し、さしもの大鉄傘も、狭隘《きょうあい》を告ぐるに至ったので、浅草、蔵前、工業学校跡に広大なる地を卜《ぼく》して、将来の「大国技館」建設が予定された。いずれは日支事変解決、東亜経綸の聖業大成の日を待って、実現するものと思うが、その際には、角道の各方面に、多くの懸案の解決が試みられるであろうし、第一、協会組織の革新、力士の生活、行司・審判制度の改善、仕切り時間の問題、興行上にも、短時間制、及び茶屋の存廃、見物の椅子席、桟敷における酒食の禁止等、多数の問題が解決されて、新しき大国技館が、世界的に東京の誇りとなる日が来るであろう。

（四）

現代においては、字面の平易なるを喜び、角力の字を広く用いている。将来も、この字がますます用いられるであろう。斯道の字義、名称について少し書いてみよう。

(一)力競《ちからくらべ》　本邦固有の術名である。当麻蹶速《たいまのけはや》は衆に語って、「何ぞ強力者に遇《あ》って死生《しい》くことを言わずして、ひたぶるに争力《ちからくらべ》せん」と言っている。争力、角力、力競、みな同じく、チカラクラベという和語を漢訳したるに過ぎない。角力の用語は、「テコヒ」である。すなわち手乞《てごい》で、建御雷神《たけみかづちのかみ》、建御名方主神《たけみなかたのかみ》の神事に徴して知るべく、古今著聞集にも、「時弘頻《しき》りに宗平をテコヒて、若《も》し負くるものならば、時弘が首を斬られん」とある。

(二)捔力《すまい》　日本紀、野見宿禰《のみのすくね》、当麻蹶速の力競の記事に、初めてこの字を用いてある。スマヒという言葉は、日本紀編纂の頃に行われたもので、溯《さかのぼ》って昔の事蹟に命名されたものであろう。このスマヒが、今のスマフの起原たることは言うまでもない。

菅原世系録という書物に、野見宿禰は、蚤《のみ》のように速かったから、野見宿禰といわれたとあるのは、斯道における古い笑話である。宿禰は出雲国の人で、そこに野見という郷名が残っている。

(三)相撲　日本紀、皇極天皇の御代以来の力競に、この字を用いている。相撲の音がスマフに似ていることは、その後、この字が最も広く行わるるに至った主因であろう。

(四)部領合《ことりあわせ》　光孝天皇の御代より部領使《ことりづかい》を諸国に遣《つか》わして、相撲人を召し、節会《せちえ》の取り手《とて》に充て番合わせらる。故に節会の角力を「部領合」といった。

(五)角觝《かくてい》　これは支那にあってはきわめて古く、秦の時、すでにこの名あれども、角觝は一種の戯技にして、図に拠れば、牛頭の仮面を被って演じ、側に在る者、金鼓を鳴らして節を打っている。角觝の中に、角力の技を含むようであるが、角觝すなわち角力ではない。

「角力」、「手縛」、「拍張」等は、ともに角觝の替字にして、漢籍及び仏書等にも、往々、散見しているが、詳解するまでもあるまい。

(五)

角力に関する文献及び著書等斯道に関する研究は、斯道の隆昌とともに、ますます盛んになりつつある。しかしながら、古来、その発達の経路、技術の内容の変遷等、まだまだ研究すべき問題は多々あり、斯道の史的研究の前途は、なお遼遠である。思うに、今の角力は、その精神作法ともに古風を伝えているが、技術に至っては、数千年来の研究、練磨によって、今日の進歩発達をみるに至り、日本の国技として世界に称揚せらるることとなった。たしかに日本の建国以来、多数、国人の力が加わり、国体とともに栄えて今日に至り、日本が世界の大国となるに及び、斯道もまた世界的となったものであるが、この如く、数千年来、連綿として中断したことなく、ますます進歩発達しつつある競技は、世界的に見て、我が角力が唯一であろう。

この分野は、古来、角力を以て称せられ、「力競べ」より、力競べする技術の発達が、建国以来、最近に至るまで、駸々《しんしん》として発達し、古来の面目を一新するものがあるが、しかし「力」という一字を主とし、勝敗の決は「力」にあったのが、最近に至り、国運の発展とともに、大変革起こり、智的角力、すなわち、いわゆる頭で取る角力、勝負の推進力が頭脳にあるという角力の世の中となり、角力という字面に未曾有《みぞう》の衝撃を与えた。ゆえに、これ以前の角力を旧角力とし、これ以後を新角力とし、角道が、その内容において、躍進して、新世界に突入したのである。

明治維新は、新日本を出現せしめ、あらゆる方面のもの皆新しくなった。角力は、その形態においては、大日本角力協会が創立されたのが斯道の維新であり、内容においては、「智的角力の開拓」が斯道の維新でなければならぬ。この内容の維新こそは、角力道における永遠の光輝である。ゆえに本篇においては、特にこのことに重きを置いている。

二　相撲節会の大要

（一）

相撲節会は、正しくはこれを「スマヒノセチ」「相撲節《すまいのせち》」といい、奈良時代及び平安時代、数百年間にわたって宮中《きゅうちゅう》において盛行された儀式の一つにして、本邦角力道の発達を促した大切な過程となったものである。後世、相撲節は廃せられたが、天覧角力は、もっぱらこの相撲節の故実に則り施行されるのである。

さて元正天皇、養老三年七月（七一九）に、初めて「抜出司《ぬきでし》」を置かれたのは、角力道発達の起こりと称すべきである。抜出というは選手ということである。初めて角力の選手を選び、その人々が相撲節に出場する。すなわち抜出は力士の起源になるのである。かくの如く、角力道及び相撲節会の曙光は奈良時代にあり、元明、元正、聖武と御三代、続いて相撲節会を重んじ給い、聖武天皇の時、諸国から力士を貢進せしめられ、違反する者は位記を剥奪するとあるから、その一部分が想像されよう。聖武天皇の天平六年七月丙寅の年（七三四）に、角力を天覧遊ばされたことが、続日本紀巻十一に見えている。これが角力節会の初めである。

さて角力節会は、その後ほぼ百年を経過して、仁明天皇天長十年五月（八三三）の勅《みことのり》に、相撲節は単に娯楽のためのみに非《あら》ずして、武力を練磨するためであることが述べられ、越前、加賀、能登、佐渡、上野、下野、甲斐、相模、武蔵、上総、下総、安房等の国から力士を貢進せしめることが見えている。これによって、当初、ただ闘技として愛看されていた角力が、武技として重んぜらるるに至ったことが分かる。またここに列挙され、諸国はそれ以来、最近に到るまで力士輩出を以て有名なるを見れば、これ等諸国が「角力の国」として淵源《えんげん》するところ、はなはだ遠きむかしからであることを知るべきであろう。

（二）

延喜式《えんぎしき》によれば、宮中の年中行事に、「三度節《さんどせち》」というものがあった。すなわち正月十七日の射礼《じゃらい》、五月五日の騎射、七月二十五日の相撲との三節会である。この三節会は、いずれも、本邦の国体よりして、武を練り、体を鍛え、以て武道的精神を鼓吹せられた儀式の会である。これが儀式という意味からして、式部省の所管であったが、闘技から武技に移るに及んで、相撲節会は、兵部省の所管に帰するに至ったのである。明治以来、国技館の土俵に、陸軍の幕を張っているのは、この古精神の復活とも見られる。

相撲節の期日は、最初は七月七日であった。それは野見宿禰と当麻蹶速との角力の記念日であるのと、七月七日は、かねて七夕の節であるから、昼は角力を見給い、夜は七夕の賀宴を催し、詩歌の遊をなさしめ給いて、文武両道の節日であった。後に七月十六日に改められ、さらに七月二十七、二十八日の両日、その月が大であれば二十八、二十九日の両日ということになり、さらに延喜式には二十五日、二十六日の両日と定められたのである。

相撲節会の準備について略説する。相撲節会の行われる年には、先ずその年の二、三月頃に左右近衛府の舎人などのうちから、相撲使を任命して諸国に派遣せしめられる。これを「コトリノツカヒ」、すなわち事執りの意味で、「部領使《ことりのつかい》」と書く。全国から角力の選手を集めるのである。体格偉大、力量絶倫の者を探し出すために、部領使は、遠く東北の僻地、山村までも尋ね歩いて苦心したようである。殊に僻境の関所などには、関を固めるために強力の者を採用していたから、そういう所も目指して行った。後に「関取」の名、「大関」、「関脇」などいうは、関所に因《ちな》んだ名称だといわれている。かくて角力人《びと》として指定されたものは、六月二十五日、節会より約一箇月前までに上洛するのである。この期限を誤ると、角力人は禁獄され、その国司も処罰される。左近衛府で募集した角力人は「左方」、右近衛府で募集したものは「右方」と定められ、節会の角力は、この「左方」「右方」の対抗となるのである。

相撲節日の一箇月前に、左右、各、「相撲司」を任命し、参議以上のものを左右に分属せしめて、諸般の準備に当たらしめ、全体の総長、すなわち「別当」には、親王を任命せられるから、相撲節会というものは、朝廷の儀式の中でも大きなものである。相撲を国技などと称する由来は、遠くこのへんにも存するのである。

相撲節の十日ほど前になると、「相撲召仰《めしおおせ》」ということがある。先ず上卿《しょうけい》、勅《みことのり》を奉じて、左右近衛府の中将、少将及び装束司の弁官《べんかん》等を召し出して、相撲を行うべき仰せを達せしめられる。すなわち事始めである。それから左右近衛府の相撲所が開始され、相撲稽古《けいこ》が始まる。この稽古を「内取《うちどり》」という。すなわち地取《じどり》であり、左右の府で行うのを「府の内取」という。この内取は、左右別々に行い、その角力振りは、互いに秘密にしている。そして節日の二日前になると、角力人を宮中に召し、仁寿殿または清涼殿の庭上で、稽古を天覧に供する。これを「御前の内取」という。すなわち天覧地取であるが、これまた左右府別々で、左府が終わって右方に及ぶ。各、十五番、左右合わせて三十番の取組である。左右近衛大将は、終始、その勝負付《づけ》をとって、各、角力人の順位を定め、節会の取組作製の参考とするのである。

（三）

相撲当日の本儀式「江家次第《ごうけしだい》」によって略説する。

先ず前日の準備から始める。紫宸殿《ししんでん》の殿中を隈なく洒掃し、御帳《みちょう》帷《とばり》を立派に装飾し、御簾《みす》、御屏風など整頓し、玉座、御座、皇族以下高官の座席が設けられる。相撲場に当てられる南庭をきれいに掃き清め、長楽門、永安門より内に、白砂が清々しく敷きつめられる。幕を所々に張りめぐらして、それぞれ所定の座が設けられ、東の長楽門寄りに、左の相撲屋（角力溜）、西方の永安門寄りに、右の相撲屋を作る。紫宸殿の正門を承明門という。門内、東、長楽門、西、永安門に向かって、東方に、左方の第一大皷《おおつづみ》、第二大皷、第一鉦皷《しょうこ》、第二鉦皷、大鉾《ほこ》一、小鉾十二が立てられる。西方には、それに応じて右方のが飾り立てられ、すべての光景が厳しくもまた素晴しさを極めている。角力節会はかくの如く輝かしい儀式である。

さて、節会当日となれば、早朝、左右近衛大将が、それぞれ「御前の内取」の勝負表を参考して、番組を作製する。装束司は、上下の御衣紋を上げる、相次いで角力人、楽人（左右各六人）が参入する。

辰刻《たつのこく》、すなわち午前十時頃、天皇は黄櫨染《こうろぜん》の御袍《ごほう》、御束帯を御召しになり、紫宸殿に出御遊ばされる。時に麹塵《きくじん》の御袍を召され、あるいは略式に御直衣《おのうし》のこともある。東宮をはじめ、皇族、高官着席。文官は縫腋袍《ほうえきのほう》、武官は闕腋袍《けってきのほう》の晴の束帯姿である。次に左大将、右大将、順次進んで各相撲の奏文《そうぶん》を上る。右方の奏文を左大将にお下げになり、番組を作って再び奏進せしめ給う。

次に、「相撲長」（頭取）左右各二人が、退紅袍《たいこうほう》、白下襲《したがさね》、白布袴、帯剣という出立ちで式場に参入する。次に「立合《たちあわせ》」（行司）が出る。服装は「相撲長」と同じだが、矢を負い弓を持っているのが違う。最後に「籌刺《かずさし》」（籌刻、または籌指）が出る。これは記録掛である。これも弓矢を帯びている。勝負の審判官は、近衛の大将、中、少将等を以て充《あ》てられる。勝負の審判は鄭重《ていちょう》にされたもので、勝負が疑わしい時は上卿が左右の中少将を階下の東西に呼んで所見を求め、あるいは列席の公卿に聞き、なお決し難い時は、最後に、天皇の御裁決を仰ぐことになる。これを「天判《てんぱん》」と称える。

万端の準備が整って、第一番の相撲が始まる。角力人の服装は、裸体に、布の「犢鼻褌《たふさぎ》」を締め、これに紐小刀《ひもがたな》を差し、烏帽子をかぶり、狩衣《かりぎぬ》だけを着て、袴を穿かず、足は跣足《せんそく》という珍妙な姿で参入する。いよいよ出場となれば、この剣衣を脱して、承明門寄りの円座の上に置き、烏帽子を脱ぎ、犢鼻褌一つとなって角力を取る。そもそも、角力は裸体で取るのは、この時に始まるのではなく、我が国の古風であることは、これより遥《はる》か以前、雄略天皇の時（御即位十三年、四六九）采女《うぬめ》を召し集めて、犢鼻褌《たふさぎ》だけで角力取らせ給う記事を見ても分かる。双方、裸体で取るのでは、見馴れぬ目には、見分けがつき難いから、左方には、葵《あおい》の造花、右方には瓢《ひさご》の造花を頭髪に差して出場させる。この挿頭花《かざし》には、

「ゆふがほに　あふひの花のさしあひて　いづれか花の　かたんとすらん」

という名高い歌がある。勝方の造花及び剣衣は、縁起《えんぎ》好しとして持てはやされるが、次の番に着けしむる慣例もあった。それを「肖物《あえもの》」という。今の大角力に、勝った力士が次の力士に水をつけていくようなものであろう。

節会の取組は、東西ではなく、左右方である。先ず左方の角力人が、左近の桜樹の下に、次いで右方の角力人が、右近の橘樹の下に進立する。かくして「立合い」の指導の下に、角力が開始されるのである。一、二番の後に、王卿以下に酒饌《しゅせん》を賜《たまわ》り、三、四番後に天皇に御膳を供し奉る。一番毎に、勝方の「立合い」は舞を舞い、勝方は負方に対して笑声を浴びせかける。また負方は、その都度、「立合い」「籌刺《かずさし》」が取り替えられる。もし勝負が長びいて容易につかぬ時は、承明門の方に追下げて、次番に移る。番数だんだんと取り進み、日も西に傾き、十七番に至って終了するのである。左右府の対抗角力であるから、勝量の多い方を勝とする。しかし勝量が少くとも、最手《ほて》（大関）が勝てば、その方が勝利となる。勝った方は、「乱声《らんじょう》」といって、大鼓、鉦

鼓を打って囃《はや》し立てる。左方が勝てば「抜頭《ばとう》」、右方が勝てば「納蘇利《なそり》」の舞を舞い、左右の楽人が一緒になって楽を奏するのである。舞楽終わって還御、続いて王卿以下退出。

その翌日、節会第二日には、「抜出《ぬきで》」といって、前日の優勝角力を組み合わせ、また勝負のつかなかった者を取り直しさせる。この日の「抜出」は、二番ぐらいのもので、音楽抜きの場合でも四、五番以上にはならぬ。「抜出」の後で、「追相撲」といって、白丁《はくてい》や左右衛府の舎人などを角力せしめることもある。

節会第二日は、同じく紫宸殿南庭で行われて、天覧をはじめ、すべて前日と同じように行われるのであるが、ただ近世の土俵入の起源と思われるような所作が行われることである。先ず左方の角力人が、庭上の東方、北向き西頭に、ずらりと列立する。すると上卿が「南へ向け」と号令する。一同、南へ向く。次に「西へ向け」と号令すると、西へ向く。そこで「罷《まかり》入れ」と号令すると、一同退下する。次に右方の角力人が、庭上西方、北向き東頭に列立する。そこで右方の上卿が、「南へ向け」「東へ向け」「罷入れ」と順々の号令で、右方角力人、退下すること、左方と同じようである。

相撲節が、めでたく終了した後で、負方から献上するものを「輸物」といった。また左右近衛の大将が、節会の関係者及び角力人を、その自邸に招宴して慰労するのを、「還饗《かえりあるじ》」といった。

なお余興として布引《ぬのびき》なども行われ、角力人にそれぞれ引出物を与えた。

（四）

相撲節会の日の取組及び取口に就いて概略を述べたい。

取組の番数は、最初の中《うち》は二十番であったが、後に減って十七番となり、実際には、その日の都合や、立合いに手間がかかったりして、十四番くらいで終わったこともある。なお古くは、一、「占手《うらて》」（小童）　二、「垂髪《うない》」　三、「総角《あげまき》」以上いずれも白丁である。相撲の初めに、すなわち前角力として、この順序で取り組ませ、終わって角力人の取組に移ったものであるが、後にはこの前角力は廃せられた。

角力人の第一雄者を「最手《ほて》」（大関）という。また「本手」とも書く。次を「腋《わき》」（関脇）「腋《わき》手《て》」また「助手《すけて》」ともいった。こういう席順は、角力の成績によって上下されたことは、当代の物語等にも見えている。そして取組の順序としては、後世と同じように「最手」が最後に登場するのであるが、時によっては、「腋」が最後に出ることもあった。

節会角力の取口、すなわち「相撲の手」は如何なるものであったか。それを考えるには、先ず「土俵」ということを考えなければならぬ。原則的に、我が国の角力は、節会角力から変遷発達したものであるが、ただ節会角力には後世のいわゆる土俵がなかった。つまり、勝負の場所が非常に広いということであった。「角力の手」は、この土俵の広狭に関係することが非常に多いのである。「相撲大全」の書中には、「相撲の手は古法四手である。それぞれの一手より投げ、掛《か》け、捻《ひね》り、反《そ》りの十二手ずつを編出し、四十八手と定む」とあって、四十八手の名の起源は頗《すこぶ》る古いけれども、節会角力には、まだ四十八手の名はなかった。節会角力が年代を経るにしたがって、漸次発達したことは想像されるが、「角力の手」らしいものが、当代の文学に現れたものを拾ってみると、土俵がないから、突《つ》き出し、寄り切り、うっちゃり等の勝負はなく、自然に、前に後に投げ倒し、下に潜ぐって反ること、手を着き、膝を着かせる等の勝負であった。「頭をつめて攻めたりけるに、悶絶してけり」とあるは、我が胸に敵が頭をつけて来るを、構わず、そのまま力に任せて、敵の頭を締めつけたものらしく、爪を長くして敵の顔を引っ掻いたという話も見えるから、先ず張手《はりて》のようなものもあったであろう。手を突かせ、膝を突かせるには、引き落としの手がしばしば行われた。四辻を取って、前へ強く引かれたればとあるは、四辻、すなわち褌《ふんどし》の尻の上の結び目を取って引き落としたのである。おもしろいのは、

「敵の腹へ、頭を入れて、ここくじり転ばしければ、これより腹くじりといひける」

とある。腹くじりは、すなわち頭捻りである。突き倒しはあった。角力の手は、だんだん粗より

精に入たのである。

立合いは、行司が弓を以て指揮するが、その合図に応じて、すぐに立たぬ者がある。今昔物語には、六度までも何とか、かとか言って立ち上がらなかった者のことが書いてある。節会角力は、行司の指揮一度ですぐに立ち上がるのが常法であるが、中には立合いの下手な者が、あるいは何か作戦を考えたりして、十分に有利の場合でなければ立たぬ者がポツポツ現れるようになったのは事実である。ただ、六度ぐらいで特筆されているのは、最近の角力と違う。「マッタ博士」も「注文上手」ということも、みんな節会角力の昔に淵源している。

（五）

相撲節会の盛衰変遷の大略を述べる。相撲節会は、聖武天皇の天平六年に始まること前述のとおりであるが、同十年にさらに盛んに行われ、平安時代となって桓武天皇の延暦年中に至って、ますます盛んになり、続いて、平城天皇の大同年中、嵯峨天皇の弘仁年中、淳和天皇の天長年中、仁明天皇の承和年中、清和天皇の貞観年中より、陽成天皇の元慶年中、光孝天皇の仁和年中、村上天皇の天暦年中に至る二百二十年間は、だいたいにおいて、相撲節会が盛大に行われた時代であるが、しかしその間においても盛衰あり、平安時代の初期淳和天皇から清和天皇まで（八二三一八七六）約四、五十年間が、相撲節会の最盛期と称すべきであった。

その後、相撲節会が、ようやく縮少されたのは、その式場が神泉苑から武徳殿に移されたので知られる。従来森厳を極めた相撲節会の儀式を略式で行うのを「節代《せちだい》」と称え、また「仁寿殿相撲儀」とも称え、規模がよほど縮少され、醍醐天皇より鳥羽天皇の御代に至るまで、さらに、節代、仁寿殿御儀を縮少されたものが、臨時相撲である。

鳥羽天皇の保安年間から、相撲節会は中止され、後白河天皇の保元三年六月（一一五八）に至って、いったん復興されたが、保元、平治と兵乱が続いたため、節会は恒例となるに至らず、その後十六年を経て、高倉天皇の承安四年（一一七四）に再び相撲節会を行わせられ、次いで十二年を経て、後鳥羽天皇、御即位の文治二年（一一八六）、直ちに節会を再興させられたが、時、たまたま鎌倉幕府の創立となり、兵馬の権、武家に移り、角力人を全国的に京都に集めさせられることも容易ならざる有様《ありさま》となったので、平安時代の相撲節会は、この時を似て終わりを告げたのである。

三　平安時代の力士

平安時代は、角力道においては節会角力時代である。この時代の話題に残る力士について略説しよう。

第一に、文徳天皇の御時、第一皇子維喬《これたか》親王と第四皇子惟仁《これひと》親王との皇太子選定に、競馬にては惟仁方の勝利となりしが、天皇なお安心し給わず、角力勝負によって、いよいよ決定せらるることとなり、紀名虎《きのなとら》と伴善男《とものよしお》との二人が目覚しき勝負をして、惟仁親王方の大勝利となり、惟仁親王すなわち清和天皇にて在しますという話は、世継物語にも載せず、前々太平記にも、あとかたもなき虚説と、一蹴しているくらいで、史実とは認められない、つまり、この勝負、祈祷によって神通力が伴善男に乗り移ったというのは、僧侶が作り上げた霊現記に過ぎぬであろう。

第二に、好色で名を得た在原業平《ありわらのなりひら》が、案外に角力が強かったというのである。字多天皇、御年十九にて、未だ東宮に立たせ給わざりし以前、殿上の御椅子の前にて、業平と角力を取らせ給い、高欄が折れたことが世継物語に見えている。

第三に、源氏の祖先として有名な多田満仲《ただのみつなか》は、さほど強くはなかった。時しも、冷泉天皇の御世に、橘繁延《たちばなのしげのぶ》、僧連茂《つらしげ》、藤原千晴と満仲等と、式部卿宮《しきぶきょうのみや》を奉じて関東に赴き旗揚げせんと、寄り寄りに陰謀を凝らしていたが、ある時、西の宮殿にて、満仲と繁延と角力を取ったるに、満仲ひどく格子に投げ付けられ、顔を打欠《うちか》いたりして、衆人環視の中といい、図らずも激昂して、腰刀を抜いて突かんとすれば、繁延、高欄の根木《とう》を引き放って、大上段に振りかぶり、寄らば頭を一撃と構えて立ちはだかったので満仲、力及ばず、そのままで別れたが、このことから仲間割れがして、満仲はこの陰謀を密告することになったのである。

第四　一條天皇の御代に、宗平という強力士、三河国の伊勢田世という強きが節会の最手《ほて》を久しく勤めていたのを、宗平うち勝って最手となり、田世は脇に下った。左右の角力《かくりき》（この場合は、角力人の略、力士　この使い方、以下多出）に一人として宗平に敵する者はなかった。

第五　無名の大剛学士の話。これは宇治拾遺に出ているが、金太郎の御伽話のような武勇談である。後一條天皇の御世、相撲節会を前にして、諸国の力士が京洛に集まり上っている中に、奥州の角力、成村等数人、連れ立って、大学の東門を過ぎて南門の方に行かんとして、大学生たちと衝突して、学生たちは、そこを通さぬという。その中に一人、いでたち他よりいささかすぐれたのが仁王立ちになって、通さぬという。田舎上がりの連中なれば、その日は一歩譲って帰り、明日は、あの学生の尻鼻、蹴破って通ってやろうと言い合わせて行くと、学生たちも前日よりは多人数出て待ち受ける。例の学士、大路を真中に立ちはだかっている。成村、それと目くばせすれば、一人の角力、丈高く大にして若いのが、躍りかかって蹴倒さんと、足を高くあげたところを、学士は飛び違って、空を蹴らせ、あがった足を、細い杖でも持ったようにつかんで引っ下げつつ、他の角力の群に、飛びかかって来る勢いに、一同、恐れて逃げ出すを、学士は引っ下げて来た角力を二、三段ばかり投げつければ、角力は、つぶされた蛙のようにへたばった。学士は、なおも成村目がけて、追いかける。成村、朱雀門の方へ走り、脇の門から、式部省の築地を越えんとするを、学士、飛びかかって足の踵《かかと》を沓《くつ》の上からびしと捕えたれば、成村引き放って築地を越して逃げたが、沓の踵の皮を取り加えて、刀で切ったように引き切られていた。

この恐しき大剛学士は、成村等がその後に、調べてみたが、とうとうその名が知れなかった。

第六　後一條天皇の御代、左方の最手、真髪成村《まかみのなりむら》。右方の最手、海野恆世《あまのつねよ》。すなわち東西両大関の取組は、当代随一の大勝負であった。成村は陸奥の出身、丈高く力強し。恆世は丹後の角力、成村より丈は劣れども力は匹敵して、殊にすぐれた角力上手である。成村、腰を引き、頭を敵の胸につけて、強く押すを、恆世、引き寄せて、仰向けざまに投げつけ、成村の倒れた上に、恆世も折り重なって倒れた、二人とも、身を強く打ったと見え、しばらくは起き上がらず。やがて下なる成村の方が先に起きて、人に手を引かれて帰った。勝った恆世の方は、いつまでも起き上がらず、人々、介抱して、成村は如何《いかが》と聞けば、「牛の如し」とばかり一言いったきり、衣服金銀の纏頭《てんとう》、山の如くに積み上げたるを、恆世は喜しげに一目見た切り、帰国する途中、播州で没した。成村のために、胸骨を折られたのだった。

第七　これまた後一條天皇の御代、相撲節会に大剛常世というのがいた。久光というは、敏捷で、爪を長くしていて敵を引っ掻《か》きて、悩ましていたのを、常世に合わせられた。引掻手《ひっかけて》というは、平安時代にもきわめて珍しいことで、この久光よりほかには聞かない。常世、一、二度、掻かれたがものともせず、引き寄せて久光の頭を胸に押し当てて攻め立てれば、久光堪へず、悶絶した。久光、生気づいて後、引っ掻いたりして、大剛力士をからかうようなことをしてはならぬと言われた。その後は、常世を恐るること鬼神の如く、常世と取らなければ投獄するとおどかされても、命あってのもの種とついに久光は二度と常世には合わなかった。

第八　中納言伊実《これざね》は、角力、競馬など好みて学問はせず、公卿には珍しき角力巧者の剛力であった。父の伊道《これみち》大臣、何とかしてその子の角力道楽を止めさせよう苦心して、「おまえ、腹抉《はらえぐり》と一勝負して、勝ったらば、以後、角力道楽、自由にせよ、とめはせじ。もし負けたらば、ふっつりと角力止めよ」と、厳重に申し渡したのであった。腹抉というは、その時、有名な業師で、敵の腹に頭をつけて抉《えぐ》り転ばすのが名人。よってその実名は知らず、世に腹抉と呼ばれたものである。

伊実中納言、畏《かしこ》まって候《そうろう》と申す。かくて腹抉を召し合するに、中納言は、相手のなすままに任せたれば、腹抉つと潜り入って、得たりとばかり頭を腹に押しつけ、まさに抉らんとするを、中納言、その四つ辻を取って、力に任せて引きつければ、頭も折れるばかり。その痛みに堪え得ずして、腹抉はうつ伏しになって倒れ伏した。伊道大臣は、ひたすら呆れて、腹抉は、面目なく、何処ともなく出奔。

第九　後三條天皇の御代に、豊後国日田郡に、日田鬼太夫蔵永季《おにだゆうくらのながすえ》というものがいた。その由来を尋ねると、神武天皇の御宇に、善童鬼という者、紀州、大蔵谷より鬼武、武内、武下、以下の家人を連れそって日田郡に下り、故郷の地名を取って、大蔵を以て氏とす。その末孫《ばっそん》に、妙童鬼という者、日田鬼蔵太夫永弘と改む。白鳳年中の人である。背に一尺二寸の毛生え、強力無双であった。それよりさらに数代を経て永季に到る。身長八尺に余り、その強力のほど測り知れず。延久三年、歳わずかに十六歳にして、相撲の節会に召されて上洛す。節会角力の時代に、このような少年大力士は、きわめて稀《まれ》である。この人の系図、その武勇談、ともに神秘にして信じ難い。

しかれども堀川天皇の御代にかけて、すべて十度の節会角力に全勝して、名を天下にあげたといえば、王朝に錚々《そうそう》たる力士であろう。長治元年七月十八日（一一〇四）四十九歳にして病没した。後その場所に寺を建て明量寺と名づく。

第十　鳥羽天皇の御代に、帥大納言《そちのだいなごん》長実の許に、尾張国の力士、小熊権頭《ごんとう》伊遠という者、その子伊成《これなり》を同伴して上洛した。その時、たまたま弘光という角力が来ていて、同じく酒など賜わり、酩酊《めいてい》の上、弘光、広言を吐き、近頃は身体さえ大きくなれば、最手になれるなどというを、伊遠、聞き咎めてより事起こり、弘光、伊成、力競べをすることになり、伊成、弘光が差し出した手をひしと握る。弘光引き抜かんとすれど能《あた》わず。弘光、このようなことのみで勝負がついたというわけでないと言ひ捨てて、二つの袖を引きちがえ、袴のくくり高くからげて、庭に下り立つ。伊成も続いて下り立つ。両雄の対場、さながら金剛力士の対場の如くであった。伊成、進んで弘光の手を取って、強く前に引けば、弘光、うつぶしに転ぶ。弘光、立ち上がり、今のはやりそこないだといいつつ、前に進み来るを、伊成、その手を取って、後ろにはね飛ばせば、弘光、仰向けざまに倒れる。弘光、涙をハラハラと流し、髻《もとどり》を押し切って法師になった。

第十一　これは強力女の話。さても節会に召されて越前より上る角力、佐伯氏長という者、近江国、高島郡の石橋を過ぎる時、川の水を汲んで頭に載せて行く女の美しさに心動いて、女の腕の下へ手をさしやれば、女うち笑い、氏長の手を脇に挟んで行く。いつまでもそうして行くから、引き放さんとすれば、放すべくもなく、おめおめとついて、ついに女の家に行った。問われて、節会に参る角力と答えれば、女うちうなずき、「それはあぶないことである。王城は広ければ、世に勝《すぐ》れたる大力もあるであろう。君も、無下に弱いというではないが王城に名をあげるほどの者とも思われず、かく袖振り合うも多生の縁とやら、もし節会までに、まだ日数あるならば、ここに三七日、逗留なし給え。力をつけて参らせん」と言い、氏長ここに留り、女から教を受けて、世にも強力とうたわれるほどになった。この女、高島のおおい子とて、田など多く持ち、「大井子の水口石」とて、百人ばかりもかかって動かすような大石を、一人して水口に持って行って塞いだという大力女である。

第十二　金剛力士兄弟は、節会角力には出なかったが、稀世の剛力であった。熊野に生い立ち、兄は皆石《みないし》といい十八、弟は皆鶴《みなつる》といい十五、兄弟ともに熊野に児小姓《こごしょう》として児坊に住んでいたが、南庭に池を掘り、大石を掘り出し、五十人で引き捨てんとしたが動かず、明日、多勢で引き捨てようとて、人皆帰り去った夜半に、皆石、一人して引いて、ある僧坊の門に引っさげておいた。夜が明けて、人々驚き騒いだが、よく見れば下駄の跡がある。それを尋ねて、皆石の児坊に辿り着いた。妻戸を開いて児《ちご》を見れば、弟の皆鶴はまだ眼覚めず。皆石は今起きた体で、寝乱れ髪ゆりかけて琴を奏していた。文机には史記文選、歌双紙など並べて置いてある。容貌美しく、西施《せいし》の顔色よりも、あでやかと思われる。この優しき美少年に、五十人以上の力量あらんとはと、人々、今更に驚きの目を見張ったのである。静憲法師、熊野詣の際、この兄弟のことを聞き、懇《ねんご》ろに貰い受けて、京都に連れ帰った。皆石は金剛左衛門、皆鶴は力士兵衛と改名して武士となり、ともに弓矢の達人で、兄の異名を養由左衛門、弟を洲浜兵衛といい、洛中に知られた大力の勇士。法師に影の如くつき添いて護衛するに、数十人の郎党を引き連れるよりも頼もしく見えた。

第十三　古今著聞集に見えた近江の大井子の亜流とも見るべき強力美女のことが、今昔物語にも見えている。節会角力を勤めた甲斐国の力士、大井光遠の妹がそれである。人に追われて逃げる男が、それとも知らずして、離れ家に一人いるその娘のところに飛び込み、その娘を質に取り、抜刀を差し当て抱いていたが、女はその時、矢篠を荒造りしていたが、少しも騒がず、右の手で、男の刀持つ手を、やわら捕ったような風にして支え、左の手で、矢篠の打ち散らされているのを、手まさぐりに、節の程を、指で板敷に押しにじるに、まるで朽木などの軟らかなるを砕くように、みしみしとなった。見ているうちに、男恐しくなり、女から放れて一散に逃げた。光遠が、あの女は、鹿の角の大なるを膝に当て、そこを細い腕をもって、枯木など折るように打ち砕くと言った。その頃、女は二十七、八であった。

四　鎌倉時代の角力

（一）

古今著聞集に「安元より以来、絶えてその名を聞くのみ、惜しきことなり」とて、節会角力の廃絶を痛惜している。しかしながら角力節会は、朝廷の儀式の廃絶したまでで、角力の衰亡を意味するものではなく、鎌倉時代となり、武家の手によって、角力はかえって興隆の気運に向かったといってもよいのである。平安朝において角力、競馬の二つは、きわめて愛好されたものであるが、鎌倉武士は、これに流鏑馬《やぶさめ》を加えて、流鏑馬、競馬、角力の三つを以て、武門の武戯として、心身鍛錬の要法とし、これを奨励したことは、吾妻鏡に明らかである。当代の戦争は、矢戦に始まり、接近して刀を交え、刀を捨てて搏撃《はくげき》となるので、最後の搏撃は、角力の手を用いて決したものであるから、角力は弓馬とともに武士必修の武芸でなければならぬ。頼朝が流鏑馬、競馬、角力の三つを、鼓舞、奨励した所以《ゆえん》はここにあり、そして角力は士卒のみならず、大禄《たいろく》の士大夫及び諸侯もこれを実行した。平安時代以来、節会角力の遺風として、地方に武士以外の、角力を専門とする力士もいたけれども、鎌倉時代は、「武士の角力時代」というを適当とする。節会角力が武士角力となったのは、角力道の画期的な大変遷である。

武士が戦場の組討に角力術を用いたことについては、源平盛衰記巻二十一、小坪の戦の条、畠山重忠の部下、綴太郎と、三浦方の和田小次郎との組討の記事に、

「爰《ここ》に武蔵国の住人、綴党の大将に、太郎五郎とて二人あり、ともに大力なりけるが太郎は八十人が力あり、東国無双の角力の上手、四十八手の取手に暗からずと聞こゆ」

とありて「四十八手」の一語、初めて文学に現れている。源平盛衰記は、源平の当時にできたものではなく、時代やや後れて北條時代の終わりにできたものとの説であるが、角力道の研究、すでに進んで、一般に四十八手の言葉が行われるようになったことが知られる。さて綴太郎が和田小次郎に近づき、弓矢投げ捨てて、馬を寄せて組討となり、

「引組んで馬より下へどうと落つ。綴は大力なれば、落ちたれども、ゆらりと立つ。小次郎も藤のまとえるが如く、寄り付てこそ立直れ。和田は細く早かりければ、下をくぐりて、綴を討倒して討んと思えり。背の大小はありけれども、力はいずれも劣らず、角力はとても上手なり。綴は和田が甲の上帯引きよせて内がらみ懸けつめて、冑《かぶと》のしころを傾けて、十四、五度ぞはねたりける。和田、綴に骨折らせて、其後勝負と思いければ、腰に付てぞ廻りまる。綴、内搦《うちがらみ》をさしはずし、大渡《おおわたし》に渡してはねけれども、小次郎働らかず、大渡を引直し、外搦《そとがらみ》にかけ、十四、五度曳々《えいえい》と推せとも推せともまろばざりけり。今は敵、骨は

折りぬらんと思いければ、和田は綴が上帯取って引きよせ、内搦にかけ詰めて、冑のしころを地につけて、渚へむけて曳声を出してはねたりけり。綴、骨は折りぬ。強《こわ》かけてはねたれば、岩の高きにはね懸けられてガバと倒る。はね返さん、はね返さんとしけれども、弓手のかいなを踏みつけて、冑のてっぺんに手を入れ、乱髪を引き傾けて、頸を掻落す。」

とある。この組討、引き組んで外掛け、内掛けで攻め争っている。戦場組討に角力術を用いた記事として、本邦角道史に記念すべきものであるから、ここに紹介したのである。

次に、武士が大名小名といわず、盛んに角力を取ったことについては、安元二年十二月（一一七六）伊豆、相模の武士ども、柏峠の大角力、古今に有名な河津三郎と俣野五郎との取組、曽我物語の記事を左に挙げる。この取組は、計らずも遺恨角力となり、俣野は、負けたのを根に持って、河津の帰り途《みち》を、遠矢にかけて暗殺する。それが河津の遺子、曽我十郎、五郎の兄弟、十八年間の辛苦を経て富士の裾野の大仇《かたきうち》討となり、不滅の国民的感激を生んだ、まことに我が国国民生活史上に一大記念となった角力であり、人口に膾炙《かいしゃ》しているけれども、角力道には逸すべからざる記事である。（口絵⑥参照）

「安元二年十二月、伊豆、相模両国の者ども、各々奥野に狩して、柏峠にのぼり、酒宴をもうけ、興に乗じ、大なる石を持つなどして、力をくらべ慰さみしが、海老名源八秀定申《もうす》よう、某《それがし》が取ざかりには、狩猟の帰りには、必ず角力を取り、或《あるい》は力競べなどをして興としつれ。今も若き方々は争でか苦しく候べき、各取玉わば、源八膝ふるうとも、出て行司をせんといいければ、老若皆狂して、然るべしと同じける。その時、実平、瀧口殿と藍澤殿、相頃にあるべし、出て始め玉えかしといわれければ、経俊聞いて東国に於て力あらん人は御出候《そうら》え。但し藍澤殿の御相手には余りありとさして存ぜられ候ぞ。御望に於ては一番取るべきかという。重治聞いて、伊豆相撲の人々に力強き人はなきか、出てあの広言を止めよ。力を自慢するは、凡卑の者のことなり。只《ただ》侍は戦場に進みて敵を射取るに、敢《あ》えて力の有無にはよらず。憚《はばかり》なき力の自慢聞きにくしと言いければ、瀧口聞いて、実に実にのたまうごとく、十郎殿と組んで首を取るか取るるか、只《ただ》力業の勝負に於ては、誰にかは劣り候わんや、藍澤殿と角力こそ望なれとて、直垂《ひたたれ》を脱いで躍り出ける間、重治見てこらえず、腕の続かん程は命こそ涯《かぎり》なれ、海老名殿あわせ玉えといいながら、つと出んとしければ、秀定押しとどめて、角力は只だ小人より取上たるこそ面白く候え、先ず藍澤七郎殿と、瀧口四郎殿、年頃も相似たれば、出て始め候へ。海老名、行司仕らんとて合せければ、重実、家俊、たがいに屡《しばしば》せり合《あい》けるが、重実ついに負けにけり。其時、舎兄六郎重光つと出で、家俊を突き倒して入らんとするところを、経俊躍り出で、重光を片手に足らず投げける間、重光が舎兄重治、弟二人を投げられ、やすからず思い、袴の紐解く間おそしと引切って、奔《はし》り出で、近々とより、拳をつよく握って、瀧口が鬢《びん》のはずれを、したたかに叩ける程に、経俊も左右の拳を握り、負じ劣らじと捻合いければ、中々角力とは見えざりけり、その後、藍澤下手に入って終に瀧口に勝ちてけり。此上はいか程負けても苦しからずとて、相手を嫌わず取りける程に、屈強の者ども続いて五番勝けるところに、八木下五郎、藍澤を初め続けざまに六番勝、本間五郎資俊、八木下を初めて九番打って入らんとするところに、俣野五郎景久出で、本間を始て其名を呼ばるる力量の人つづけて十番打ければ、出て取らんという人なし。景久いいけるは、早や角力は止みて候か、相手に嫌はなきぞ。誰にてもおかせよ、我と思う人々は出られ候えやと、高声に罵りける間、駿河の国の住人、高橋中六家成、小兵ながら、つと出て取付ければ、これを始めて若手の者進み、俣野に息をもつかせず、負れば出で、出れば入り、立替り入替り十人ばかり出けれども、俣野は聞ゆる大力の名人なれば、つづけざまに二十一人投《なげ》たりける。其時、土肥次郎、扇を開き、景久をあおいで、あっぱれ俣野殿は聞きしよりも上手かな、実平十五年以前ならば、出で取るべきものをと、戯言ければ、景久聞きて、御年のよられ候ても、何かは苦しく候べきぞ、御出候え、一番取り候わんといいける間、土肥は、とかくの返答にも及ばず、伊豆、相撲の人々、此の恥辱は、伊東三浦にこそ留《とど》まりたれど、囁《ささや》きて誰か彼かというにもあらず、河津三郎こそとつぶやきしかども、祐泰は智仁勇の徳ありとて、伊東よりは重んじ敬いける間、諸人、心には思いながら、出て取れという者なし。河津、此《この》気色を悟りて、土肥にささやきけるは、今日の御酒宴は興に乗じ、老若の隔なく候えば、祐泰も出て一番取り候わんか、空しく帰るべきも、また無戯にや候うべき、御指図あれかしといいければ、実平聞て、今俣野が詞の笑止さにこそいうらん。若《も》し此《この》上に河津負ければ、大なる恥辱なりとおもいければ、とかくの返答にも及ばず。只だ赤面してぞ見えたりける。伊東これを聞て、神妙に申しけるかな。たとえ負ても恥ならぬぞ。出て俣野殿を御相手に死なれといわれければ、河津、かしこまり候とて、直垂を脱捨て、小袖一つの上を、手綱二重四重に廻わして強く締め、俣野殿の御手柄、申すも中々余あり、河津が御相手に出ること、不足に候わんずれども、少しは仕《つかまつ》り候べしとて出ければ、景久聞いて出向い、角力を取るに相手の名を呼ぶことやあるべき、されども相手に嫌は無し。只だ天が下に於て、力のすぐれて強からん人は御出候えというてぞ出たりける。河津近々と寄って、俣野が力をはからんが為に一押推しておもいけるは、兼《かね》て聞きしには似ぬものかな。今日多くの人の負たるは、酒に酔たる故なるべし。されども此男は八ヶ国に名を呼ばれ、一年都において取りけれども、彼に勝たる者なしとて、角力無双の名を得たる者なれば、容易くは投がたしと思い、二三度もえいやえいやと押合いけるが、河津なおも其手をはなさず、向へ強く押ければ、各々並居たる坐中へつと押入り、膝を突かせて入りにける。俣野は只も入らず。ここなる木の根に躓《つまず》いてこそ、不覚の負をしたるに、今一番取らんといいければ、兄の景親、奔《はし》り出《い》で、傍を見まわし、実に是に木の根あり、俣野がまことの負に非《あら》ず、真中にて尋常に勝負したまえ、河津殿といいければ伊東これを聞いて、いやいや河津も膝が少しながれて見え候ぞ。只だ時の興なれば、互の遺恨もある可《べか》らず、今一番取って負けよといわれける間、河津辞するには及ばずして出たりければ、俣野は手合もせずして、向さまにや当ん、横さまにやかけなんべきと、つと寄るところを、河津は前後、角力はこれが始なれば、何の手もなく、俣野が上帯、むづとつかんで前へひき寄せ、め手へまわして、目より高く差揚げれば、俣野、足をさし延ばし、河津が股に纏《まと》いけるを、河津、事ともせず、一反《そり》して、なお高々とさし揚げ、しばし保て、片手を放ち、真中に進んで、横さまにぞ投たりければ、俣野早く起上り、角力の取ようこそ多きに、何ぞや御辺の片手業といいければ、河津打ち笑い、さればこそ最前も勝たる角力を論じ給えるほどに、此度は真中に於て、然も片手投げに仕たるが、未だ御負あらずや、実に実に木の根の無きにこそ、左は仰せつらめ、只今の勝負を、人々御覧候えつるかといいければ、列坐の面々、一度にどっと笑いける。

鎌倉武士が盛んに角力を取った実況が、目に見る如くであろう。古文学のうちで、角力の取口、すなわち技術を書いたものとしては平安時代にては、「腹抉《えぐ》り」のこと、今なら頭捻《ずぶね》りであろう。次に、前に掲げた綴太郎、和田小次郎の外掛け、内掛けと、続いて俣野が足をさしのばして河津の足に纏《まと》いつけた、後世いわゆる河津《かわづ》掛けの一手、この三つの記事は、殊に注意すべきものだと思う。河津掛けというと、河津が掛けたように聞こえるが、実は河津に掛けたのである。河津掛けは、斯道《しどう》では足くせといい、明治以来、谷《たに》ノ音《おと》が最も得意で、この技は、谷の音と改称されるだろうと思うほどであったが、依然として河津掛けと呼ばれている。これは俣野五郎、平素、修練していた得意の一手であるか、このような瞬間、とっさに働きかけた一手で、窮余の奇手というべきものであるか。そのへんのことは、曽我物語の記事だけでは決定するわけにはいかぬ。しかし吊り上げられた場合、かねて足業のない者は、ジタバタすることはあっても足癖にはいき得ない。俣野がとっさに足癖を試みたのを見ると、第一の得意技でなくとも、俣野には、かねて足癖の業があったことは推察せられる。なおこの取組は、我が国の遺恨角力の古くて最も有名なものであることを付記しておく。

（二）

この外《ほか》、鎌倉時代の角力に関する例話を挙げて見よう。大力無双と聞こえたは、畠山次郎重忠で、理想的武士として人望並びなき人物、鵯 越《ひよどりごえ》を攻め落とす時、馬がかわいそうだといって、体にしばりつけて背負って急坂を下ったのは有名な話だが、その時、重忠二十一歳であった。東八ヶ国に双《なら》びなき大力、長居《ながい》という力士が幕府に来て、当時、一人の敵手を発見せず、願わくは音に聞こえた畠山殿と一勝負、御許しあらんことをと、願い出でたのを、頼朝、心憎しと思った。武士の勇力を無視するもののようである。あわれ重忠、長居の鼻を打ち挫《くじ》いてくれよかしと思った。このような場合の角力、裸体ではなく、烏帽子までもかけている。着物の上に帯なり袴の紐なりを固く結び、今の蒙古の角力に似ているように思う。さて長居が、犢鼻褌《たふさぎ》をかきて、ゆるぎ出たる有様、実にも金剛力士の現れたるかと見えた。立合いに、長居、先ず畠山の小首を強く打って、袴の前腰を取ろうとすると、畠山、敵の左右の肩をしっかと抑えて寄せつけず。かくて時たてば、梶原景時、このまま、引き分けに致すべきかと、頼朝の意中を伺うと、いかでいかで勝負をつけよと、勅朝の言の下より、畠山、力をこめて長居を押し据えたるに、めりめりと音して、長居、尻居にどうと倒されて、両足を天に反らした。重忠は座に返りて何も言わず。長居は、介抱されて退いたが、肩骨砕けて、角力をとることはできなくなった。畠山重忠の強力については、いろいろ挿話がある。源家二代、頼家の時、梶原景時、誅《ちゅう》せられ、その余党、角力の達人、豪勇の壮士と聞こえた勝木七郎則宗を、殿中で生取ろうとした。則宗、刀を抜いてあばれ、人々持て余す時、重忠、たまたま傍にあり、座をも立たずして、そのまま、左の手を捧げて則宗の腕を握るに、則宗腕折れ心茫然としてたやすく捕われた。

朝比奈三郎義秀は、当代の勇士で、後世、劇化された著名の人物、和田義盛の子で、和田の挙兵、戦敗れて、船を乗り出して逃げた後の行方分からず。あれほどの大勇、定めて海外異域を打ちまくったであろうと想像され、後世、「朝比奈の島巡り」として、人口に膾炙している。その朝比奈は、角力にも、水泳にも、ともに達人であった。正治二年（一二〇〇）九月二日頼家将軍、小坪に遊覧、笠懸の競射の後、海上に酒宴を開き、朝比奈に水練の所望あり。朝比奈海底に沈み、しばらく見えず、人々、怪しみ思う時、朝比奈、御座船の側に浮かび出づ、生きたる鮫三尾を手に提げている。満場感動、頼家、乗用の名馬を朝比奈に賜う。朝比奈の兄常盛、羨ましくて堪えられず。水練は弟に及ばずとも、角力に至っては兄たる値あり。願はくは、この名馬を兄弟の間に置かれ、角力一番、その上、改めて下されたしと言上《ごんじょう》す。頼家、興に入り、諸人悉《ことごと》く舟を繋ぎ、見物す。兄弟、裸体で立ち向かう、雄々しき風情、大地を踏み轟かして争うに、勝負未だ決せず、満場喝采す。朝比奈、頻《しき》りに勝負を望むに、常盛、稍々《しょうしょう》雌伏《しふく》の色、現る。江間小四郎、感心の余、中に割って入り、引き分けにせんとする際、常盛、真裸のまま、咄嗟にその名馬に打ち乗り、一鞭あてて遁走す。朝此奈大いに後悔地団駄踏む。満場大笑拍手。実に角力史上の喜劇である。この馬は大江廣元の献上で奥州第一の名馬と称せられ、常盛、日頃切に懇望すれどもついに下されなかったものである。

後鳥羽天皇の御代に、伊予国、大寺の島という所に、天竺《てんじく》冠者といい、稀代の幻術者にして大力の名ある者がいた。その頃、都に加茂の神主能久《よしひさ》、角力達人として聞こえた。この二人を召し合わされたるに、能久、天竺冠者を取って池の中へ投げ込んだ。この頃はまだ土俵とてはなく庭上で取組んだのであった。

仲添天皇の承久三年（一二二一）六月十九日、鎌倉の頼経将軍、六波羅に命を下して、錦織《にしごり》判官代を逮捕せしめたが、錦織は、弓馬角力の達人、壮力人に越えたる勇士として知られた者である。

鎌倉時代の末期に、大剛の角力として天下に聞こえたのは、もと武蔵国の住人、畑《はた》六郎左衛門時能《ときよし》、歳十六の時より角力を取り歩きて、関八州に無敵といわれた。腕の力瘤、隆々として、股のむら肉厚く、音に聞こえた薩摩の氏長もかくやありけんと思うばかりであった。その後、千山万岳の信濃国に移住し、山水の間に漁猟を業として、馬に乗って峻坂悪路を飛ばすこと、神変《しんぺん》不思議の名手であった。その後、新田義貞の勤皇軍に従って大勇を現し、建武中興の後、義貞に随って北陸に転戦し、義貞の没後なお孤軍奮闘、その武威つねに賊方を圧したことと、戦場にいつも愛犬を携えた風格とは太平記に詳述されている。

以上、鎌倉時代、角力専門の力士がいなかったのではないが、角力が武士必修の武術であったため斯道の名士とその挿話とはおおよそ武士にかかっているのである。

（三）

鎌倉幕府の記録たる吾妻鏡によりて見ると、鶴岡八幡宮は源家の氏神であり、流鏑馬、競馬、角力の三つは、八幡宮祭典における年中行事であった。その時は、源家の将軍、参拝し、これ等の年中行事は、将軍の御前で挙行された。祭典の他にも、八幡宮において、幕命を以て、時々、角力が行われた。その外、将軍邸において、あるいは将軍が諸侯邸に御成りの時など、宴会の余興としても角力が行われた。試みに、左にその事実を列挙してみる。

（一）文治五年四月三日、鶴岡八幡宮の祭事に、将軍参拝し、流鏑馬、競馬、角力あり。次に三崎社の祭を執行し、また流鏑馬、競馬、角力の催あり。

（二）同年六月二十日、鶴岡八幡宮臨時祭に、流鏑馬、競馬、角力あること、例の如し。

（三）同年九月十日、鶴岡八幡宮の末社、熱田社の祭に、流鏑馬、競馬、角力あり。

（四）建久二年三月三日、鶴岡八幡宮の法会、次いで臨時祭執行、将軍（頼朝）参拝。流鏑馬、競馬、角力あり。

（五）同三年八月十四日、鶴岡八幡宮、廻廊の外庭において放生会角力あり。その取組を見ると、武士以外の力士もまじっているようである。

一番　奈良　藤次　　荒　次　郎
二番　鶴　次　郎　　藤　塚　目
三番　犬武　五郎　　白河黒法師
四番　佐賀良江六　　傔仗　太郎
五番　所司　三郎　　小熊　紀太
六番　鬼　　童　　荒瀬　五郎
七番　紀　　六　　王　　　鶴
八番　小　中　太　　千　手　王

（六）同六年三月十三日、鶴岡八幡宮臨時祭、将軍頼朝奉幣す流鏑馬、競馬、角力、例の如し。

（七）同年九月九日、鶴岡神事、頼朝参拝、流鏑馬、競馬、角力あり。

（八）正治二年九月二日、将軍頼家、小坪海辺遊覧の序、小坂太郎の庭前において、朝比奈三郎兄弟の角力を観る。

（九）建永元年（一二〇六）六月二十一日、実朝将軍、邸内の南庭において武士の角力あり、勝者に扇、色華、砂金等の賞賜あり。敗者逐電すといえども、召し返さる。

（十）承元四年（一二一〇）八月十六日、鶴岡八幡宮神事。将軍実朝夫妻及び（政子）二位尼、

馬場の桟敷において、流鏑馬、競馬、角力を観る。
（十一）安貞二年（一二二九）二月十九日、頼経将軍邸の南庭において、二十番の角力を召し合す。
（十二）同年八月十一日、頼経将軍の南殿において放生会について角力あり。
（十三）嘉禎三年（一二三七）四月十九日、大倉の新御堂上棟の日、頼経将軍臨場し、帰途、足利義氏の邸に臨み、酒宴の間、駿河二郎泰村、壹岐守光村兄弟の角力を観る。頼家将軍の時、朝比奈三郎兄弟の角力、勝負を決せざりし前例に倣《なら》いこの兄弟角力も引き分けとなる。
（十四）建長六年（一二五四）閏五月一日、執権北條時頼、下僚壮年の従を率いて、将軍宗尊親王の邸に伺候し、酒宴数刻、時頼進言するよう、近年武芸廃頽、最も歎ずべし、弓馬の芸は追って改むべきも、先ず今日は角力勝負を決し、感否の御沙汰あり度しと申し上げ、将軍殊に機嫌麗わしく、六番許《ばかり》、取組あり。勝者は将軍の御前に召されて、御剣御衣等を賜わり、敗者には、上戸下戸を問わず、大器にて酒を賜わること三杯、すなわち罰盃にして、御一門の諸太夫等自ら杓をして感興大に湧く。時にとっての壮観であった。
以上は、吾妻鏡の記事を抄録したものである。これによって見ると、鎌倉時代、武門武士の間において、角力が弓馬の道に準じて修練されたこと、及び将軍の上覧角力が年中行事になったことが分かる。

王朝時代の節会角力は廃絶に帰したが、武門の世となりて、節会角力に代わって、上覧角力ということが始まったのである。上覧角力の嚆矢は源頼朝の文治五年（一一八九）である。そして上覧角力の目的は、全く尚武《しょうぶ》の精神であったことを、ここに特筆しなければならぬ。されば鎌倉時代においては、一方に力士もあったけれども、角力は武士必修の一科というべく、あらゆる武士はもとよりのこと、国持大名までも角力を取ったのである。

五　室町時代末期伏見桃山時代の力士と上覧角力

付、女力士

（一）

室町時代末期となりては、吾妻鏡の如き幕府の日記と見比べるものなしといえども、この時代となりて、依然として上覧角力が続いて行われたことと、職業力士らしきものが漸次増加して、次に来る江戸時代の勧進角力の前駆をなしたことが見られる。

室町時代における力士については太平記に、播磨国の住人妻鹿《めが》孫三郎長宗《ながむね》という者、十二歳の頃から角力を好み、諸国を巡るに、日本六十余州の中に敵する者はなかったと記している。これは職業力士といってもよいように思われるが、妻鹿はただ一人行であった。力士が数人、一つの組を作って諸国を巡って歩いた者については相撲史伝に引くところの「大友家記」の中に、「都より雷、稲妻、大嵐、辻風という角力取りども下向し、豊後府内において勧進角力を興行せしに、彼等四人に勝つ者なし」とある。これ等は、職業力士の巡業とも見られないことはない。この記事と、武将感状記に見えた「関白秀次の上覧角力」などと対照すると、これ等の職業力士と、並びに力士名というものがすでにできていることが知られるのである。

武士の角力は、戦場の組討のため、練武の必修科目として、鎌倉時代以来、続いて行われているが、武将が角力を練習することは少なくなった。賤ヶ嶽《しずがたけ》の七本槍などは、後には皆々出世して大名となったけれども、その時は侍であったのだ。尼子十勇士の随一とうたわれた山中鹿之介幸盛は、偉丈夫にして、蓋世《がいせい》の剛勇と称せられたが、十三、四歳の頃より角力を好み、雲州（出雲）一国に敵する者はなかった。二十六歳までに、五十六度、槍を合わせたと言い伝えるから、その間には、組討をしたこともあろうと思われる。会津侯、蒲生《がもう》飛騨守氏郷《うじさと》の家臣に、西村左馬之助《のすけ》というは、大男の強力、角力の上手として知られた。氏郷と角力を二度とって二度勝った話が伝えられている。なお唐津侯、寺澤志摩守の家臣に、遠山六兵衛という近国までも聞こえた強力の武士がいた。筑前から反橋《そりはし》という角力上手の力士がやって来た。力も強く、手もよく取る。足軽水手などはいうに及ばず、若手の侍の中にも、この一番も勝ちたる者なし。かくては筑前に帰って、唐津には人もないようにいうであろう唐津の名折《なお》れである。是非に一番取られよと、所望された遠山立向かい、反橋が潜ぐり入るところを、遠山、右の手を以て、反橋が下帯の三つ結を取ってさしのべて、二、三べん振りまわして、引き挙げて、えいと一声、打ちつけると、踏みつぶされた蛙のようになって、反橋は鼻血を出して気絶した。蘇生したが、左の手が折れ骨がくいちがい、不具になったという話。これで見れば、職業力士は強いが、それを赤ん坊を投げるように投げる超人的の強い武士が、ごく稀《まれ》にいたことが知られる。山中鹿之介や、この遠山六兵衛などは、すなわちそれである。角力が上手なことが、戦場の組討に役立ったことは、丹波の城主小野木縫殿助《ぬいのすけ》の家臣、井戸亀右衛門が角力の手で、敵将江見源三兵衛を斃《たお》した話がある。小野木と江見とは、連年の戦に、江見は次第につまって、わずかに孤城を守るばかり。小野木は、これを包囲して攻め、だれか江見の首を取って来る者はなきかという。井戸亀右衛門、時に歳十七。

角力を取って丹波一国に敵なしと称す。それに剣術も相当にできる。自分、その大役に当たらんことを請い、単身、夜にまぎれて城中に潜入し、江見の座敷の縁の下に伏して、機会を窺《うかが》っていた。夜が、ほのぼのと明けそむる頃、江見未だ鎧を着ず、小具足ばかりで縁に出《い》でたところを、待ちに待った井戸、折節《おりふし》あたりに人はなし、走り出でて組みついた。江見、驚いたが、四つに引っ組んで、縁の上を、前後に一、二度押し合ったその時、井戸、フッと角力の手を思い出し、投げつけ、折り重なって首を取った。後に井戸が言うよう、生得剛強《せいとく》というものは世に稀であろう。自分が江見と一、二度押し合うまでは、角力の手を忘れていたのは生得の剛強ではないと思われると。

さてこの戦場の組討に用いる角力の手というもの、昔のように力の強い者が勝つと定まっていては、組討術の発達というものはないわけだ。弱能《よわきよ》く強《つよき》を挫《くじ》き、柔能く剛を制するの術が創生しなければならぬ。乱世の長かりし数百年間に、ついに組討の妙術が発見された。そのことの研究は、主として柔道の歴史に属することであるから、ここには省略することとして室町末期の角力はすでに柔術のある部分を含んでいたことを特筆しておく。

（二）

平安時代に強力女の名声、巴《ともえ》、板額《はんがく》、大井光遠《みつとお》の妹、近江の遊女かねの如き、一代の怪力と思われるほどのものであるが、戦場の組討は別として、これ等の女が男を相手にして角力を取ったという話を聞かない。しかるに、鎌倉を経て室町末となって、素晴しい女力士が現れた。これなどは角道の空に突如として出現した一大慧星でなければならぬ。江戸時代になって世に行われた女角力とこれとは全く別の話である。

この女力士のことは、文禄五年の刊本と伝うる「義残後覚《ぎざんこうかく》」という書に出たとて、有名な「嬉遊笑覧」に載せている。私どもは、未だこの「義残後覚」という書を実見していない。もし果たして文禄年中の刊本であるならば、この話は、一層、研究の価値があると思う。いずれにしても素晴しい話であるから、左に録す。京伏見繁昌した時代とあるから、秀吉の伏見城が栄えた時代のことである。

「京、伏見繁昌せしかば、諸国より名誉の角力ども到来しけるほどに、内野七本松にて勧進角力張行す。勧進元の取手には、立石、状石、荒波、岩崎、反橋、藤瘤、王葛、黒雲、追風、筋金、貫木《かんぬき》などを初として、都合三十人許ありけり。寄手には、五畿内さては諸国より集まり取けれども、さすがに勧進角力を取るほどのものなれば、いずれも取勝けり。寄手の人々には、口惜しきかな、いかなる人もあらば、求めて取合わせたくこそ存ずれなど議しているところに、或日、立石関にて出る時、行司申しけるは、御芝居に角力は尽き申し候や、もし御望の方御座候わば、只今御出で候え。左あらずば名乗申候と呼わりければ、出んという人一人もなし。かかるところに、鼠戸より暫らく角力を待ち玉え、御望の方御座候と申す程に、行司、其儀ならば、早く御出候えと申ければ、出にけり。人々、何たるいかめしき男ならんと見るところに、年の頃二十ばかりなる比丘尼《びくに》なり。行司、こは異なる人こそと申ければ、比丘尼申けるは、さん候、我は熊野辺の者にて候が、つねに若き殿原達の角力を取らせ玉うを見及候うによって、人々取らせ玉うが浦山さに参りて候（中略）立石申しけるは、かようのへ弱なる者は、十人も二十人も一つまみ宛にすべきに、いかで某《それがし》、おどけなくも取べきぞ、若き小角力の候はんに合わせ玉えといいければ、比丘尼聞て、いやいや、取るほどならば、勧進元にて上角力を出し玉え、左なくば取まじくと申す。見物の貴賤、これを聞て、誠に面白し、立石取れと、一同に所望しければ、力なく取にける。さて比丘尼は、帷子を脱いで出けるを見れば、島かるさんをぞ着たりける、行司、角力を合わする時、立石、大手をひろげて、やっと言って構えければ、比丘尼つと入って、仰けに突倒しける。芝居中、これを見て、呆れはててぞ褒めたりける。立石口惜しく思い、なめ過ぎて負けけると思えば、今度は小体に構えて掛るところに、比丘尼つと寄ければ、立石、弓手のかいなを取りて、三振りばかり振りければ、比丘尼は、後脛《あとずね》を追とりて俯しさまにぞ投たりける。芝居中は、時の声を作りて笑いけるほどに、少時は鳴りも止まざりけり。それよりも伏右、貫木、荒波など出で取れども、後は次第に、比丘尼が投口は電光の如くに、如何に取るやらん、目にも見えず、手にも留めず取たりける。かくて角力は、此の比丘尼に関を取られければ、芝居は則ち退散す。それよりまた伏見にて勧進角力ありけるに、また此の比丘尼出て取ふせけり．醍醐、大坂などまでも行て、世に勝れたる大角力といえば、ひろいけるほどに、世の人、これは唯《ただ》ものに有《ある》まじと、恐れおののき、希代のことと沙汰したり。」

とある。この恐るべき女角力の取口を仔細に考うるに、尋常、角力の手ではあるまじきよう思われるところがある。その外に、室町時代に、女力士のことを聞かず。これが唯一の女力士である。しかも、それが比丘尼《びくに》であるということが、支那の拳法の話にある尼僧のことども思い合わされ、一層、神秘的な感を催すのである。なおこの勧進角力の光景、勧進元の取手どもは、一団となって片屋の方に控え、寄手は、それぞれ芝生の上に居る。寄手は、もとより烏合の勢なり。申し合わせて行くもあり、期せずして寄手に加わるもあり。芝生で見物している群集の中から、雄心勃々《ぼつぼつ》、我こそ一番と着物を脱いで飛び出す。この場の光景、今も田舎の宮角力で見られるのを思い浮べて、ひとりで微笑する。ただし、この頃は、いわゆる勧進角力で、取手、寄手と判然分かれている。近代の宮角力では、東西に力士がいてただ飛び入り勝手というまでである。

（三）

にな
ったようである。文学に現れたものを見ると、

上覧角力は、室町時代から、その末期を通じて、織田信長、豊臣秀吉と続いて、ますます盛んになったようである。文学に現れたものを見ると、

（一）　大内義興の家老、陶光和《すえみつかず》の家臣に、若杉四郎三郎という角力の名手あり。中国には敵する者はなかった。義興上洛の時、山名の童坊《どうぼう》、某《なにがし》とて、この若杉と相並んで天下二人の角力の上手と評判された。将軍義稙《よしたね》の上覧で、この二人の取組あり。若杉、軽く勝ったが、童坊ひいきの人々、ただ今の勝負、紛らわしきところありと物言いをつけたるに、若杉大いに憤り、今度は目より高くさし上げ、えいやっと言って投げつけ、童坊は黒血を吐いて死んだ。このことは陰徳太平記に見えている。陰徳太平記は室町末期における中国の歴史を書いたものである。

（二）「信長記」によって見れば、信長は頗《すこぶ》る角力好きであった。それに見えたる第一回の上覧角力は、信長、元亀元年（一五七〇）二月二十五日、岐阜を出発して、翌日、江州、常楽寺に着き、暫く滞在中、角力を見た。「御游の興を催されんとて、暫らくここに御逗留あって、国中の角力取どもを召し集め、角力をぞ始められける。皆勝《すぐ》れたる上手にてはあり、今

日を晴と取るほどに、鴨の入首《いれくび》、水車、反り、捻り、投げなんどいう手を、われ劣らじと取しかば、何の道にてもすぐれ居れば、奇異にこそ覚ゆれとて、興ぜさせ玉う」

かくて勝角力には、それぞれ賞賜あり。この時、宮居眼左衛門《みやいがんざえもん》という者、第一人たれば、秘蔵の重籐弓《しげとうきゅう》を賜り、その弦を圓浄寺源七に、矢を百済寺大鹿に賜りしともいい伝え、これが後世、弓取式の起源になったと称している。

次、天正六年二月二十九日と、同年八月十五日、及び八年六月二十四日と、信長は度々角力取りを集めて取らせ、殊に八月十五日、安土における上覧角力は、前代未聞の大掛りのもので、近江一国、京都の角力取りをはじめとして千五百人呼び集め、安土城中において、辰刻（午前八時頃）から酉刻（午後六時頃）まで終日、取らせたというのであるから、その壮観は想像するにあまりあるものがある。当日、五番打、三番打とあるは、五人抜、三人抜のことであろう。

頼朝以来、上覧角力は武将の特権でもあり、殊に角力好きの人もあったようだが、斯道を鼓舞作興したことにおいては、おそらくは信長を推して第一とすべきであろう。信長の趣意、練武に志あることは疑なけれども、頼朝が見るのと、信長が見るのとは、決して同じではなく、頼朝は武士必修の練武の一科として見たるに、信長は、練武趣味の娯楽として見ていた。頼朝の上覧角力は、武士に取らせ、信長は角力取りに取らせている。本邦の角力がこの時代を旋転期として、変遷している事実がここに現れているのである。

（三）　秀吉もまた角力好きであった。伊予の徳猪之亟という天下無双の大力、十四、五の頃から角力を取って四国の中に並ぶ者なしという力士と、毛利輝元の家臣に、入江大蔵之亟といい、これまた「日本一の大力」とうたわれた勇士、徳猪之亟は六尺七寸、入江は六尺八寸。この二人を、秀吉、聚楽《じゅらく》の邸に召し出して角力を取らせた。行司が構えている。「両人一礼して力足を踏んだる気色は、つくりつけたる仁王に、ちっとも違わざりけり」と記してある。誠に当代の活金剛であったろう。しかるに、秀吉、この二人に、それぞれ力を出させ、力競べばかりにして、角力の勝負を見なかった。諸大名一同、秀吉の心持を感心したと伝えている。この話は「義残後覚」にあるといって、蜀山人の「一話一言」に載せている。

（四）　次は関白、豊臣秀次の上覧角力。秀次が関白になったのは、天正十九年で、その自殺は文禄四年で、前後五年間のことであり、この上覧角力は、年月明らかならず、その間のことと見るべきであろう。秀次は、死んだ時が二十八だから、若い関白で元気であった。この上覧角力は、夜角力であった。「武将感状記」の記事は、この時代における角力の発達を見るべき絶妙の資料たるのみならず、角力道に、取口を記述した最初の記録というべきものであり、遠く現代の角力記事の淵源をなすものであるから、長文に捗《わた》るけれども、左に紹介することとする。なおこの記事はこれを現代文に訳述するよりも、これを原文で読む方、頗《すこぶ》る感興の潑剌たるものがある。読者請う、看過することなかれ。

「関白豊臣秀次公、角力見物すべき間、その用意いたすべき由のたまいければ、相撲奉行丹後守を召して申付られ、諸方を觸れけるほどに、洛中、洛外、淀、鳥羽、桂、嵯峨、鞍馬、白河、山科、醍醐辺《あたり》より我も我もと集りける。秀次公の取手ども百人ばかり出て、東のかたやに控ゆれば、西には寄の角力、二三百人並び居たり。すでに日暮れて、月、山の端に出ければ、秀次公の御前の幕をしぼりあげ、蝋燭あまた立てさせ、大名、小名、右の方に伺候せらる。とかくと時刻うつりて後ち、角力すでに始りぬ、関白殿の角力ども、いずれ名を得し取手なり。寄角力も、世のつねならぬ者どもなれば、三十番も過ぎけれども、取分にてぞ見えたりける。爰《ここ》に関白殿の角力の中にて立石、伏石、関がね、井関、岩根などいう上手どもも一番、二番ずつうって入りにけり。中にも岩根は防《ふせぎ》たるが、よき相手がなと思える体にて立出たり行司、誰にても望の方あらば出玉えと、ふれけるに、ここに西国の住人に、「突春《つきうす》」という角力あり、かくれなき上手なれども、然るべき相手なき故、宵より一番も取らざりしを、かたわらの者ども出て、関を取れとぞ勧めける。行司聞て、急ぎ出でられそうらえ、遅参は御前への恐あらんと言いければ、畏《かしこま》り候とて立出でけり。此は僅に四尺ばかりなれども、脇の大きさは、六尺ばかりもあらんと見ゆ、左右の腕は、つねの人の太股にまさりたり。年二十四五にて、つら大きく、眼すさまじかりけるが、白布を三重に巻いて強く締めたり。岩根之介は、たけ六尺ゆたかにして、骨太く肉厚く、仁王をつくり損ぜしがごとくなり。茜の下帯、二重にまわして引しめたり。秀次公、いそぎ合せよとのたまえば、行司やがて取らせける。一方は丈高く、一方はひくかりければ、そこばくにちがいて見ゆ。岩根おもいけるは、彼は下手の角力なれば、うちに入れじと立廻るにや、突春は下手に入て、そりてうんとあいしらう。互に劣らぬ上手なれば、くんず離れつ、もつれつ、手を砕き、半時ばかりねぢ合ける。いかがしけん突春つと入て、岩根を場中にて反たりける。秀次公御覧じて、扨《さて》も取ったり、心のききたる角力かなと感じ玉えば、御前伺候の面々も、あっと感じあわれける。暫らく双方、いきをつぎて、また合わするに、こんどは岩根之介、突春を懸投か、おひ投か、二つのうちを取べしと立まわれば、突春は、丈なければ反を望んで外《は》ずしける。暫くあって、岩根之介、突春がそくびを引よせて、かけ投にせんとしけるを、突春、岩根が馬ばかりの股をとって、曳《えい》と押しあげ、つと入って、一間ばかりかたやに押込み、とどまるところを引かつぎ、反《そ》りにけり」

如何にもおもしろい角力記ではないか。丈高く逞しき岩根と、低くて臼のような突春との取組、目に見るような。作者も中々、角力の心得があるとみえる。

(四)

この時代の角力、武門武士の武戯たることを失わぬが、鎌倉時代より時を経て吉野時代、応仁の乱、それより元亀天正となる間に、我が国の戦術は、大いに変遷発達して、鎌倉時代のように、戦場に名だたる者の、名乗りかけての一騎打の風はなくなり、武将は、その勇気、智略、人徳等を第一とし、個人的の勇力を重しとせぬようになり、鎌倉のように、国持大名に至るまで、上覧角力に出るような風潮はなくなって、角力は武士では嗜《たしな》みとなり、別に角力を専門とする力士の輩出をみるに至った。

剣客が武者修行をするように、力士が角力修行ということが始まった。諸国を巡って、角力を取って歩く力士はすなわちそれである。武者修行は、維新前まで、ずっと江戸時代を通じて行われたが、角力修行は、この時代だけで終わりを告げたのである。角力修行は、一人の場合もあり、数人団体の場合もありて、角力修行は修行にもなれば、生活にもなったようである。これについて好適の一例を挙げてみよう。

土佐の長曾我部元親《もとちか》は、角力好きで、毎年、十七夜の会などに、近郷の角力取りを集めて、取らせて見物した。土佐の夜角力というは、この頃から明治まで続いている。土佐人は一般に角力好きで青年はこの夜角力で鍛え上げるのである。それはさておき…

当時、泉州小島に、源蔵とて、「天下一の角力取りといわれた強者がいた。諸国を角力修行して歩くに、敵する者なしといわれたが、元親角力好きと聞いて、土佐に下向し、先ず前浜に宿を取る。元親召し出して見るに、源蔵の体格、六尺二、三寸もあろう。普通の袴では足も入らぬというほどの凄さ。二十八、九ばかりというが、荒れて四十ばかりにも見ゆ。その日は御馳走を頂戴して引き下がる。君臣ともに、聞きしにまさると驚嘆す。元親、これまで見かけて遥々《はるばる》来た者を、相手がないからと、ただ帰しては土佐一国の恥であると、角力評定を開いて相談するが、取えろうという者がない。久萬兵庫が一人進み出て、取ってみたしと申す。なんとして取るかと問えば、兵庫答えて、あのような大力の角力は、力を頼みにして、細かに手を取らぬものであるから、大手をひろげ廻るところを、つまどりをしてみましょう、首尾よく取り得たる時は、決して負けまいと申す。果たして、元親はじめ家中一統、総見物の大角力において、久萬兵庫、見事に、源蔵を投げた。満場どっと喊声《かんせい》。元親、喜び斜《なな》めならず、先ず当座の褒美として、兵庫に持長刀を賜わり、源蔵には帷子五、鳥目拾貫とらせて帰した。源蔵、初め元親に見参の時、巻樽二、ひふぐ百本を献上している。それに対しての元親の挨拶でもあるが、「日本一」といわれるような角力になれば、その武者修行も堂々たる態度であることが知られる。

その翌日、御悦として侍一同出仕す。その時、元親、兵庫を召し出し、この度の手柄、此類なき高名也、角力というものは、邪狂事のようなれども、勝負を決する上は、これまた武辺《ぶへん》に異ならず。日本一といわれた源蔵に打ち勝った兵庫の角力は、日本一というべしと莫大な加増にあずかり、兵庫は大いに面目を施した。

六　寛政の上覧角力

（一）

武家の上覧角力は、源頼朝の時に淵源し、その後、室町時代を経て、連綿として江戸時代に及んでいることは、すでに叙述した通りであるが、将軍の上覧角力といえば、（寛政三年、六月十一日、〔一七九一〕、江戸、吹上苑中において）十一代将軍家斉《いえなり》の上覧角力を指すほどになっている。それほど、寛政の上覧は古今に有名であり、また近世、角力道勃興の契機になっているから、ここにそのだいたいを記すことにする。

寛政年度の頃は、江戸幕府全盛、文化各方面悉《ことごと》く向上発展の時であり、角力道もまたこの機運の波に乗って未曾有の繁栄を来たし、谷風、小野川、雷電等の大力士、一時に輩出した。上覧角力は、この際、斯道鼓舞奨励のためで、これ等の稀世の大力士、殊に谷風、小野川、両雄取組の壮観を鑑賞せんがためであることは、角力上覧記に記した通りである。そしてこの上覧角力以来、角力道の気勢おおいにあがり、社会人心もまたにわかに斯道に注目するに至りて、斯道勃興の糸口がここに啓《ひら》かれたのである。そもそも数百年来、上覧角力ありといっても、この時の上覧角力ほど大規模のものはなく、江戸角力の全部を展列し、いわゆる角通といえども、朝から晩まで見通すものではないのに、寛政の将軍は終日、徹底的に観たので、いわば江戸角力の本場所を取り寄せて、しかもこれをでき得る限りの内容と形式とを整えて、最大の豪華版にして上覧したものだから、観る者も、角力を取る者も、斯道の陶酔境に入ったわけである。このような上覧角力は、当時、空前のものだったので、その評判が一代を震動せずにはいられなかったのである。谷風、小野川が角力道の大英雄となりおおせたのも、この未曾有の豪華版の土俵における大立者であったからである。

（二）

寛政の上覧角力の始末を略述しよう。

先ずこの年四月、本所、回向院において、大角力興行中、同月二十三日、「町奉行池田筑後守、勧進元錣山《しころやま》喜平治及び差添《さしぞい》、伊勢ノ海村右衛門の両人を呼出し、近々、将軍の上覧あるべきに由り、角力を散らすまじき旨、内意に達し、土俵絵図及び力士名簿二枚宛、翌二十四日、筑後守役宅に持参せしめ、土俵並に四本柱、引幕等、伊勢ノ海に請負を命ず。同二十六日、筑後守役宅において、右両人に対し、上覧角力決定の旨申し渡し、両人より御請を申し上げる。五月二日、実地場所見分致し、角力惣（総）人別書を提出す。なお上覧につき、力士取締を年寄一同に厳達す。同五日、またまた錣山、伊勢ノ海両人、筑後守役宅に召し出され、来る六月十一日、上覧角力の旨を達せられ、節会角力の祭事相勤めし相撲司、吉田追風の末流、熊本の吉田善右衛門を召し出されて行司相勤めしめ、上覧角力は勧進角力とは格式も違うことを申し渡さる。六月十一日の当日に至り、暁六ッ時（午前六時）竹橋門外、御春屋にて、惣年寄、行司、力士等、残らず染帷子《そめかたびら》、上下《かみしも》、帯刀にて相揃い場所休息所溜に入り差し控えている。」

さて上覧土俵は、四本柱の間、三間四方、柱より柱までのうち土俵七俵ずつ、合わせて総数二十八俵は、天の二十八宿に象《かたど》る。内丸土俵数十五。東西の入口は陰陽和順に象り、外の角を儒道とし、内の丸を仏道とし、中の幣束《へいそく》を神道として、土俵に神儒仏の三道をあらわす。中央に幣束を七本立て、神酒、熨斗《のし》、供物を三方の上に飾り置き、まず吉田追風出て、天長地久風雨順時の祭事を勤む。土俵の原理は易に象って中々むずかしいものでこの時の説明によれば、

〔すべて土俵四本柱は易に象る、土俵の内を太極と定め、左右の入口を陰陽に象り、四本柱は四時五常に象る。中央の土を加え、木火土金水、または仁義礼智信の五常に象るなり。水引は、黒赤黄三色の絹を以て、北の柱より巻き始め、北の柱へ巻き納むるは、出る人と入る人とを清むるの心なり。北を極陰という。勧

進角力にては、これを役柱《やくばしら》と名づく俵を以て形をなすは、五穀成就《じょうじゅ》の祭事なり。」とある。そしてこの回の上覧角力は、勧進角力とは格式は違うけれども易の一理においては違うことあるまじくと特筆してある。

さて右、祭事終わって、土俵の上に飾り置きたる品々を、行司四人、東西より出で、持ち出ずる後、行司先に立ち、角力二十人ずつだんだんに出て、礼儀を正し、土俵の上に平伏する。残らず揃いし時、行司、合図をなす。その時、一同土俵入りすみてまた平伏し、一人ずつ溜りへ入る。かくの如くして、東西の角力、六度に礼式すむ東西の関取、横綱を帯びて土俵入りをする。それより名乗言上ありて、行司、東西より一人ずつ出で、また角力引き合わせの行司一人、土俵の内に入って、次に東西より角力人出でて平伏す。言上の行司、土俵へ出て、東の方だれ、西の方だれと、高声に呼びあげて入る。そのうち白張《はくちょう》着たる者、水と紙とをやる角力人、土俵真中にて立合う行司、声をかけて中に立ち、古法の如く、待ったなしに取り組み、行司、勝角力だれと言上す。はたまたも行司は代わる代わるに出るなり。いずれも侍烏帽子素袍《すおう》を着用す。合わせ行事は、素袍の肩を絞りて出ずる。また四本柱の下に、行司四人平伏して控え居る。されば勝負依怙《えこ》なく見分けることをつかさどる。右代わる代わる行司十四人にて相勤む。

年寄三十六人、染帷子《かたびら》麻上下《かみしも》着用にて、土俵場へ代わる代わりに相詰め、行司十四人、素袍にて侍烏帽子《えぼし》木剣を帯し、吉田追風はじめ土俵入りの節、柿色の素袍、侍烏帽子着用にて土俵の上に筵《むしろ》を敷き、その上にて角力の古実を言上す。谷風、小野川取組の節、吉例に依りて、往古、追風、禁裏より賜わりたる紫の打紐つけたる獅子王の団扇《うちわ》を持ち、風折烏帽子、狩衣《かりぎぬ》、四幡の袴を着用し、土俵の上、草履御免にて相勤む、追風に随従の書記二人土俵際に居る。

行司は、木村庄之助、式守伊之助、式守秀五郎、岩井喜七、木村庄太郎、式守見蔵の六人、別に名乗言上行司三人、勝敗役四人（検査役上下着用す）。

さて上覧相済みて、南町奉行所へ、木村庄之助、式守伊之助両人呼び出され、投げ手の形、尋ねられしにつき、四十八手の形を認めて差し出したるも、それだけにては分かりにくきにつき、伊之助、見蔵と行司二人、同奉行所の白洲において、素ッ裸となり、その形を示し、奉行所にて一々相認む。上覧角力の力士一同に対し、褒賞として白銀二百枚下賜《かし》せらるる旨池田筑後守より達せられ行司役これを拝受す。（口絵⑦参照）

（三）

六月十一日、上覧角力、取組及勝負表

中人前　○勝

東　西

行司　式守見蔵

桂山　ワタシコミ　○青野山

尾上松　フミコシ　○錦野

若松　マキオトシ　○與佐海

森ヶ崎　コシナゲ　○岩ヶ崎

龍ヶ崎　オシキリ　○金碇

○千年川　コシナゲ　荒見崎

桜野　ヤグラオトシ　○安宅山

○利根川　フミコシノソリ　今出川

○荒灘　ヒネリダシ　角ノ森

行司　木村庄太郎

○清川　オシキリ　角田川

鳴見川　ヨリダシ　○鳴澤

○由良戸　シタテナゲ　竪川

○都山　フミキリ　朝日野

○鷹ノ川　ダキダシ　上総野

紫ノ森　ハネ　○華ノ山

○和田崎　ダシ　牛間ヶ関

○入間野　ウキソリ　片男浪

初瀬島　オシキリ　○御所島

○鳴戸　ウチカケ　和歌湖

行司　岩井喜七

雲《やま》柱《かつら》　ヨツデナゲ　○淀渡

○時津風　ハネ　黒雲

○熊ノ川　ヒキオトシ　杜戸崎

○咲ノ川　ナゲダシ　浜風

○荒澤　ツキデ　綾川

龍ケ鼻　カイナマワシ　○香取山

漣《さざなみ》　ツメ　○荒海

行司　式守秀五郎

常磐川　オシダシ　○緑川

○千渡ケ濱　オシダシ　雪ノ浦

○諏訪ノ森　フミキリ　袖ノ浦

○楠　オシキリ　荒馬

○杉ノ尾　ツメ　阿蘇森

○関ノ川　フミキリ　荒瀧

○玉ノ井　ナゲオシキリ　荒熊

行司　式守伊之助

○伊吹山　カイナヒネリ　鷲ケ嶽

○鈴鹿山　ウワテナゲ　岩ケ関

○伊勢浜　オシツメ　獅子ケ洞

蓑島　カイナマワシ　○眞鶴

○出水川　カケワタシナゲ　戸田川

○友千鳥　ツキオトシ　関ノ戸

行司　木村庄之助

○梶ケ濱　ツメ　出羽ノ海

雷電　ウキゾリ　○錦木

鷲ケ濱　ドヒョウワタリヅメ　○宮城野

中入後

（中入の間、角力人に赤飯を下さる）

行司　式守見蔵

○緑山　シタデナゲ　荒瀬川

八汐島　ツメ　○越柳

○岩ヶ根　ワタシコミ　厳島
○奈良山　ヒキオトシ　伊勢浜
○浪分川　オシキリ　柳川
○曙　オシキリ　江刺川
摩ノ羽　ヒネリ　○金ヶ崎
名取川　ヒネリ　○紅葉山
讃岐川　オシキリ　○三百崎
○湊川　ハネダシ　須磨崎
○鶴ヶ浜　ツメ　増水川

行司　木村庄太郎

○加茂川　カタスカシ　荒鷲
飛鳥川　カラミナゲ　○八雲山
神楽岡　ウワテナゲ　○乱獅子
住ノ江　ウチカケ　○外ノ海

袖ヶ浦　オシキリ　○高尾山
○桐ヶ崎　アツリカケ　廣田川
更科　○越ノ浪
和田海　ダシ　○秋田川
○和田崎　カイナヒネリ　牛間ヶ関

行司　式守秀五郎

琴ノ浦　ハネオシキリ　○室ヶ関
通り矢　ツキオトシ　○三浦潟
○宮ノ川　ツメ　鬼ヶ岳
黄金山　ヨツデナゲ　○山分
揖ノ尾　ヒキオトシ　○荒汐
○甲斐ヶ関　ヨツデモチダシ　富田川
○島ヶ崎　ヨリキリ　不破関

行司　岩井喜七
虎渡《ハネ》　○象ケ鼻
○岩ケ洞《キリオシ》　立浪
温海岳《ハネ》　○神《か》撫《なで》山
○松島《フミコシ》　秀ノ山
浪ノ音《キリオシ》　瀧ノ音

行司　式守伊之助
○浪渡《カイナマワシ》　熊ケ岳
○岩ケ根《ワタシカケ》　厳島
稲川《キリオシ》　○鳴瀧

鬼勝《カケオシキリ》　○蘆渡
名草山《ハネ》　○越ノ戸
○和田原《キリオシ》　増見山
岩井川《ヨツデヒネリ》　○達ケ関

行司　木村庄之助
九紋龍《ヨツデツメ》　○柏戸
○陣幕《ノドヅメ》　雷電

行司　吉田追風
小野川《キガチ》　○谷風

弓弦、扇子、三役、古法の通り、勝方に相渡す。

角力、九ッ時（正午）始まり、七ッ時（午後四時）頃滞りなく終了。

さてこの上覧角力、これほどの数多の取組、こればかりの時間で終了したるは、行司の制度たる。行司、双方の気合を察し、颯《さつ》と軍配を引けば、その途端に角力は始まる。谷風、小野川の角力に見るように、追風、まだ軍配を引かぬうちに、小野川がはやって取りかけると、追風、まだまだと制止する。追風、軍配を引いた途端、谷風競いかかるに、小野川タジタジとなって負けと宣告さる。行司、軍配を引いた瞬間、双方待ったなし、これでこそ驚くべき多数の取組も短時間に終了したのであった。

（四）

寛政上覧角力の勝負の記事は、幕府の編修官、成島峰雄が、当日、桟敷で陪覧して、詳細に記録したものがある。一々行司の説明を聴いて執筆したもので、我が国の観角記のうち、角力の手を一々詳かに書き入れた最初のものとして記念すべきものである。（以下、力士名など原文を尊重）

すまい御覧の記

寛政三年六月十一日、吹上において角力御覧のことあり。かねて同じつらなる者ども、おおやけごとのいとまに見侍るべきよし、御ゆるし蒙りて、朝の程より御物見の方にまいりつどう。そもそも久方の雲井の庭にして、年毎に角力の節会行われしも、保安に中絶え、保元に再び興されしが、その後は、また絶えて聞えず、たけく勇める武士の上にたよりあればにや、鎌倉右大将殿の頃もっぱら、司位《つかさくらい》あるもなきも、高き賤しきわいためなく、力をたくらべ、明暮の戯草とせしより、室町家の時なども、御覧のことありしとぞ。しかはあれど、星移り物換りて、ことり使いなどいうことも聞こえず、葵、夕顔のかざしも絶えしより、今様は四本の柱、土俵などいえるものさえいできたり、その初、最手《ほて》といえるも、今は大関と名をかえ、すけ手は関脇と唱え、小結と称するを合せて三の役とし、それより前頭、幕の内、幕下、三段、四段、五段、本中、相中、前角力と、その品を分ち、たうさきはまわしと呼び、角力の長は行司といい、弓、ゆつる、おうぎの三種を四本の柱に結いつくる。皆ありふる定めとなれり。その名どもは、見聞くままにしるし付たるなるべし。きょうなん空くものなく、常磐の松が枝見渡し遠くしげりたるに、ひらばり遥々と打ちわたし、その前に四本の柱を構え、その柱を紅と、紫とのきぬにて包み、元をば紅の氈《もうせん》にて包みそえ、柱の上っかたには、はなだのまんを四方に引きめぐらしたり土俵の中央には青幣《あおにぎて》しらにきて七ッ、神酒瓶子二ッ、ほし榧《かや》、ほし栗、のしこんぶをそえ、あわせて三種を敷き、二ッものにもりて、そなたに藺《い》のむしろ四ひら敷きたり。御三卿のかたがた執柄の人々よりして、萬《よろ》ずの司の布衣以上なるも以下なるも、御前許《ゆ》りたるかぎりは、皆桟敷賜わり、御傍近く侍らうかぎりは、幼き者までも引つれ、聊《いささ》かの隙ありとも見えず、巳の時すぐる頃にやあらんならせ給う。めし合せの名など承り、しばしありて白張着たる男二人出《い》で、左右の水桶のほとりにいやまいたり。東の幄《あく》の屋より追風と名のれる吉田善左衛門、団扇を執《と》り、さての行司木村庄之助吉田幸吉外《ほか》二人を召具して、埒《かこい》のうちを通りて来れり。皆烏帽子素袍をきたり。追風、土俵のうちに入り、むしろに着きにき。天にむかい柏手うちならし、祈祷し、方屋祭終りて、幣《ぬさ》を執り、二人の行司に授けて、庄之助、幸吉、左右より進み、瓶子《へいし》を取り、神酒を四本の柱の根にそそぎつつ退く。やがてむしろを白張きたる男左右よりとりて、四本の柱のもとに同じつらにたてさまに一ひらずつ引き分く。追風うずくまり居て、袖かきあわせ、方屋開きということを唱う。其言に曰く、「天地開け始まりてより陰陽わかり、きよく明らかなるものは陽にして上にあり、これを勝と名づく。おもくにごれるものは陰にして下にあり、これを負と名づけ、勝負の道理は天地自然の理にして、これを為すものは人なり。

清くいさぎよき処《ところ》に柱を構え、五穀成就のまつりのわざなれば、俵を以て関所を構え、そのうちにて勝負を決する家なれば、今はじめて方屋《かたや》と名づくるなり」と、聊《いささ》か臆したるさまにもあらず、声おかしく聞ゆ。彼は野見宿禰が裔《すえ》にして、古の志賀清林といえる高名の角力の流をつぎ、遠つおや吉田豊後守家次、内裏より追風という名を賜わり、世々角力の有職たるよし、いま細川家に仕《つか》う。此度、御覧の式つとむべきよしおほせごと下り、面目限無きものならし。追風こと終りて後に設けたる筵《むしろ》につく。これは交名《きょうみょう》に勝負のつましるしせん為とぞ。年寄といいて、此道に年久しき翁ども、浅黄の上下《かみしも》着て、七、八人宛随いいたり。いける世のかいつくりたるもことわりとぞ見えし。さて東の方より行司みちびきに従い、若く勇める角力ども二十一人、四本の柱の中に入り、ひしひしとうずくまり拝し、立上り、力足どど踏みすえて返り入る。西の方よりも同じ定めにして返り入りぬれば、東より又かはりて出づ。西も亦然《またしか》り。三たびにあまる時は十人ずつ出づ。これを土俵入という。いずれもの錦繍のたうさきかきたり。東の大関小野川、たうさきの上に横綱というものかけたり。これはあるが中にもすぐれたる者の許さるるとぞ。弟子の角力二人前後にひきつれてねり出づ。まず埒《かこい》のもとにて拝し、土俵の内に入りたるさま、さきさきいかめしう見えつるものにしも遥にうち越えしなり。黒きおももちむずかしげに、すさまじき毛生えたるが、さすがにおそみながら、此道にしては我はとおもい上がりたるさましたり。土俵をはりて退く。立かわり西の大関谷風といえるは、これも構綱をかけ、達ヶ関、秀の山といえる大に逞ましき者どもを二人したがえ出て、おなじことふるまうさま、山も動き出たらんようにて、腰のかこみなどは、げに牛をも隠くしつべき樹がらほどのさましたり。まなじり細う引て鬢《びん》に入る。おももちにこやかにつつしみいやまいたる、聊《いささ》か驕慢の気無、めやすくて入りぬ。さて残れる七十四人の角力どもは、やがて立合うべき用意に、土俵入つかうまつらずとなん。しばしありて、名のりあげに行司二人、水桶のほとりにあり。これが外《ほか》に行司一人、土俵のうちにあり。四方柱の下に引わけしきおきつるむしろの上ごとに一人ずつあり。すべて行司七人にこそ。かくて角力始まりぬれば、左右より行司進みよりて、東の方や桂山と呼び、西の方や吉野山と高らかに呼ぶ。此の角力二人、埒のうちを通りて、水桶の下により、水たうべ土俵に入り、各々つまとりより合たれば、行司、団扇を入れ、声をかくるとひとしく、吉野山四ッ手に組み、桂山が下の手にて廻しをつかみ、投ぐべきと引寄するを、内のかたより足をかけ、身を敵の方へ押しかけしかば、桂山仰けに倒れ伏す。吉野山のかたへ団扇をかざし、勝角力吉野山と高らかに呼ぶ。渡し込みといえる手なるよし。東の方より尾上松、西の方より錦野を召し合わす。尾上松、錦野を腹の上に抱きて押し出さんとせしが、かえりて己が足土俵を踏出しければ踏越しの負とす。続きて若松の脇腹に、西の與謝の海、右の手をさし入れんとするを、若松はきとこらえたれば、與謝の海、身を捻りさまに巻落して勝ちぬ。西の岩が崎は、森が崎と四ッ手に組み、上下の手にて森が崎の褌《ふんどし》を取り、腰へつり上げ、身を捻りながら腰投に投ぐ。龍が瀧つまとりしてかからんとするを、西の金碇、かたきの足を踏みとめ、させず。ひた押しに押し出し、此手を押し切りといえり。東の千年川、荒見崎を、これも腰投げに投げ出しぬ。桜野を西なる安宅山、四ッ手に組み、まわしを取り、引上げて土俵の外へ櫓出しに吊り出す。東の利根川と今出川、立合ぬるが、今出川踏越しの足まけしつ。東の荒灘、角の森が二の腕をかいつかみ、左の方へ捻り倒す。角の森踏み留らんとするを、その儘《まま》に押し出せしかば、捻り出しの勝と定む。行司木村庄太郎立かわれり。東の清川に隅田川をつがう。清川押し切りて勝。鳴見川を西の鳴澤、四ッ手に組み、上の手もて、かたきの横まわしを取り、片足をあとの方へ開きながら投倒す。出し投の手といえり。東の由良の戸、立川を四ッ手に組み、下の手にかたきのまわしを取り、腰へ引寄せ、上の手にて二の腕を取り、身を捻りながらどうと倒す。続きて東の都山に朝日野つがひしが、ふみきりとて、かたきより押しかけられ踏み留りしが、身の固めまだしきを隙間なく突かれて土俵より足を踏出す。東の鷹の川、上総野を四ッ手に組みしが、双の手にて廻しを取り、後へ持上げ、土俵の外へ出しぬ。これを持出しとて、四ッ手持出しともいえり。これより中の品なり。芝の森は、西の葦の山と組みしが、浮足とて、あまりにとりくいられて、体の力なく足うき立ち負けぬ。東の入間川、片男浪と四ッ手に組み、上の手にてかたきのまわしを確《しか》と取り、下の手を抜き、二の腕をかい込み、身を開きながら足とく蹴たおせり。初瀬島を西の御所島押切りて勝。東の鳴戸、若の浦を四ッ手に組み、若の浦が首を抱え、足をかけまわしをしてうち倒す。行司岩井喜七立かわり、雲林《やまかつら》に西の淀の渡をあわす。淀の渡より合うよりいち早く、左右の手を持ちて雲林が胸を突きければ、疾く土俵の外につき出せり。東の時津風、黒雲を腰に引つけ、下の手にてかたきの二の腕をひねりながら投倒す。四ッ手投という。東の熊の川、杜戸《もり》崎が左右の手をしたたかに揃えて、前へ引倒さんとするに、倒れざれば、その儘引かえし突出せり。此手をば引落しといえり。東の咲の川、濱風と四ッ手に組みぬ。濱風、上手にて廻しを取らんと引寄せるを、却りて咲の川、足をかけ身をおしかけて打倒す。その様いとゆゆし。投げ渡しといえる手なり。綾川、東の荒澤が左右の手をふととらえて、前へ引倒さんとせしが、かえり行違い、向へ手をつき負となる。これは我が里近く生立ちし角力なれば本意なき心地す。龍が鼻と西の香取山、互に二の腕を取合い、頭を肩につけ押し合いたるが、龍の鼻の強く押しけるかたの身をはずし、腕を取り前へ引倒し、香取山かいなまはしの勝と定む。蓮波を西の荒海、土俵のかぎり押しつめ、いささかも働らかせずして、我体を固め守りいたれば、詰めとも押詰めともいう勝なり。実にさざ波は荒海に番《つが》うべき名のりかな。行司式守秀五郎かわりて、常磐川に西の緑川、ひしひしと取つめ、土俵の外へ押出す。東の千渡が浜立かわり、雪の浦を同じさまに押し出せり、かうようの手は、いささか目とまるためらいもなし。東の諏訪の森に袖の浦、ふみきり負したり。東の楠、押切りて荒馬に勝つ。東の杉の尾、阿蘇の森を土俵のもとまでおしつめて勝ぬ。東の関野川に荒瀧、ふみきりの負しつ。東の玉の井、荒熊とつがえり。此の荒熊は色くろく、大の男のおおちからなるが、己が名にあいてやかまえけん。ひた黒の廻しに白がしねて熊の月の輪をつけたり。いかめしくきらきらと見えしが、玉の井さし寄て、四ッ手に組み投んとせしに、猶《な》お足の残りけるを、そのまま突出しぬ。投残しきりの勝となれり。さしもゆゆしく出たちしが、いかに本意なからんと覚ゆめり。式守伊之助行司す。これよりは上の品なり。東の伊吹山、鷲が岳、いずれも劣らぬ大力なるが、鷲が岳片手をさし、おし来るを、其さしたる二の腕をきと取えて、身をひねりながら、はたと投倒せり。かいなひねりという手なり。東の鈴鹿山、岩が関の四ッ手組まん組まんと働くを、下手にて其腕をとめ、上の手にて廻しの結目を取り、腰へ釣つけ、身をひねりながら打倒す。上手投といえるよし。東の伊勢の濱、獅子が洞をおしつめ、簑嶋は西の真鶴にかいな廻しに投げらる。東の出水川、四ッ手に組み、戸田川が下の手にて廻しを取り、投んと引よするところを、足をかけむかいへおしかけ、土俵の外へおし出す。かけわたしといえり。東の友千鳥は関の戸が片手さして押すところを、上の手して関の戸が脇を押し、やや久しく押し合いて、いずれ勝負つくべうも見えざりしも、友千鳥、身を開くと見えしが、関の戸たまらず突出さる。行司木村庄之助かわれり。東の梶が濱、出羽海をつめて勝ちぬ。雷電うき足にて、西の錦木に負たり。鷲が濱はことに、丈たかく、太く逞ましく色黒きを、西の宮城野の色白く、若く麗わしきに召しあわせけるが、互に力や劣らざりけん、しばし押合ひしが、鷲が濱、土俵へ押つけられ、わきへ廻らんとて、左右の足、土俵の上をわたりければ、土俵わたりのそく負とす。始めおしあいし時、一とあし土俵をわたりしは、自ずからゆるせる定なれど、これは左右の足ともにわたりなれば、宮城野の方へ団扇をあぐ。中入とて一庭の者みな各々幄《あく》の屋のうちに入れり。上中下まで尾花飯、やかれ飯など賜わる。漸くありて先のごと、行司、年寄、白丁など、ひしひしと坐につきおわる、行司式守見蔵立いづ。東の緑山、荒瀬川を合わす。みどり山、下手に荒せ川を投ぐ。さしかわりて下の品より上の品へとりあぐべきなりと聞ゆ。八汐島を、西の越柳、おし詰めて勝。東の奈良山、伊勢が浜の二の腕をきととらえて、前の方へうつぶしに引たおす。東の浪分、柳川を押切る。東の曙、江刺川に勝るも前に同じ。余りに速かなるは見どころなき心地す。鷹の羽、西の金が崎に四ッ手投に投げらる。つづきて、名取川が左右の手に、西の紅葉山とらえて、力つよき手の方へ捻りたおせり。讃岐川を西の三保が崎おしきり、東の湊川、須磨の関を刎《は》ね出し、東の鶴が濱、増見川をつむ。行司木村庄太郎かわれり。東の加茂川、荒鷲が脇に片手をさし、前に引き、片手をば荒鷲が首にかけ引おとす肩透しといえる手なりとぞ。飛鳥川がさしたる手を、西の八雲山は上の手にて、外の方より強く抱え、足を内より掛け、抱えたる手にて前へ投たり。神楽岡を西の乱獅子、上の手にて投、住の江を西の外ノ海うちかけ、袖が浦を西の高尾山おし切る。東の桐が崎、廣田川と四ッ手に組み、廣田川を引よせ、かたきの右の足をふみよせると、やがて己が右の足をふみ込み、外よりあおりかけて、地響くばかり投出す。更科は西の越の波に足きれにて負たり。和田海を西の秋田川、だしにて勝、東の和田崎、手間が関をかいなひねりにて勝てり。式守秀五郎立かわり行司す。琴の浦を西の室が関、刎ね落しの手にて勝ち、通し矢を西の三浦潟つき落し、東の宮の川、鬼が岳をつむる。黄金山を酉の山分、四ッ手にて投げ、栂の尾を西の荒汐引落し、東の甲斐が関、富田川をもち出し、東の島が崎、不破の関を押しきり勝つ。行司岩井喜七めしあわす。虎渡りを西の象が鼻刎ねだし、東の岩が洞、立波をおし切る。温海岳《あつみ》を、西の神撫《かなで》山はね、東の松島つがいて秀ノ山ふみこしの負となる。これ等のことども、今すこしくり返しくほしく書まほしけれど、あまりくだくだしからめれば漏らしつ。東の浪ノ音、瀧ノ音、いずれ勝ちけんと見るほどに、浪ノ音おし切にて負ぬ。式守伊之助かわりて召あわす。東の浪渡り、熊が岳をかいな廻しにて投出す。東の岩が根、厳島をわたしかけにて投ぐ。これより上の品なり。稲川を西の鳴瀧、四ッ手に組み押切り、鬼勝が胸へ西の葦渡り、肩をおしあて腰を入れ、かたきの腰を引よせ、外より足をかけ、身をおしかけて、挫きといえる手にて投倒す。名草山を、西の越の戸はね出す。東の和田原、増見山を押切り、岩井川に西の達が関立ちあう。いずれも増上多門の化粧せる如く、おぞましき力士也、達が関は谷風が弟にて、殊に若くたくましければ、皆人心にて汗をにぎり、あからめもせず、たれもほとほとおどり出まほしき心地するも物くるおしきや。四ッ手に組みしが、岩井が腰引よせ、身を捻りながら、おしかかりて押倒す。四ッ手捻りといえり。ややと賞《め》でくつかえりたるを、御坐近ければなり、高しと制す。これより三役と称せり。行司木村庄之助、小結九紋龍、西の柏戸をあわせ、九紋寵はまだわらわのさまながら、すぐれて丈高く、少し心ぬるきようなる。柏戸は姿、形ととのい、愛嬌ありて心きたりと見ゆ。つまとりさし寄て四ッ手に組み、土俵際へおしつめたり。庄之助、柏の方へ団扇をささげ、小結の職にたえたりと賞して扇を授く。かのおせたるわらわの、鼻白めるうしろ手本意なげなり。関脇、東の陣幕に、雷電とて、この頃鳴神よりも響きわたれるをあわす。立ちあうさまに陣幕、早や雷電がのどへ手をかけ、咽喉づめという手して、ただ一度に土俵へおしつめたり。このほどのうちどりには、いくらも角力に立合いぬるも、滞なく勝ぬるは、思の外にあるかなと人いう。今日の関脇にかなえりとて、弦を陣幕に与う。しばしためらいて、追風善右衛門、遠つ親の内裏よりし唐衣、四幅の袴といえるものを着し、獅子王という団扇の世々伝えたるを持ち、ねり出づるおももち、まず故ありと見ゆ。土俵の中央ばかり少し後ろによりて立つ。左右より小野川、谷風ゆたかにあゆみ出づ。御物見を拝し、土俵に入り、左右に立ならぶ。今日の御覧は、これをむねと上中下さざめき立つ。左りにかたふとし、右に心引くもあり。六十余州に許されたる手合なれば、これに越たる拝見あるべくとも覚えず、ゆすりみちたるに、行司さしかまいたる団扇の下より、小野川、谷風にとりかかる。追風、左右をとり放って、団扇を末だ引かず声もかけざるに、取りかかりたることわりなしとて、しきりにさえぎりにさえぎり、再びめし合わす。しばしためらいて、団扇ひく声とともに、西の谷風、ふと寄せて刎ねれば、小野川取あうに及ばず、二足三足たじろく。追風善右衛門、谷風に団扇をあげ、今日の関にかなえりとて、弓をさずく。谷風先の強味、小野川後の弱味とて、勝負決せるなりとぞ。あわれ谷風が、おさめの手出したらんには、山をも抜くべきを、かくてはことゆかぬ心地したれど、野見の宿禰が蹴速をうしない、畠山庄司次郎が長居を絶入しせしようなるよりは、事がらうるわしく、さてあるべきにやあらん。谷風、弓を受け、うやまいささげ、四方にふりまわしなどして、うちかたげ拝して入りぬ。この弓を賜わることは、織田内府、近江の国常楽寺に於て、宮地といえる強力を関にて角力見たまいし時、勝たるに賞として賜えるより今にかくなんといえり。

　かちかたに　けふたまはれる　梓弓

　　もとのまゝなる　ためしをやひく

角力ども禄の白かね、多く賜はりしとぞ。

　君が代に　あふひの花も　夕顔も

　　めぐみの露の　ひかりそふらし

佐野肥前守義行ぬしのかくよめる。

　めしあはせ　勝しすまいの　心をも

　　思ひとりつゝ　見るはいさまし

父和鼎も、めずらかなる拝見に、翁さびたる腰のべて、われも廿だに若くばなど、さるごうことい いつつ唐歌つくれり。

　翠幔新開相撲場、横綱意気最虎揚。雙々分得英名遠、両々帯将奇骨香。錦繍禪迎千里秀、弓弦覚見一時光。抜山餘勇姑休買、別省神州稽古装。

まことに夏草の花なく、男鹿の角の束みじかき業にかきつくべうもあらねど、武蔵野のひろき御めぐみに、かかる小さきも見侍《はべ》ることとかしこさのかぎりになむ。

成島峰雄

（五）

江戸時代の将軍上覧角力は、この後、文政六年四月三日、嘉永二年四月十八日、まだその外にも、数度、いつも吹上において挙行されたが、大規模の設備といい、大力士の輩出といい、寛政三年に及ぶものはなく、将軍上覧角力といえば、世人は直ちに谷風、小野川を連想し、それ以外の上覧角力はほとんど皆忘れられている。

寛政三年以後の上覧角力は、だいたい、寛政の時を標準として行ったものであるから、いずれも大同小異である。その少しずつ違うことを言えば、文政六年の時には、三役の勝負が終わって後に、地取り、すなわち片屋の稽古角力と、及び五人掛け等の余興が加えられた。それからこの時の三役は、大関は番付面の大関同士であったが、関脇、小結は、番付面とは違った。寛政の時には、東西の三役同士が、正しく取り組んだのであった。

嘉永二年の時には、百四十番の取組の外《ほか》に地取り十五番、お好み十八番あった。上覧も度を重ねるにしたがって、そのプログラムに変化を与えて、新趣味を注入するに力《りき》めたようである。

七　谷風、小野川、雷電

（一）

「相撲起顕」には、安永三年、甲午（一七七四）の年の番付から筆を起こしている。江戸の勧進角力は、この頃から完成期に入るとともに、全盛時代を出現せしめたのである。この全盛時代を代表する大力士は、谷風、小野川で、この二大力士の対立は、角力道の全盛を来たしたのである。続いて崛起《くっき》した雷電は、その強剛、谷風、小野川を凌ぐようであったが、対峙すべき強力士なく、十六年間も大関を続けて、全くの独舞台《ひとりぶたい》であった。川中島が天下の人の血を湧かしたのは、信玄、謙信の対立によるので、この両雄の力に懸隔《けんかく》があったら、川中島が、それほど感激的のものではなかったであろう。谷風が独舞台であったとしたら、必ずやあれほどの人気はなかったであろう。谷風、小野川の対立が、角力道の勃興を来たしたのである。角力道のファンとしては、東西に非常の偉器対立して、その勝負の逆睹《げきと》す可《べか》らざる好取組に対して、極度の期待と感激とを持つものであり、これがいわゆる角力熱となるのである、谷風、小野川が対立したのは、千載の一遇というべく、雷電が好敵手を得なかったのは、惜しみても余りあることであった。

前に谷風なく後に谷風なしと称さるるほどの谷風であるが、実は谷風の直ぐ前に谷風梶之助と名前まで同じく、讃州（讃岐）生まれの強力士があった。大坂の大角力に九年続けて全勝し、もう一年勝てば日下開山《ひのしたかいざん》と称すべしといわれたが、十年目に対峙したのは、大坂の強力士八角といい、茶船を鉄砲ダメにするほどの筋力があるが、種々工夫を凝らしてみても、所詮、谷風に勝つべき見込みがなく、この上は谷風をジラす外《ほか》なしと思い、行司が団扇を引くと同時に、谷風が競《きそ》いかかるを、八角は「待ッタ」といい、かくすること度重なり、きわめて肥満した谷風は、仕切りの間に脚はくたびれ、気は苛立ってのぼせ切ったところを、八角、巧みに立って押し出し勝ったのが、近世、「待ッタ」の起源として喧伝されているが、この谷風の名は伝わらない。昔、太閤といい、黄門というも多人数あるが、太閤といえば秀吉、黄門といえば光圀というように、谷風といえば仙台の谷風と定まってしまったのである。

谷風は、何故、その名前までも、先輩、讃州の谷風と同じに、谷風梶之助と名乗ったのであろうか。彼が達ケ関《だてがせき》と名乗って小結に進んだのは、安永四年十月であり、翌安永五年（一七七六）十月に谷風梶之助と改名した。これが記念すべき大力士谷風の出現の年である。関西の強力士谷風は享保、元文の頃を盛んに送った力士であるというから、試みに元文元年（一七三六）を取って見ると、仙台の谷風は讃州の谷風よりも四十年ほど後れている。四、五十年も経てば、世間から忘れられて歴史上の人物になってしまう。大衆的には忘れられたとしても、斯道の人には、讃州谷風の雷名は記念されていたに違いない。雄心勃々たる達ヶ関は、昔、秀吉が先輩柴田勝家及び丹羽長秀の雷名を敬慕して、自ら羽柴と名乗ったと同じような心境に似て、古豪谷風梶之助の名をついだのではなかろうか。

達ヶ関が改めて谷風梶之助と名乗った由来については、従来、未だこれを明らかにしたものを見ない。私は思うに、江戸大角力の番付に、達ヶ関以前に、達ヶ関が憧憬に値するほどの大力士を見ない。讃州の谷風は、日下開山と称せんとしたほどであるから、達ヶ関の心頭に映ずる名誉の先進者は、この人でなくてはならなかったと思う。

今は忘れられた讃州の谷風、当時の世評はというと、角力道に有名な「翁草《おきなぐさ》」の一書には、当代の大力士として称揚している。そして仙台の谷風、今四十七、八貫あり、角力も骨柄相応によく取り、今では肩を並べる者はないが、繹迦《しやか》ヶ嶽《がたけ》以後、稲川、千田川、小野川など、すべて三十年来、次第に角力が小さくなっているといい、暗に今の谷風強しといえども、昔の谷風の時よりも、角力のレベルが下がっているという意味をほのめかしている。（口絵⑧参照）

この「翁草」の著者は、幼少の頃よりずっと続けて角力を観、元の谷風、今の谷風をも、皆観て来た大の角通であるが、今の角力は当年の角力の中頃にも及ぶまいといい、谷風、小野川に対して、「さしてもなき両人」とこき下ろしている。その文に、

「寛政二年の頃、角力取谷風、小野川という両人の者へ、禁中の御沙汰として、紫を賜いぬるよしにて、此両人は紫天鵝絨の褌にて出るとかや。委《く》わしき譚は聞かず、追って校正すべし。元の谷風、其外、世に名高き角力取共にさえ、かかる例証を聞かざるに、今、さしてもなき両人に免許あるも時節とやらん。唯《た》だ一通り聞いては、褌にまで、ゆるしの色の有にやとおかしげなれども、角力の由来聞けば、さも有なまし」

といい、元の谷風ほどの者にさえ、それほどの栄典のなかったものを、今の谷風等がその光栄に浴するのも、時世の移り変わりであろうといい、翁草の著者は世に名高き谷風を古今独歩などと思わぬことを明らかに言いきっている。

横綱常陸山《ひたちやま》の名を以て世に出た「相撲大鑑」においては、谷風、小野川に対して、「小野川はもちろん、谷風といえども、後世から想像するような大力士ではなかったろう。またその前代の白山新三郎、丸山権太左衛門以上の巨人でもなかったであろうし、初代谷風を抜くほどの大力量者でもなかったであろう。寛政時代、百度更張《ひゃくどこうちょう》の日に生まれ、角力道興隆の代表者として、後世より驚くべきほどの推奨を受るは、幸運児である」という批評を下している。続いてさらに、「谷風はその力量技量のみならず、人物の優秀なる点において、一層その名声を大ならしめたの

であろう」と言い、「後世、角力を語る者、先ず第一指を谷風に屈するは、定論というべく、自分はこの定論に異議を挟むものではないが、この定論には、明石志賀之助と同じく、小説講談の鼓吹与《あず》かって力あると想わずんばあらず」と結んでいる。想うに常陸山は、あれほどの大名を博した大力士であり、前に古人なしと思うくらいの抱負もあったでもあろうが、右の谷風評のよって来る根拠は、翁草の一書であることを付言しておきたい。

また「相撲大全」の一書には、明和九年（安永元年）六月、仙台、躑躅岡《つつじがおか》にて勧進角力興行した時の番付を載せ、本方《もとかた》は南部角力で、石見潟丈右衛門《いわみがたじょうえもん》が大関である。寄方は達ヶ関與四郎、すなわち後の谷風が大関である。初日、達ヶ関、石見潟とあぶない預りを取り、二日目、達ヶ関、石見潟に破られ、三日目、続いて達ヶ関、三たび石見潟に破られ、達ヶ関三番負けたから、この角力四日限りでやめとなったとある。「相撲大鑑」に、このことについて、「当時は、彼の力量技量とも、未だ成熟期に入らざりし時ならんも、続けざま三度、相手方に負けしといえば、谷風の力量技量というも、大概推測せられざるに非ず」と言い、谷風がたいしたものでないという一つの言い訳にしているようであるけれども、これは私どもとしては、一考を要すべきであろうと思う。何となれば、この時、仙台躑躅岡の角力には、谷風まだ二十三歳の若年、その三年前、明和六年四月より深川八幡社地において晴天八日の勧進角力番付に、西方大関、仙台、達ヶ関森右衛門として名を現し、若い強力士として諸方押し廻していたようだが、何といっても未だ若角力、まだまだ成熟期にはよほど遠く、相手の石見潟は、相当にでき上がった角力であったかも知れぬ。いずれにしても、二十三歳の谷風が不成績だったとしても、谷風の評価を上下するには足りない。如何なる大力士も、その未成熟期においては、しばしば巧者な角力にしてやられるのである。

谷風は、何といっても、古今第一、高名の大力士であるから、角力道からは十分にこれを研究する必要がある。

（二）

谷風が角力生涯の勝率は、古今にすぐれているといわれているが、谷風の経歴を見ると、相当に上り下りがある。左に安永三年、彼が初めて江戸大角力の番付に現れてから、寛政六年、最後の土俵までの番付に現れた谷風の地位を見よう。

○安永三年（一七七四）四月
達ヶ関……西。前頭筆頭《ふでがしら》。

○安永四年十月
達ヶ関……西。小結。

○安永五年十月
谷　風……西。関脇。

○安永六年初冬
谷　風……西。小結。

○安永七年三月
谷　風……西。関脇。
○安永八年春
谷　風……西。関脇。
○安永九年初冬
谷　風……西。関脇。
○天明元年（一七八二）十月
谷　風……西。関脇。
○天明二年二月
谷　風……西。大関。
○天明三年十月
谷　風……西。大関。（小野川。東前頭二枚）
○天明六年十一月
谷　風……西。大関。（小野川。東関脇）
○天明七年四月
谷　風……西。関脇。（小野川。東関脇）
○寛政元年（一七八九）三月
谷　風……西。関脇。（小野川。東関脇）
○寛政二年三月
谷　風……西。大関。（小野川。東大関）
○寛政三年霜月
谷　風……西。大関。（小野川。東大関）
○寛政五年十月
谷　風……西。大関。（小野川。東大関）
○寛政六年三月
谷　風……西。大関。（小野川。東大関）
○寛政七年十一月
※谷風、病没
○寛政八年三月
（雷電）……西。大関。（小野川、東大関）

○寛政九年十月
（雷電）……西。大関。（小野川、東大関）
谷風は寛政七年正月病没し、この年の番付には、小野川、雷電の名ともに見えず、翌年より小野川、雷電の対立となったが、それも九年限りにて、小野川引退し、その後は雷電の独舞台となり、相手変われど主《あるじ》変わらず、東大関は転々として小野川、木幡山《きばたやま》、廣原海《わだつみ》、押尾川、市野上、大見崎、平石、吹掃、大木戸、柏戸の十人を更迭せしめたるに、雷電は、文化八年（一八一一）二月に至るまで、十六年間西方大関を独占し、これこそ長期大関として、古今独歩の名声を博しているのである。

先の番付に現れた三大力士の成績を見ると、一番上り下りのあるのが谷風であることが分かる。関脇から小結に下り、関脇を取り戻して大関に進むと、間もなく関脇に下って、躍進し来った小野川と関脇に対峙すること三年の久しきに及び、寛政三年上覧角力の前年を以て、小野川と相並んで大関に繰り上げ、ここに谷風は大関を取り戻し、これより五年間、両雄、東西大関として対峙して、谷風の病没に至るのである。こうして見ると、その経歴においては、谷風は、はなはだしく小野川に勝っているのではないが、その声名は大いに勝っている。谷風の人気が一代を圧したのは、その風格と人徳とによること少かりざるはこれでも思われるのである。

小野川が大名《たいめい》を成したのは、天下無敵の評のある谷風を破ったためであり、評判記には安永九年、大坂でのこととしているが、それは花角力であり天下の評判にならなかった。ちょうど太刀山が常陸山を、本場所で初めて破って大名を成す前に花角力では幾度も勝っていたのと同じであろう。小野川が本場所において、初めて谷風に勝ったのは、天明二年（一七八二）二月である。小野川の勝利は、江戸中の大評判であった。それほど谷風の勇名が轟き渡っていたのである。谷風のファンの一人、蜀山人《しょくさんじん》の「俗耳鼓吹《ぞくじこすい》」に、

力つよくして、一度も負くることなく、浅草、蔵前、八幡の社内にて、すまいありし時、小野川栄蔵にはじめて負けたり。天明二年二月二十八日の日なり。

手練せし　手を蟷螂《とうろう》が　小野川や
かつと車の　わつといふ声　　朱良菅江

谷風は　まけたまけたと　小野川が
かつをよりねの　高いとり沙汰　　四方赤良

当代、狂歌の二大家が、浅草蔵前の大角力で、谷風が初めて負けたとして詠んでいる。これ以前のは花角力として重きを置かないのである。

この時、谷風は歳三十三。大関に昇進した初場所である。小野川は谷風より九歳若いというか

ら正に二十四歳、幕下十両の筆頭、貧乏神に進んだ時であった。その頃は、今と違い幕内が七、八枚しかないから貧乏神は大関に見参することになるのである。

谷風一代の好敵手は、小野川であるが、この両雄の戦歴及びその勝負は精確には分からない。安永八年、初めての対峙には、谷風、突き出して勝、翌年、二度目には、小野川押し出して勝。けれどもこれは大坂での花角力。次が浅草蔵前の本場所で小野川勝。その次は、上覧角力で谷風の気勝ち。その次に、その年、大坂では両体に倒れて預りとなっている。何といっても、如何に強勇無双の谷風も年齢の差で、若い小野川に対しては苦戦を免れなかったであろう。しかし両雄の対峙は、右に記しただけではなく、その外《ほか》に幾度もあって、両雄旗鼓堂々相当たるの状態があったのであろう。さもなくては如何に谷風の人徳を以てしても、最後まであの位地と人気とを維持することはできなかったであろう。

小野川は、若いだけに、谷風に対しては分《ぶ》のよいところもあったろうが、谷風の後継者雷電に対しては、逆に五、六歳の年長であるだけに、そのために分が悪く、結局、小野川は谷風よりも雷電に苦しめられた。大関として対峙すること、わずかに二年にして引退し、去って大坂に往ったのである。

（三）

小説狂歌その他、一般文芸に現れた谷風の人気は素晴しいもので、それがまた天下後世の角力熱を煽ることにも、与《あず》かって力があったろう。この点につては、小野川は匹敵に非《あたわ》ざるのみならず、古今何人《なにびと》も谷風に及ぶ者はない。ここにその一例を挙げてみよう。

天明四年、谷風が初めて小野川に負けた評判がまだ高く残っていた頃の軽口咄《ばなし》に、

角力といえば飯より好きな人。今日は、谷風と小野川の取組とて、早速行き見物。小野川を大のひいき。何の苦もなく、谷風を押し出すと、どっと大声の中より、着物も羽織も帯も投げ出し、丸裸になって、帰りがけに友達に逢い、

「これはどうだ、きつい負け様だ」

といえば

「いやいや勝ったから裸になったよ」

角力ファンが勝負力に花祝儀として、羽織やその他の相当のものを投げたことは、当代の風習であった。

川柳に、「雷電、谷風、鳴り響く、耳の底」というのがある。谷風、小野川の上覧角力の時、雷電の名はすでに鳴り渡っていた。

寛政四年、「富貴樽」という御伽噺《おとぎばなし》に、谷風のことを鬼風として書いている。

「鬼風という角力取り、つい負けたことがない」という話のところへ一人来て、

「イヤ鬼風も、昨日ひどく投げられたという沙汰だ」

「それはだれに負けたのだ」

「揚巻に、ひどく投げられたそうさ」

「ハァそれはつい聞かぬ角力取りだの、何処の抱《かかえ》角力だの」

「ナニサ三浦屋の抱えの女郎さ」

このように、谷風を桃色に扱った黄表紙などはいろいろあり、谷風の似顔を描いているから、それと直ぐに分かるが、ここには省略せざるを得ない。唯一つ松浦静山公の随筆「甲子夜話」に見えた谷風の若い妾のことを紹介する。

「谷風、ある時、何事か、その弟子のことで立腹し、その者を連れ来れ、打《う》ち殺すべしとて怒りける時、楼上にいたれば、多くの弟子ども、代わる代わる楼に出て詫《わび》をいえども承引せず。後は、だれにても取り扱う者を打ち殺すべしとて、いよいよ怒りければ、寄りつく者なかりける。一人才覚ある弟子、工夫して、谷風が妾の年十七なる者に頼みて、「あの如く怒られて致しかたなし、何とぞして機嫌を直し、楼より連れ来れ」と言えば、妾心得て楼に上り、谷風の手を取り、弟子一同御詫申候、下におり玉われとて、手を引き下りたれば、谷風、応々《おうおう》といいながら、少女に引かれて楼より下り、こと済みけるとぞ。後に弟子ども言いしは、かく多き角力の力も、少婦一人には敵せられずと、皆々彼の才覚に服しけるとなり云々」

とある。この若き妾があったことは事実であろう。強き谷風は白皙《はくせき》にして柔和、女にも大変人気のあったことはいろいろの書物に見えている。

寛政十二年、「木の葉猿」、これは谷風没後の刊行であるが、谷風の非常に肥満した様子を描いたおもしろい話がある。

谷風梶之助、女房に向かい、くよくよと、

「これかかァどん、俺もこのように大きな身体に生まれつくというも、誠に片輪者じゃ。ついに俺は、俺の臍《へそ》見たことがない」

といえば、女房、

「覗いて見なさい。私が手伝いやしょう」

と助けがけになれば、谷風せつなそうに腰をこごめる。女房、

「もっとだから、こごみなさい」

と谷風が頭を押しければ、谷風、

「どうも、せつなくてせつなくてならぬから、よしにしやしょう」

女房、

「ハテもうちっとこごみなさい」

と頭を押せば、谷風こごみ過ぎて、くるりと引っくり返ると、女房、手をひろげて、

「ハアよんやさトナァ」

ユーモアたっぷりのものだ。元文五年（一七四〇）の「軽口福おかし」に、京都、真葛ヶ原の角力のことが出て、「それでも、谷風が初めて上がった時は、お前方は毎日見に行きやんした」とあるが、元文五年は、上覧角力より五十年も以前のことだからこの谷風は、横綱谷風ではなくて、初代谷風である。初代谷風も当時はなかなか有名だった。

蜀山人のことはすでに述べた。谷風を描いた黄表紙では、私は山東京伝《さんとうきょうでん》の「吾妻鏡、太平記、玉磨《たまみがく》青砥銭《あおとがぜに》」を最も傑作だと思う。これは当代の賢人といわれた白河楽翁《しらかわらくおう》の粛清政治を諷刺したもので、この種の名作の中には、喜三二の「文武二道萬石通《ぶんぶにどうまんごくとおし》」、恋川春町《こいかわはるまち》の「鸚鵡《おうむ》返《がえし》文武二《ぶんぶのふた》道《みち》」の如く、世に知られたものがあるが、京伝の如く、露骨に楽翁公を抉《えぐ》った感のあるのは、他にはない。京伝のこの黄表紙のことは、ここに詳説せず。谷風のバックをした、そのパトロンとして知られた楽翁公、楽翁公は画家の谷文晁《たにぶんちょう》、力士の谷風を特にひいきした。したがって文晁と谷風との間に親密な連絡があった。この二人のことも話題になるものがある。谷風が上覧角力の光栄を得たのは、その名声にもよるが、楽翁公の推挽《すいばん》が最も力があったと思われ、谷風が楽翁公のひいき角力であることは、江戸中に知れ渡っていた。玉磨青砥銭は寛政二年の作で、谷風が大関を取り戻して、いよいよ名声隆々たる時であった。この表題だけでも、楽翁政治を諷刺するに足るものであるが、書中に、秋田城之介とあるのが、楽翁公に擬してある。谷風の似顔を描いた偉大なる立派な角力が、裸で、伊達褌《ふんどし》、土俵入りの姿だ。右の肩に秋田城之介を駕籠に乗せて担《かつ》ぎ、左手には、槍印《やりじるし》その他行列の備道具を一手に掴んでいる。その記事が痛快だ。

「秋田城之介どの、百人の行列、御倹約で、百人力の民風《たみかぜ》一人を召しつれ玉う」

とあって、民風が

「下におろう下におろう」

と警蹕《けいひつ》の声をかけている。そこは大名屋敷の門前で、あるいは秋田城之介、出門のところであろう。御殿女中のすました姿がチラホラ歩いている。民風が谷風たることは言うまでもない。この挿図は、日本角力史に掲載しなければならぬ。

谷風の似顔が、錦絵その他の絵になって世間にひろまったことは我が国に力士あって以来、もとより無双のものであり、若《も》し単行本の谷風伝を作るとすれば、その趣味ある挿図は、ずいぶん豊富を致すであろう。谷風、小野川の風格は、成島峰雄の「すまい上覧記」を第一とすべく、それは別に全文を掲載すべきを以てここには略し、小野川を、

「黒きおももちむずかしげに、すさまじき毛はえたるが、さすがにおそみながら、この道にしては、われはとおもいあがりたるさましたり」

といい、谷風には、

「山もうごき出たらんようにて、腰のかこみなどは、実に牛をもかくしつべき樹がらほどのさましたり。まなじり細う引いて鬢《びん》に入る。おもちにこやかに、つつしみいやまいたる、聊《いささ》か驕慢の気なく、めやすくて入りぬ。」

とある。小野川を抑えて谷風を揚げている。これは公評と見てもよかろうと思われる。しかれども、大坂で出版された角力の書には、これと反対に、谷風を抑えて小野川を揚げたのがある。小野川が西国の出身、谷風が東国の出身なるにより、東西、その人気を異にするということもあるだろう。しかし谷風よりも小野川を好男子と書いたものもあり、書家の春英、春章、春好等の谷風、小野川両雄の写生画を見ると、見た目の印象は知らぬこと、如何にも小野川の方が男振りは好かったかとも思われる。ただし小野川は色黒く、谷風は白皙《はくせき》であったことも疑いない。

講談師の張扇《はりおうぎ》で叩き出した谷風、小野川、雷電の話は、一々、ここには記さない。小野川の怪猫退治も、もとより小説で、講談によく出る越ノ海勇蔵、谷風の弟子、小さくて頭突きをもって来るので、谷風が持て余して、雷電が稽古をつけるという講談でおなじみの力士だが、これは弟子どころか、谷風よりもむしろ先輩くらいで、早く番付に出ているが、どうして谷風の弟子とするか、そのいわれは分からない。谷風より少し先輩で、歌舞伎劇に有名な「関取千両幟」、稲川に鉄ヶ岳、鉄ヶ岳のモデルは千田川である。それに続いてこの越ノ海が名高い。

谷風に関する伝説のうちで、出所不明のものを除き、「仮名世説」の一節を左に紹介する。

「関取谷風梶之助、小角力を供につれ、日本橋、本船町を通りける時、鰹を買わんとしけるに、価《あたい》いと高かりければ、供の者にいいつけて、まけよと言わせて行き過ぎしを、魚うるおのこ呼びとどめて、関取の負けるといふは忌むべきことなりといいければ、谷風立ち返り、買え買えといいて買わせたるもおかしかりき。これは谷風の負くるにあらず、魚うるおのこの方をまけさすることなれば、さのみ忌むべきことにあらざるを、かえかえといいしは、ちとせきこみしと見えたり。これは予が若かりしとき、まのあたり見たることなりき。

谷風が初めて小野川に負けた日は、角力場に行く途中で、両手で米俵を持って三十辺も拍子木を打つようにして、くたびれたためであるなどと書いたものもあるが、当てにはならぬ。この仮名世説は、自分が実見したことを書いてあるから、ここに採録した。谷風のことといえば、些細なことでも、世間の話題になったのを思うと彼の人気の凄さは想いやられるのである。

なお谷風の強味を物語るものとしては、「摂陽落穂集」に、

「天明元年、大坂難波新地の角力興行中、終わりの日に、五人掛けといふことを始む、……大関は谷風、鷲ヶ浜也」

とある。これは江戸、本場所で谷風鷲ヶ浜が東西の関脇を勤めている時で、この翌年揃って大関に進んだ。こういう記事で、谷風が五人掛けの起源になっている。五人掛けは、一同、土俵下に

控えていて順次取り掛かるのであり、今、前角力でする五人抜きとは違う。相対の一人では興味が足らぬというところで、五人にした興行政策から割出したものではあるが、それだけ谷風の強剛は、角力興行の焦点だったのである。

（四）

雷電為右衛門という名は、聞いただけでも滅法強そうに響く。雷電と名乗る角力は、その前後に数人あり、雷電灘之助、雷電為五郎、雷電源八と全部で四人。その中、為五郎は一番古く、安永三年の番付に雲州として出ている。為右衛門より遥《はるか》に先輩である。為右衛門が雷電と名乗るのは、松江侯に仕えたために、ちょうど阿武松《おうのまつ》が長州侯の抱力士《かかえりきし》となったために阿武松となったように、為右衛門も雲州侯に仕えたために雷電という雲州因縁の名をついだのではないかとも思われる。灘之助の雷電は、為右衛門が初めて番付に現れる前年、すなわち寛政二年、東の幕尻に一場所出ているだけである。この灘之助も相当に人気があったものと見えて、春英、春好等の描いた似顔が数種残っている。見たところ、年齢がずっと為右衛門以上なので、これが後の為右衛門になったのではない。もう一人の源八は「翁草《おきなぐさ》」に書かれているが、これは後に石山與右衛門と改名している。雷電同名の詮索はこれくらいにしておいて、雷電為右衛門が一人、断然有名になったために、いろいろの雷電に関した話が皆この一人にまとまってしまったようである。

雷電為右衛門は、歳二十五にして、寛政三年の春場所、すなわち上覧角力の直前に、初めて番付に名を現して、しかも突如として関脇に付け出されているのである。しかも角力上覧記には、近来、勇名が雷よりも鳴り轟いていると書いてあるのを見ると、も少し前から斯界に知れ渡っている。何しろ付け出し関脇というはたいしたことだ。彼は十八、九歳の頃から、浦風の弟子になって稽古したというから、二十五歳の関脇以前に番付に出ないことはなかろうと思われる。しかしそれ以前、雷電為右衛門の名は、番付にはないから、土俵を勤めていたとすれば、別の名であったということになる。それならば雷電の前名は果たして何であったかを明らかにせねばならぬが、それに関しては、未だ何等の確たる材料が得られない。その強味が測り知られぬから、寛政三年まで番付外で取らせておいて、見当をつけて、一躍関脇に付け出したという特別の事情があったかも知れぬと思う。けれどそれは想像にとどまることである。（口絵⑨⑩⑪参照）

雷電の強味は、実に古今無双というも不可なかる可《べ》く、これほどの大剛力士が、どうして横綱にならなかったかについては、種々の想像説がある。谷風小野川は、禁廷《きんてい》から紫の化粧廻しの御許しを受けて、それについて横綱を張ったかとも考えられるが、雷電はそのことなきが故、したがって横綱免許のこともないのだろうかという説は、一番道埋らしく思われるけれども、それと断定するわけにはいかない。政治上ならば、第一流の大政治家はことごとく総理大臣になるとは定まっていないが、それとはこと変わり、角力は土俵の上で明らかに相手を倒すのだから、雷電のように、十六年間も大関を維持して、その間、負けたのはわずか数回に過ぎないというような絶対に強いのを、横綱にせずにはおかれないから、なおこの強い雷電を飛び越して、次に阿武松《おうのまつ》が横綱になっているのを見ても、雷電が横綱にならなかったのは、紫の化粧廻しの問題ではなくて、他に事情があったのだろう。

雷電の強味を語るものとして、張り手、鉄砲、閂《かんぬき》の三つを禁ぜられていたことは遍《あまね》く伝えられて、その記念碑の碑文にも書かれている。鉄砲を禁じられたとも思われぬが、あるいは、事実であったかも知れぬ。張り手に至っては、雷電の手形は、太刀山の手形よりも約一寸長いから、その巨大な手で張り倒されてはたまったものではない。これは禁じられたのは間違いなかろう。

(巻末口絵①参照)

雷電が大関を引退した後までも強かったという話がある。これは横綱阿武松が、閑居中の雷電を訪《おとな》い、「今なら爺に負けまい」というと、雷電笑って、「わしから見れば、お前さんは子供だ」という。さらばと、庭に下りたちて、三番取ったが、三番とも、阿武松が投げ出されたというのだ。雷電は、いつまでも強かったかも知れぬ。けれどもこの話に修正を要するのは、阿武松が大関となったのは、雷電の没した翌年だから、横綱になった時は、雷電は生きてはいなかった。この話が事実とすれば、雷電引退後、間もない時のことで、四十前後のことではなかろうか。

強い雷電も女には弱かった。松浦静山公は角力好で、その随筆には、力士のことを度々書かれた。「甲子夜話」にいわく、

「雷電と言いし長七尺にして大剛力の大関、予も会いて識《し》れり。面は馬の如く、長は鴨居を越したり。信に多力者なりき。ある時、歌妓のため頬を打たれ、あいたたと言って目を瞑《つむ》りたり。傍人笑わざるはなかりしと。またある時、少婦に戯れたるに、この少婦、雷電の胸を衝きたれば、雷電後ろへ倒れたりと、玉垣勘三郎語りき。云々」

これで見れば、雷電の優しい半面があった人間味が知られる。雷電没後二十七年にして、その記念碑が郷里に建てられ、佐久間象山の撰文《せんぶん》である。この文は、日本角力史上に必伝の名文であるから、左に載せる。原文は漢文、便宜上、仮名交じり文に訳す。

力士雷電は信州小県《ちいさがた》郡大石村の人なり。性は関氏、父を半右衛門といい、母は後藤氏。雷電生まれて甚だ彊力《きょうりょく》あり。其児戯《そのじぎ》、人の為《な》す所に類せず。睹《み》る者皆驚く。歳十八九にして身長六尺五寸、肢幹《しかん》鉄の如し。面貌温厚、自然に親しむべし。江戸に来り、力士浦風に従ひ相撲を学ぶ。幾何《いくばく》もなくして、其技を以て天下に冠たり。雷電の号、都鄙《とひ》藉々《せきせき》として称して置かず。上大将軍公より以て列侯に洎《およ》び、屢《しばしば》召して、技を闘わしめて観る。亦《ま》た其状《すがた》を偉とし、其貌《かたち》を愛し、其傀力《かいりき》の能く偕《とも》に抗する無きを唶嘆《さくたん》せざるなし。

初め雷電の相撲の群に入るや、其対敵するところ、動もすれば残傷するものあり、闘觝《とうてい》し難きを苦む。是に於て其技の老、相議《あいぎ》とて、其手勢のとりわけ当り難きもの三つを禁ず。人初めて安んじて、之と相角することを得たり。然れども卒《つ》いに之に能く勝つもの莫《な》し。力士の徒を歴遷して、盖《けだ》し建囊《けんこう》以来一人のみ。嘗《かつ》て技を以て松江侯に仕う。後辞して帰り、文政八年を以て家に卒《おわ》る。齢《よわい》五十九。雷電世を去って二十七年、孫義行、其祖の蹟を述べて無窮に伝へんと欲し、乃《すなわ》ち石を其村の道旁《みちぼう》に襲し、我に来って辞を請う。昔、越前秀康卿、伏見に在りて、名妓国児を召し、其舞を見て泣く。人怪んで之を問えば、曰《いわ》く、今天下の女子千万人、此女第一たり。吾丈夫に生まれ、天下第一流たる能わず、大に此女に愧《はじ》ることあり、故に泣くと。今、予、雷電の為に斯碑を識す、亦た殆んど将《ま》さに泣かんとする也。系《つづ》けて曰く、

　信山崇峻、信水清駛、神気の鎮まるところ、即《すなわ》ち魁偉を生ず。吁嗟《うさ》雷電、力武比無し、問世一出、固《もと》より天爾を恵む、我士となり、魁琦《かいき》なること能わず。爾の為に銘を勒《ろく》す、心篤く忸怩《じくじ》たり。

この碑は、初めは象山の自筆を刻したもので、象山の書は、「日本の顔真卿」といわれるほどの名筆であり、雷電、象山及びその文、その書というわけで、天下に稀有の三絶の名碑であったが、雷電崇拝は盛んなもので、遠近の人々、来立って碑石の一片を打ち欠き、児女の健全成育の護符とするため、ついにことごとく打ち欠き去って、最初の碑は全く形を留めざるに至り、明治年間に、巌谷一六の揮毫を請うて再建したが、これまた追々に欠き去って、今やまた第三回の建碑をせねばならぬようになっている。雷電の威力、偉いではないか。さればこの碑の拓本は、往々にして世に存するが、建碑後、間もなく作ったもので、いずれも珍重すべきものである。私

も雷電の縁者なる、画家関晴風氏から一本を贈られて愛蔵している。同氏の話によれば、雷電の家には、その刀、下駄等、なお若干の遺物を保存し、その家の鴨居は、普通よりもだいぶ高くなっているということだ。そうすると、その家は、雷電、角力を止め、郷里に隠居してから作った家のようであるが、そうではなく、自分の身に合わせて、高くしたに過ぎない。雷電の家は、信越線、田中駅から下り列車ならば、右手に山に登って行くのである。抑《そもそも》、象山のいわゆる、信州の高山大河、秀霊の気、鍾《あつ》まって偉人を生ずるもの、小県郡としては、万葉集の作家、

大君の　みことかしこみ　青雲の
　　たなびく山を　越えて来しかも

の作者、次には源頼政に頼まれて平家追討の檄文を書き、後に木曽義仲の軍師となった太夫坊覚明、その次は雷電為右衛門、これ等は天下第一流である。

雷電にはなお記すべきことがある。雷電が押した手形は、世間に有名だが、その大きさは皇国《こうこく》度制考の測定には、長七寸四分、横四寸二分と記す。その手形の扇面に題した蜀山人の賛《さん》にいわく、

萬里をも　とどろかすべき　雷電の
　　手形を以て　通る関取

雷電を詠じた川柳の句には、

雷の出るを太鼓で触れあるき

触れ太鼓で雷電の登場を報ずるのを、雷公の太鼓に捩《もじ》っている。

西の関日本中へ鳴りひびき

雷電は西大関である。鳴りひびきで雷電を利かせている。

雷電と稲妻雲の抱へなり

雷電と稲妻咲衛門は、ともに雲州、松江侯の抱力士であった。

稲妻はもう雷電になる下地

この稲妻は、第五代横綱になった稲妻雷五郎だ。この句は文政末年の句である。その頃、稲妻、頭角を抜いて、関脇から大関に進み、横綱阿武松《おうのまつ》の塁《とりで》を摩《ま》している。雷電になるというは、素敵に強くなることを言ったのだ。

また降るだらう雷電に九紋龍

雷電が出たり龍が出たりすれば、大雨になるだろうということ。この句は寛政の句で、西の関脇雷電に対して、東の小結に九紋龍清吉がいた。「相撲私記」には、九紋龍は、まだ童の様ながら、すぐれて丈高く、少し心ぬるきようなりと評している。

雷電谷風鳴りひびく耳の底

これは寛政の句、説明するまでもない。

小野川になられぬ訳が有馬山

小野川は久留米の有馬侯の抱力士である。有馬山は、有馬侯を利かせたこともちろんだが、この句意、不明である。

（五）

名力士の伝記としては、陣幕久五郎の自叙伝の外《ほか》には、従来、ほとんど稀であったが、昭和十三年、信州人の藤原銀次郎氏が、同国出身の巨豪として崇敬する雷電の伝記を著したのは珍しい。これは佐久間象山が雷電の碑文を書いたのと、同じような心境であるらしい。実に雷電の魁雄振りは、後世、幾多の有為青年を鼓舞するものがある。藤原氏の「力士雷電」は非売品である。この書に、雷電の郷里に残された挿話等を蒐集《しゅうしゅう》し、及び、何故に大剛雷電が横綱とならざりしやの問題を解決すべく力めている。

「力士雷電」に拠れば、雷電の生まれた小県郡滋野村の大石区、この辺一帯は大きな傾斜地で、その底は千曲川である。対岸は屏風のように立つ布引山、城山の岸壁、それを前景として佐久平が広々と展け、蓼科《たてしな》山脈から遠く八ヶ岳の峻峰が双眸の下に展開する、実に雄大な自然の景観である。雷電が改築した生家は現存しているが、雷電三十二歳の時、金子《きんす》五十両を投じて改築したもので、今はこの辺の農家としても大きいというほどではないが、百四、五十年前の当時は、相当立派なものであったろう。彼はこの落成祝に、酒代として建築費と同額の五十両を使って村人を喜ばしたということだ。雷電の遺物としては、諸国相撲控帳、扇面に押した手形、黒塗朱皮緒の足袋、雪駄、朱塗金蒔絵の盃、雷電一枚摺の錦絵、黒鞘の大刀、将軍家拝領の中朱黒縁緋総《ひぶさ》の軍配等々である。雷電の手形は左手で、指紋まではっきりしている。手形全体の大きさとしては、後世の力士大砲《おおづつ》だけが、これに劣らなかったが、指の太いことにおいては遥に及ばず、つまり古今第一の手形ということになる。金蒔絵の盃は、むしろ椀というべきで、雷電が酒豪だったことが想像されるが、雷電の父も、よほどの酒好きだったと思われるのは、雷電一家の墓地の中にある父半右衛門の墓は大きくはないが頗《すこぶ》る奇抜だ。台石は盃台、墓身は酒樽に象《かたど》り、その上に大盃を笠に被せている。これは雷電が自ら考案して作らせたものだという。

　雷電の父は、そのように酒好きの元気者だったが、母もまた剛気な女であった。この村から近い田中宿の瑠璃殿に、雷電の母けんが奉納した仁王の石像がある。伝説によれば、昔、田中宿に大洪水があった時、瑠璃殿前の左右仁王像の中の一体が押し流されてしまった。雷電の父半右衛門に嫁いだばかりのけんは、ここに参詣して、「もし私に剛健な男の子をお授け下さるならば、仁王尊の一体は、私が必らずお納めいたします」と熱心に祈願をこめた甲斐あって、間もなく生まれた男の子は太郎吉と命名し、十五、六歳にして六尺にも達し、見るからに逞ましい仁王尊のような骨格で底知れぬ大力があった。これがすなわち雷電為右衛門の由来であり、今、ここに仁王尊が左右二体揃っているのは、雷電が大関になった寛政八年に母が仁王尊一体を奉納したのだ。

雷電は二十二歳で雲州侯の抱力士になった。雲州侯は茶道に名高い不昧公《ふまいこう》であった。世人は、とかく不昧公を茶道などの方面からのみ見ようとするが、実は文武、芸術、産業、治水等あらゆる方面に治績を挙げた近世名君の一人なので、雷電の大成も、斯公に負うところ少なくないだろうと思われるが、不昧公と雷電との関係は、くわしく調べて発表したいものである。角力名の雷電は、親方浦風がつけたものであると藤原氏は記しているが、雷電の二字は、雲州の雲に縁のあるもので、私は不昧公の命名ではないかと思う。為右衛門の通称は、雷電少壮時代、郷里の恩人、源五右衛門為久の為の字を貰って頭につけたものだという。

藤原氏の「力士雷電」には、雷電年譜の次に大島伯鶴の講談を載せて、雷電がその愛弟子越ノ海勇蔵を暗殺した四海波《しかいなみ》を、見事、土俵の上で投げ殺して、弟子の仇を討った。けれども、その代わりに横綱問題が消えてしまったとして、強い雷電が横綱にならなかった事情を説明しようと試みている。越ノ海は谷風よりも先輩にして、もちろん、雷電の弟子に非ず、右は一場の講談に過ぎざることは言うまでもない。

（六）

古《いにしえ》の大力士の生活を知る参考にもなるから、雷電の一代を略記して見よう。雷電は、抱主松平不昧公が藩主になられた明和四年（丁亥、一七六七）に、信州小県郡大石村（現在、滋野村大石区）に生まれたのである。幼名太郎吉、父半右衛門二十八歳、母けん十九歳の時の子である。瓜の蔓に茄子がなったのではなく、父も宮角力の雄なる者であった。天明四年（一七八四）江戸に出て、年寄浦風の弟子になり、二十二歳、松江侯に召抱えられ、翌二十三歳の時、松江に往く、御切米八石三人扶持を賜わる。この時より初めて雷電と称す。寛政二年（一七九〇）三月二十八日、江戸勤番を命ぜられて江戸に帰り、秋、大角力に出場、小野川を破ったこと、諸国角力控帳に見ゆれども、この年の番付に雷電の名見えず、番付外で登場したのであろうか。翌年、寛政三年、有名なる将軍上覧角力に出場、歳二十五、関脇に付出《つけだ》され、雷名、天下に轟く。翌年二月、不昧公に召されて松江に帰参し、江戸春場所に出でず。翌年、雷電歳二十七、角力出精の廉《かど》により加増米二石下さる。この年十二月、江戸を発して信州に帰り、所々を興行、初めて錦を故郷に飾った。翌春、江戸に帰る。翌年二十八歳の春、また上覧角力あり、そのため春場所休止、不昧公より龍紋ノ袷《あわせ》、麻上下、白緞子《どんす》下帯とを賜わる。地方巡業は、二十五歳初めて番付に載った年より始まり、藤澤、遠州見付、大坂、堺、伊勢の雲津等まわり、二十六歳の時は、名古屋、桑名、岡崎、大坂、堺、京都、再び大坂、大津行、二十七歳には関東地方、大鷲、銚子、熊谷、秋には甲府、吉原、掛川、大坂、京都、松江、津山、加古川、堺等行、この年二十八歳の春二月、信州巡業、岩村田、諏訪、及び出生地の大石行、秋には大坂、一ノ宮、丸亀、伏見等二十九歳の秋、京都、大坂、松江、多度津、岡山、それから雲州の今市及び大社、国造北島家では稽古角力を見せ、再び松江行。寛政八年、三十歳、前年谷風逝去のあとを受け、西大関として初登場、東大関の小野川に対立す。この年、奈良、俵平、木津、大坂、京都、伊賀はい原、伊勢の川はた、松坂、桑名及び岐阜を巡業。三十一歳の五月、不昧公国元にて病気につき、御見舞のため松江行、たびたび稽古角力を上覧に供す。不昧公が非常に角力好き、雷電好きだったことが知られる。公の軽快後、江戸勤番を命ぜられ、八月、松江発、木曽道中より郷里に四日逗留し、板鼻、山野、富岡に巡業。翌年三十二歳、東北地方、八幡山、湯沢、横手、秋田、久保田、大館、停代、入市、鶴ヶ岡、天童、山形等巡業。父半右衛門五十九歳で病没。翌年三十三歳、春は京都、大坂、松坂、名古屋巡業。寛政十二年（一八〇〇）年三十四歳、正月江戸発、松江行、この年広く巡業、山市場（伯耆）勝山、大津、八幡、長浜、敦賀、福井、くし（加賀）富山、糸魚川、番町、高田、善光寺、坂木等、信州路を巡業して、郷里大石に帰り、四日逗留、亡父の法要を営み、かつ先年住宅改築の時の費用を完済す。それより板鼻、新町、銚子、佐原、東金等を経て江戸に帰る。

享和元年（一八〇一）雷電歳三十五、春は臼井、江戸崎、杉崎新田等関東地方を巡業し、六月より九月にかけて、名古屋、桑名、大坂、京都、松江を巡業し、そのまま松江に居残る。十月、江戸大角力につき、勧進元より年寄東関《あずまぜき》を松江に遣わし、雲州角力拝借方を願ったが、不昧公許されず、東関空しく江戸に帰った。雷電の人気の盛んだったことと、このような人気大力士を抱力士に持つ大名の鼻息の強さが想いやられる。十一月、雷電大社詣、千家北島両国造家に至り、土俵入をなす、享和二年、歳三十六。広島、小倉、佐賀、島原、諫早、長崎に巡業。長崎滞在中、五島近江守に謁し、酒肴及び白銀二枚を賜わる、大酒豪と聞こえし支邦人陳景山と酒戦して彼を酔い倒せしめ大勝す。景山、書画を贈りて、謝意を表した。その書画、雷電の菩提寺、赤坂の報土寺に蔵す。六月より長崎を発して大村行、大村侯の御前角力、唐津にては唐津侯の御前角力、吉井、有田、伊萬里、博多、博多にては福岡侯の御前角力、久留米、直方、下ノ関、国島、丸亀、丸亀侯の御前角力、大坂を経て江戸に帰る。翌年三十七歳、閏正月、妻八重を伴い信州行の途中、上州板鼻逗留、七日市村より疫病退治のまじないとして招待せらる。鎮西八郎為朝以来の武威というべし。江戸に帰りて、前橋、深谷、銚子巡業、江戸春場所は、麻疹大流行のため七日目限り休止。秋、大坂、京都、草津、高島、多賀、笠松巡業。この頃、雷電、麹町十丁目に住したが、四ッ谷、伝馬町一丁目鈴木庄司貸家に移転した。翌文化元年甲子（一八〇四）雷電歳三十八、春、藤岡、板鼻、川越、秩父大宮等巡業、春場所休場。雷電は、かねて丸亀侯の眷顧《けんこ》を受けていたが、この度、若殿様初節句につき、六日、御庭にて角力御覧、酒肴を賜わる。秋、白石、山形、柴橋、秋田、久保田、鶴岡、佐沼、岩手山城下、田尻、松山、仙台、白川、黒羽、宇都宮等巡業、仙台にては、谷風の展墓をなし、香典を遺族に贈る。翌年三十九、二月、芝神明境内春場所興行、七日目打ち出し後、有名なるめ組の喧嘩突発、四月に至って残りの三日を興行す。五月より十月にかけて、大坂、京都、千田川の兄の追善角力をなし、木曽街道より信州に帰り、郷里大石に滞在、七月十二日、小諸侯に謁見《えっけん》す。その日、妻八重、江戸より若者十数名を同伴し来り、善光寺にて十七日より二十二日まで角力、中之條、上田、松本、岩岳、飯田巡業。閏八月一日、小諸八幡宮大幟奉納、五日より八日まで郷里滞在。八幡、松井田、館林、植木野、北原、天王、壬生、今市、栗橋、久米川及び下野の府中巡業。十二月、湯島天神社内稽古角力の収入を以て、恩師浦風の負債を弁償す。文化三年、雷電歳四十、勇力衰えず相手の東大関、しばしば交代す。この春、真壁、結城、土浦、小名浜、湯本、壁谷、松川、棚倉、郡山、三春、米沢、黒沢、福島、作山、木幡、銚子、井藤、八口市場等巡業、七月九日、三春にて三春侯御覧あり。

文化四年、雷電四十一歳、六月松江行、七月二十二日足駄御免、八月に松江にて角力十日間興行、この度松江長滞在、九月に津山、京都を経て江戸に帰る。翌五年、歳四十二、正月より三月にかけて行徳、銚子、ここにて恩師浦風の追善興行をなし、佐原、笹川、網島、四ヶ村新田等巡業。六月十五日山王祭の節、田安、清水、一ッ橋の御三卿、子供角力御覧、続いて十九日、松江侯も子供角力御覧あり、閏六月より九月にかけて、水当、十日町、長岡、新潟、新津、下島新田、神のう寺、片貝、柏崎、飯山、中野、海野、須坂、小森、甲府等巡業。文化六年四十三歳、四月より六月にかけて、打身療養のため、相州の東沢温泉に行く。六月より九月にかけて、相州の南郷、二ノ宮より始めて、浦賀、六間、十日市、道仙田、藤代、麻生、柏崎新田、高橋、宇都宮、鹿沼、長畑等巡業。文化七年四十四歳、四月より九月にかけて、甲府、島田、浜松、名古屋、山田、松坂、京都、和歌山等巡業、江戸に帰りて直ぐに佐原、鷲の橋等に行く。続いて文化八年（一八一一）四十五歳。二月の春場所を勤めず、閏二月十四日付を以て土俵を退き、相撲頭取仰付けられ、四月より十月にかけて、仙台、石巻、控淵、気仙、中新田、庄内、大野、坂田、松ヶ崎、久保田、ほら沢、大館、津軽、小づくり、鞍石、青森、盛岡、一ノ関、佐沼、高清水、土生、稲毛、芝山、古河、粕壁等、奥羽及関東地方巡業、一ノ関で一ノ関侯の御前角力あり。文化九年四十六歳。春は銚子、行徳、浅草、青山善光寺。秋には甲州の谷村を始め、飯田、和子、寺尾、善光寺、上田、小諸、羽生、館林、木崎、鹿沼等巡業。文化十年四十七歳、六月より十一月にかけて、検見川、曽我、一ッ松、松ヶ谷、東金、八日市場、羽斗、水戸、祝岡、太田、杉崎、島山、大胡、大田原、白川、鷲宿、栃木、赤間、萩原、佐原等巡業、大田原侯の御前角力あり。文化十一年四十八歳。文化十二年四十九歳。七月二十八日江戸発信州行、八月二十三日迄郷里滞在。その月十二日、海野の白鳥大明神元四本柱土俵奉納。続いて九月より十一月にかけて信州地方、大町、松本より始めて新町、山野、沼田、ぬら犬、一ノ宮、下仁田、小川、本庄等関東地方巡業す。文化十三年五十歳、正月に房州八満村、四月に佐倉に行ったのみで、この年より隠居生活に入り、巡業に行かず、文政四年五十五歳にして、六月二十四日、母けん病没七十三、それより文政八年（一八二五）に至るまで、事蹟の記すべきものなく、その二月十一日、五十九歳にして江戸に病没、法号を雷声院釋関高為輪居士という。法号は角力名と本姓を一字織り込んでいるが、むしろ率直に、雷電院とすべきであった。墓は、赤坂、三分坂《さんぷんざか》、真宗報土寺にあり、後に遺髪を信州大石村の墓地及び雲州松江の西光寺に分葬した。かくて一世を震動せしめた大剛力士雷電為右衛門の生涯は終わった。

ここに付記すべき二つのことがある。その一は、文化十一年三月、雷電四十八歳にして、赤坂の報土寺に寄進したと伝えられる「角力の釣鐘」にして、その当時の見取図を版木に遺したものが、同寺に伝えられている。釣鐘は、角力を意匠したもので、土俵に象り、上に幕を張り、鐘の裾は土俵を運《めぐ》らし、天下云々雷電と彫った下に雷電の像を刻み、ちょうどその臍《へそ》を撞《つ》くようになっている。紐は両力士相四つの取組になっている。誠におもしろいもので、古今無二の角力の釣鐘である。きっとドシコイドシコイと鳴ったであろう。この釣鐘といい、父親の酒樽の墓といい、雷電には大剛の半面に、このようなユーモアの趣味があったことに、その風格が偲ばれる。ところで、これにつき、同寺にては、時の住持は非常に喜んで、早速、鐘楼《しょうろう》を建て、盛大な撞初式を催したりしたが、はからずもその鐘銘や字句が幕府の忌諱《きい》に触れたため、釣鐘は鋳潰《いつぶ》されてしまい、寄進者の雷電は追放、住持は江戸構《かまい》、寺社奉行はお役御免という大変な問題を惹起したと伝えているが、それほどの事件に、他には記事見えず、雷電もこの年は巡業に出なかったが、翌年は盛んに巡業しているから、若《も》し何か問題があったとしても、同寺に伝えるようなたいしたことではなかった。

その二は、雷電の強味についてであるが、十六年間も無敵で大関を勤めたという古今の大剛、その強味の永続性が、また未曾有である。

土俵を退いたのは四十五歳であるが、その後も続いて時々、土俵に出て稽古をつけていたであろう。引退後になってからも、阿武松《おうのまつ》を続けて投げたというのも、如何に雷電といえども、全然稽古をやめていてはできないことと思う。

八　伝説及び劇化された名力士

演劇では第一に「関取千両幟」の稲川、鉄ヶ岳、次に「め組の喧嘩」で名高い四ッ車大八をはじめ、講談に出て来る雷電、及び越ノ海勇蔵等、浄瑠璃、講談、小説等によって、人口に膾炙《かいしゃ》するる名力士は非常に多い。そのうち殊に著名なるものについて略説することにしよう。

（一）　明石志賀之助

明石志賀之助といえば、近世、角力道の祖神のように喧伝せられて知らぬ者はない。川柳に、

峠までのぼりつめたるしかの助

文政年中の句である。しかと鹿とをもじり、しかの助が角力道の絶頂、日下開山《ひのしたかいざん》になったという意味、

角力にも昔なれにし志賀之助

同じく文政の句。ここでは志賀を志賀の都にもじって、平忠度の名歌「さゞ波や　志賀の都は

荒れにしを　昔ながらの山桜かな」にとって、古《いにしえ》の名力士明石志賀之助を讃嘆したものである。

これほど有名な明石志賀之助の伝記は、きわめて茫漠として、果たして実在の人物なりしやも疑わしくなるくらいである。志賀之助のことを書いたものとしては、「近世奇跡考」が、最も知られているが、その記事に、志賀之助の敵手を仁王仁太夫として居り、その仁王仁太夫の事蹟が曖昧なるために、一層、志賀之助の影を薄くしている。奇跡考の記事を引っくるめていえば、志賀之助と仁王仁太夫とは、天下の両雄と聞こえたるにより、京都の禁裏《きんり》の御催にあたって、両力士を召さる。志賀之助に年来、莫逆《ばくぎゃく》の友だち夢の市郎兵衛といって、勇猛義気の逞ましき者がいて、志賀之助の介添として、江戸から上洛した。この度の角力は一大事である。君が負ければ、君を殺して俺も死ぬと、市郎兵衛が言った。志賀之助は必死の覚悟で対場したが、仁王は志賀之助を目よりも高くさし上げて、あわや大地に投げつけたかと思われた一刹那《せつな》、志賀之助は早業の名人、宙に身を翻《ひるが》えして、仁王の胸を蹴って、蹴倒した。これによって、志賀之助は、日下開山の称号を賜わった。またこの事によって志賀之助を横綱第一代であると伝えるのである。

志賀之助の伝記は、だいたいこのようなことで、四谷で興行した勧進角力は、寛永と伝えるが、寛文の誤りであろうという説もあるくらいで、結局、明石志賀之助は実在の人物としても、その伝記は、はっきりしないのである。志賀之助については、身長八尺六寸などと、ほとんど超人間のように祭り上げた伝説があるかと思うと、「相撲鬼拳」という古書には、松平出羽守抱力士、箕の島権太左衛門、改めて鎌倉十七《としち》と名乗り、六十歳以上までも土俵を勤めたといわれる老剛無比の角力に、明石志賀之助が年を隔てて前後二度対場して、二度とも志賀之助の負になったことを書いている。

「その節、明石志賀之助と申す関取、高名ありし日下開山とはこれなり、勝人なし。ある時、太守様、被仰出候《おおせいだされそうろう》は、明石、鎌倉と勝負、御覧遊ばさるべき由にて、両人、土俵にて勝負これあり、六十五歳になる鎌倉勝候。皆々驚くこと限なし」

如何に鎌倉十七老剛なりとも、六十五歳の角力に負けるようでは、明石志賀之助、角力道の祖神とはいわれまい。感嘆した人々、鎌倉十七に向かって明石の評を聞く。鎌倉は、「よき前角力也」と答えている。これで見れば、明石が天下第一人とは言われないようである。なお同書、大男の部に「鎌倉十七、相州鎌倉生、丈六尺二寸、掛目三十一貫目なり」とある。体格も立派なものであった。

（二）　仁王　仁太夫

仁王仁太夫は頗《すこぶ》る疑問の人物。明石志賀之助の対敵と伝えられているが、古番付には、仁王仁太郎と書いたり、丸山仁太夫とあったりして、氏名一致せず。しかも「相撲鬼拳」及び「相撲大全」等、斯道に著名なる古書中に、明石の名はあれども、仁王の名はない。「相撲鬼拳」の大男の部に「丸山仁太夫、仙台出生、長六尺二寸、掛目三十六貫目也」とあり、また根岸治右衛門所蔵の、明和八年三月の古番付には、「東大関、九州仁王堂門太夫」とあり、仁王仁太夫というは、この丸山仁太夫と仁王堂門太夫とを合併して仮想した名ではなかろうかとの説もある。仁王堂門太夫は、正しく実在の人物にして、しかも大々的人気のあった力士である。安永元年（一七七二）刊行の「鹿の子餅」という有名なお伽話の本に、「角力場」という題で、仁王堂の評判が出ている。最近の国技館の繁盛を思わせるような、おもしろい咄《はなし》だ。「尻から入る」というのは傑作といってよかろう。

角　力　場

「釋迦ヶ岳に仁王堂と来ては、近年にない大入、札を買っても這入られぬ木戸の込み合い、仕方なければ、裏へまわり、囲《かこい》を破り、犬のように這って入りかかったところ、内に居る世話やき見つけ、「こりゃこりゃそこから這入る所じゃない」と頭を取って押し戻され、得這入らず、暫《しば》らく工夫して、今度は尻から這入りかかったところ、また内の世話やき見つけ、

「こりゃ、そこから出るところじゃない」

と帯をつかんで引ずり込んだ。」

これは角力に関する小咄中の傑中である。

(三)　丸山　仁太夫

丸山仁太夫と同じ仙台生れで、有名な巨人丸山権太左衛門の墓が長崎にあるが、これは権太左衛門ではなくて、丸山仁太夫の墓ではないかという説もある。

「近世奇跡考」には、丸山という角力名の由来について、丸山の頂きに丸き瘤あり、山の如くなりしゆえに、丸山の墓の頭も、その形に造って、瘤のような石を置いたと記して、丸山権太左衛門の頭は、如何にも支那の聖人孔夫子《こうふし》の頭のようであったようなことを書いている。こんな頭だから丸山と名乗ったということも、どんなものかと思う。権太左街門は同郷の先輩丸山仁太夫の丸山を襲名したという説がいいようである。

(四)　綾川、両国

明石志賀之助以後、谷風以前の横綱として伝説される綾川五郎次、及び両国梶之助、ともにそのことに関する確たる文献は、まだ見つからない。

(五)　成瀬川　土左衛門

成瀬川の力士名は全く忘れられて、ただ土左衛門ばかりが有名である。

享保九年、深川八幡、勧進角力の番付、東大関、蝦夷ヶ島赤右衛門で、その前頭に成瀬川土左衛門である。成瀬川は奥州生まれ、寛延元年戊辰（一七四八）六月六日病没、法名、勇猛院力誉泰山居士といい、その墓は深川霊岸寺にある。「近世奇跡考」に、成瀬川は肥大のものゆえ、水死して、渾身《こんしん》膨れふとりたるを土佐衛門の如しと戯れ言いしが、ついに方言となりしなりとある。水死人にたとえられたのが根本で、土左衛門といえば水死人のことになったので、土左衛門自身は水死したのではなかった。

（六）　白藤　源太

白藤源太は、元禄頃の田舎角力だといわれているが、力士としては有名ではなく、源太節などの里謡《りよう》で有名になった。それによると、東上総の夷隅郡のものである。

（七）　稲川、鉄ヶ岳、秋津島

歌舞伎劇の角力では、「関取千両幟」の稲川と鉄ヶ岳とが有名である。稲川は本名。鉄ヶ岳のモデルは千田川吉五郎である。稲川と千田川とは、ともに明和、安永間の大坂角力で、この二人の取組はたいした人気であったが、二人とも後に江戸に来て、幕尻に出され、千田川はそれまでだったが、稲川は前頭筆頭まで上がった。大坂にいた頃は、千田川に分《ぶ》があったように言われたが、江戸に来てからは、稲川が大成したようである。

「関取千両幟」は「関取二代鏡」という浄瑠璃を焼き直したもので、「関取二代鏡」の主人公は、秋津島という大坂角力だが、秋津島は力士としては有名でなく、伝記は分からない。

（八）　谷風、小野川、雷電、越ノ海勇蔵

これは角力講談によく出て来る顔触れであるが、事実の真偽を、いまさらかれこれ言う必要はない。越ノ海勇蔵を極小男としたのも、別に拠《よ》りどころがあるわけではなく、話をおもしろくするためであろう。講談では、越ノ海が小さくて強くて、石のような頭突きを、臍の辺に打ち付けるので、さすがの谷風もたぢたぢの体《てい》、雷電が出て、親方とても駄目でがす、私がやります、野郎やって来いと、越ノ海の稽古台を引き受けたのはいいが、雷電もまた越ノ海の頭突きには悩まされたという、お可笑味たっぷりの話である。

小野川は雷電に負けたので、有馬侯から勘気を蒙っていたが、増上寺の大火に、有馬侯が消防に当たっている時、小野川飛び込んで、将軍家の霊龕《れいがん》をかつぎ出し、その功によって勘気を免《ゆ》るされたというのは講談だが、ちょうどその時、芝に火事はあったが、増上寺からは遠かった。

（九）　桂川　力蔵

成田の不動尊に願をかけて、父の仇を討ったという「成田利生記」という演劇の主人公である。父が土俵の上で、逆手で殺されたから、その仇を土俵で討つという筋書であるが、この桂川力蔵は、実在の人物ではない。

（十）　四ッ車　大八

浄瑠璃、芝居、講談、小説等に、各方面に最も広く脚色されて、今に至るまで人口に膾炙している名力士は四ッ車大八であるといってよい。殊に四ッ車に対する江戸児の人気はたいしたもので、菊人形をはじめ、いろいろの人形に造られるのも四ッ車が一番多い。四ッ車は、問題の「め組の喧嘩」のあった文化二年（一八〇五）二月初めて入幕して、大童山《だいどうざん》と並んで、幕尻に名を現し、その後、同六年の二月まで、前頭四、五枚のところを上下していて、その後の番付には四ッ車の名は見えない。今ならば幕内、中堅の錚々《そうそう》たる力士というところだから、当代でも、かねて人気のある角力だったことは疑いなく、それで彼の人気が、「め組の喧嘩」の評判に拍車をかけて、ついに天下後世に一大角力劇を造り出すに至ったのであると思う。またこう劇化されてみると、四ッ車大八というは、如何にも劇的の好い名である。

「め組の喧嘩」一件の記録は、角力に関する諸種の書物に掲載され、広く世間に知られている。はなはだ長文に渉《わた》るから、ここには省略することとして、簡単に、事件の要領をお話しすることにとどめたい。四ッ車大八という力士名の起源は頗《すこぶ》る古く、「相撲大全」によれば、京にも江戸にもあり、安永年中、江戸角力に一度入幕したが、その後、成績捗々《はかばか》しからずして陥落を重ねし四ッ車伊之助という者があり、「め組」一件の四ッ車と同郷であるから、あるいはその師匠であったかも知れぬと思われる。その後、寛政八年三月の江戸番付、西方二段目の五枚目に、四ッ車大八というのがある。これが、すなわち問題の四ッ車である。「め組」の一件の時、四ッ車は三十四歳だから、寛政八年はそれより九年前で、四ッ車が二十五歳の時である。当時の二段目の五枚目は、今ならば、立派な幕内であった。そしてなかなか角力上手であったらしい。その出生は、出羽国、秋田郡五十目村（現、秋田県南秋田郡五城目町）にして、文化六年、三十八歳にして病没した。「め組の喧嘩」に活躍する水引清五郎、実は九龍山扉平は、当時、東二段目の六枚目で、藤ノ戸浜蔵は、西二段目の五枚目であった。四ッ車とも三人は、東関脇柏戸宗五郎の合弟子であり、柏戸は、南本所、元町、茂兵衛差配の借家であった。柏戸はその後、文化五年春場所から東大関に進み、大剛雷電の西大関に対峙すること七場所、雷電引退の後、なお二場所大関を続けた名誉の力士である。

「め組の喧嘩」あるいは「神明の喧嘩」ともいう。その事実の真相は、大略こうである。文化二年二月五日から、芝、神明の境内で勧進角力春場所の興行があり、その七日目に、宇田川町の鳶人足辰五郎が同じ人足の長次郎を伴うて角力見物に来たが、角力桟敷ではよくある風習、飲みながら見物するし、角力話から始まったことであろう、辰五郎等は、隣席の職人たちと喧嘩を始めた。通りかかった九龍山が、見かねて仲裁をしたが、聴き入れざるのみか、いよいよ乱暴が募《つの》るので、九龍山とうとう腹を立てて、辰五郎、長次郎の両人を、木戸口から外につまみ出した。

辰五郎は、後に大喧嘩をおっ始めるように、この時の喧嘩も、責任は辰五郎にあったらしい。さて辰五郎等は、角力場から逃げ出しての帰途、江戸喜三郎の宮芝居に入って見物していると、運の悪い時は、しかたのないもので、角力を終わった九龍山は、兄弟子の四ッ車と同伴して、この芝居を見に来た。この時、双方がここで再会しなかったら、あるいは「め組の喧嘩」も起こらず、四ッ車大八が英雄になる機会がなかったかも知れぬが、何分、角力場で、いきさつのあった直後のことで、気の立っている辰五郎が逸早く見つけて、同じ鳶人足の助力を頼んで、仕返し喧嘩を始めたのを、当時、売出しの侠客、焚出しの喜三郎、豆腐屋熊蔵、糠屋市五郎の三人が駈けつけて、双方の間に割って入り、喧嘩はひとまず鎮《しず》まったが、まだ和解式が済まないのを機会として、いきり立ったる鳶人足等は、相撲小屋を打壊すべき相談一決したと聞き、四ッ車と九龍山は、かくては打ち捨て置かれぬと、急いで角力場に引き返す途中で、ちょうど角力場を襲来する鳶人足等と衝突して、ついに大喧嘩となったのである。この時、鳶人足の義松という者、火の見梯子にかけ登り、半鐘を乱打して、仲間を集めた。市中の鳶の者ども、喧嘩とは知らず、真の火事と思って、諸方から神明へ神明へと押し出して来たから、喧嘩はいやが上にも大きくなった。角力側からも、急を聞いて駈けつけた者があるのはもちろんだが、多勢に無勢何としても角力は少人数、鳶の人足は雲霞《うんか》の如くで、屋根の上から瓦を投げつけたりして、四ッ車、九龍山をはじめ、

四、五名傷ついた者がいる。角力は孤軍奮闘で、四ッ車が三間梯子を揮《ふる》って、屋根の上の人足を薙《な》ぎ払ったなど、勇ましい働きをみせた。この大喧嘩における四ッ車は、全く英雄であった。かくて角力場から柏戸宗五郎が駈けつけ、鳶の方でも、若者清五郎、頭取善太郎、又右衛門相謀《はか》って、柏戸に示談を申し込み、角力会所では筆頭年寄 雷《いかづち》権太夫を以て、逸早く寺社奉行松平右京亮へ駈け込み訴訟をし、鳶人足の方は、同じく町奉行根岸肥前守へ訴え出た。その結果、取調中は関係人一同入牢、同年九月二十一日、北町奉行小田切土佐守その他列席の上、裁判言渡しあり、この喧嘩の発頭人、辰五郎及び柴井町の富士松は傷のため入牢中に死去したるにより、辰五郎のみ叩きの上、追放申付けられ、め組一同百六十五人、過料五十貫、その他、関係人一同、町役人、辰五郎の父又右衛門をはじめ、浜松町家主、神明門前家主一同に到るまで、それぞれ過料また屹度《きっと》お叱《しかり》を仰せ付けられ、角力側にては当事者、九龍山扉平、正当防衛とはいいながら、喧嘩の際、何者とも知れず、刃物を以てその右腕に切り付けし者あり、その刃物を奪い取り、振りまわしているうちに、辰五郎に痛所出来《しゅつらい》、富士松はその疵《きず》が元で相果てたというのを以て、江戸払《ばらい》を仰せ付けられ、四ッ車と藤ノ戸とは、合弟子の義にて現場に駈けつけ、火消人足どもより棒、鳶口等にて打ち掛られ、九龍山も自分たちも、ともに危うしと、棒、鳶口等、刎《は》ね除け、あるいは奪い取り、人足どもの中に怪我人もできたるも、そのため四ッ車は前歯三本打ち折られ、他に疵もうけ、藤ノ戸は脇差を抜いて振りまわしたるも、いずれもやむを得ない次第につき、無罪放免。かくの如き次第で、鳶の者の非理が認められ、裁判は角力側の勝利になったわけである。

なおこの喧嘩の起こりについては、前述のとおり、辰五郎、富士松等が桟敷で、酔払って隣の職人と喧嘩を始めたのが本《もと》だと伝えているが、「喧嘩一件の記録」によれば、富士松、辰五郎が、無銭で角力場に入ってみせるといって人を連れ出し、木戸で入れてくれなかったのが喧嘩の起源となっている。

それからこの裁判の決定については、鳶人足の側では、火事の半鐘を乱打して人足を集めたことが、取り返しのつかね失敗であった。それに反し、角力側では、喧嘩の様子を聞くとひとしく、五代目根岸治右衛門は、逸早く太鼓櫓にかけ上がり、御免の看板を打ち破り、幕府の御免の文字に対して、鳶人足が暴行を加えたるにより、已《や》むなく防衛をしたのであるという申立てをした。この機敏な処置がこの裁判を有利に導いたことは疑いない。

この喧嘩は、勧進角力、二月五日初日で、七日目十六日とあるが、当時は晴天八日の角力だから、その間に、雨天の日があったのだろう。喧嘩は午後四時頃、角力がはねてからのことであった。四ッ車は歳三十四、九龍山は三十六、藤ノ戸は三十二歳で、相手の辰五郎、富士松の年齢は未詳である。

喧嘩の翌日、勧進元藤島甚助、差添久米川初五郎、柏戸宗五郎の三名より、寺社奉行の取り調べに対し、提出したる「差上申一札之事」のうちに、四ッ車、九龍山、藤ノ戸三力士の口供《こうきょう》書がある。「右三人の申口」と題して、事実の真相を、正当防衛、已むなき抗争であったことを、明瞭に、かつ上手に書いてある。当時の角力会所には、なかなか頭の好い筆者があったとみえる。

右、寺社奉行より検使出張、見届の上の取り調べに対する三力士の口供を左に載す。

(一)(前略)扉平(九龍山)申上候。私儀角力相済候に付《つき》境内香具芝居《やし》に罷《まかり》越し、桟敷に上り、見物仕る可くと存じ候処、いずれの者に候や、私を足蹴にいたし候より事起り、口論に及候故、芝居より逃出し候えば、境内に於て、何者とも知れず、後より大勢にて突倒し、鳶口並に棒にて打擲仕候に付、取上ぼせ、疵《きず》受け候始末、一向存じ奉らず候、且つ相手の者に疵付け候儀、有体《ありてい》に申上べき儀、再応御尋ねに御座候得共、相手は大勢、私儀は一人、殊に無刀にて御座候間、一向疵付候覚、御座なく候。

(一)大八申上候。私儀取組、中入前に相済み候間、直ちに宿所に引取り罷在り候所、師匠柏戸宗五郎、中間候は、相弟子扉平儀境内にて打擲に合い候間、召連れ参り候様、申付候に付、早速、境内に罷越し候処《ところ》、私を目がけ、大勢にて取懸り候間、境内町屋に逃げ込候得ば、右町屋家脇打ちこはし候故、気の毒に存じ候間、着類脱ぎ置、門口に出候得ば、何者とも知れず、大勢、鳶口並に突棒等にて打擲仕候間、疵受け逆上仕候につき、始末一向存じ奉らず候旨申上候得ば、相手のうち疵人多く有之候間、疵付け候儀は無之哉、再応御尋に御座候得ども、右様夫れ夫れ《そぞ》道具等所持仕る大勢にて打掛り、私儀は一人之儀につき、中々、疵付け候覚は御座なく候。

（一）浜蔵（藤ノ戸）申上候。私儀角力相済候につき、小屋より出候ところ、何者とも知れず、木戸口にて、私額に切付け候手にて請け留め候故、血流れ出で候を、仲間ども見つけ、またまた小屋のうちに引入れ置候故、何者に疵付けられ候や、一向存じ申さず候。然るところ、相手の中、疵人多くこれ有り候間、疵付け候儀これ無きや、有体に申上べき旨、再応御尋に御座候得ども、右、疵請け候より小屋に罷在り候間、一向、疵付け候覚御座なく候。

右が、大評判の「め組の喧嘩」の真相の大略である。江戸払を仰せ渡された九龍山は、その翌文化三年からの番付に名を消しているのは当然だが、当時のことだから、江戸払には身代りを出したであろうといわれているが、しかし九龍山として続けて角力を取るわけにはいかない。

（十一）　稲妻雷五郎と芸者小花

強い第四代横綱稲妻雷五郎と柳橋芸者の小花との情話は講談に仕組まれ、幾多の波瀾ある話が作られている。小花は稲妻を旦那にして、稲妻の弟子の朝風を情夫とし、隠れん坊をして楽しんでいたが、小花と朝風の二人はついに年寄玉垣額之助に頼んで、稲妻の了解を得て、夫婦になれるようにと話し込んでいるところに、折あしく稲妻が来合わせ、おおいに立腹して二人を打殺すといって立ち上がり、止める玉垣を突き倒したが、その時、胸に受けた傷が元になって玉垣は病死したので、玉垣の弟子の鰐石が、師匠の仇を土俵で討たんとして、稲妻と鰐石との遺恨角力になったという筋書なのだが、如何にも稲妻が西大関の晩年、東の前頭から小結に躍進して驍名《ぎょうめい》をうたわれた鰐石という角力があり、稲妻引退後四年して、大関に上っているが、この遺恨角力の話は疑わしい。それは稲妻引退後までも、玉垣は健在だったからである。しかし稲妻と小花との情話は、事実あったことで、尾に鰭《ひれ》がついて張扇《はりせん》で遺恨角力を叩き出したのかも知れない。

稲妻は、強いばかりでなく、修養の心掛けが篤かったもので、読書を好み、俳諧に親しみ、家道を治め、古来、力士としては模範的の人物、その角力道あって以来の八十八という長寿第一を保ったのも、生まれつきの体質もあるが、一つにはその修養の効《こう》に帰すべきであると信ずる。世に「稲妻の相撲訓」と称するものがあり、角力道修行の要諦を尽くしている。これによってみると、稲妻が力士としての、人格、造詣、誠に古来稀《まれ》なものであることが知られる。常陸山《ひたちやま》著の「相撲大鑑」に東両国、豊田屋所蔵の稲妻自筆の相撲訓というものを載せているから、ここにこれを紹介したい。

その全文、

「それ角力は正直を宗とし、智仁勇の三を志し、酒色奕《えき》の悪しき径《みち》に遊ばず、朝夕、起臥とも、心にゆるみなく、精神を励まし虚偽の心を禁ちぬべし。なお勝負の懸引きに臨んでは、相手に容赦の心なく、侮らず、恐れず、気を丹田におさめ、少しも他の謀《はかりごと》を思わず、押し手、差し手、抜き手の早き業を胸中に察して、呼吸に随い、其の虚実を知る時は、勝を決するものなり。

青柳の風に倒れぬ力かな

右、

雲州　稲妻雷五郎則親三十一歳記之

とある。稲妻三十一歳といえば、まだ大関になる前、文政八年、小結で鳴らしていた時のことである。彼は、老後、専《もっぱ》ら俳諧にいそしんでいたが、角力盛んなりし若い時から斯道に入っていたものと見える。現役力士の俳人は珍しい。稲妻は常陸の生まれだが、雲州と署しているのは、松江侯の抱力士であったからだ。

この相撲訓の終わりに記した俳句は、角力道よりも、むしろ柔道の妙諦《みょうてい》を詠じているようにもみえるが、これは稲妻がその剛力を恃《たの》まず、無理強引をせず、敵の鋭鋒《えいほう》をかわし、自然の理詰めにしたがって勝つという心持を表したものと見るべきであろう。

このような人格者、稲妻といえども、色は思案の外というから、小花情話には、何か噂になるほどのことがあったかも知れぬが、講談の遺恨角力は、稲妻の風格を表すには不適当だと思う。しかし空下戸《からげこ》の赤穂義士赤垣源蔵が、張扇《はりせん》では「赤垣源減徳利の別れ」で、大の酒豪として叩き出されるのだから、講談の話と史実とを一々対照説明するにも当たらぬことであろう。

稲妻が阿武松《おうのまつ》と対峙して、勇名を競っていた時、稲妻大関の関脇を前後十一場所も続けて、中間二場所ほど大関を占めた緋威力彌《ひおどしりきや》という強力士がいた。彼は不幸にして、稲妻の後輩たりしがために、稲妻を抜いて大関となるを得ず、あたかも小錦の下に朝汐が久しく関脇を守っていたのと、古今その嘆を同じくするものであったが、阿武松、稲妻、緋威の三雄、鼎立《ていりつ》して土俵上に角逐し、漢の劉備、関羽、張飛の三人、桃園の三傑に擬して、この三力士を錦絵に描いたものがあり、緋威もまた古今の大力、その鉄砲は防ぎ得る者なしとて、この手を封じられたと伝えられ、敵方には、阿武松の外一人の好敵手はなかった。太刀山《たちやま》の鉄砲さえ封じられなかったのに、緋威が果たして封じられたとすれば、緋威の鉄砲というのは凄いものであったろう。

（十二）　小柳襲撃一件

これは美男横綱として有名な不知火光右衛門《しらぬいみつえもん》に、直接の関係はないが、因縁のある話である。不知火と同じ肥後の抱力士に小柳平助というのがいて、これが成績がよろしく増長して先輩の不知火を凌ぐような振る舞いがあり、不知火の愛弟子にして、その前名を継いだ殿り《しんが》と不動山との二人が、いつかは小柳を取り挫いで師匠のために鬱憤を晴らさんと心がけていたところ、本場所中、肥後の抱力士一同は本所一ッ目の肥後部屋に宿泊していた一夜、計らずも、その機会が突発して、二人で小柳を襲撃して、ついに死に至らしめた事件はおおいに角界に知られている。

このことについては詳細な記録はなく、その年代も判然と分からず、維新直前のことであるのに、これに関する記述は皆精確を欠いている。角通の三木愛花氏は、「不知火の晩年、すなわち江戸幕府も瓦解に近き慶應年間のことであった」と言っているが、この事実は、それよりも数年前、おそらくは文久元年の頃のことであったと思う。三木氏は、安政元年から明治直前までの番付は、関東大震火災で焼失し、角力協会にも保存してないから調べることができなかったと言っているが、他に保存されているものについて見ると、文久元年春二月の番付は、幕内十一枚で、東大関、雲龍、小結に鬼面山、前頭二枚目に陣幕久五郎がいる。西大関は境川、その関脇が不知火で、前頭六枚目にも小柳平助がいる。文久二年十一月に不知火が大関になり、その後の番付には、もう小柳の名は見えない。そうして見ると、小柳襲撃は、文久元年の中であったかと思われる。そして、不知火の晩年ではなくて、不知火がまだ大関にならぬ前、小柳が抜手を切って進んで来て、ややもすれば不知火に追い付かんとする勢いがあったために、増長していたと解釈すべきである。

（口絵②参照）

さて事件の概略はこうである。肥後部屋というのは、本場所中、熊本藩の方で、本場所に近い所に宿屋を一軒借り切って抱力士をそこにまとめて、場所に通わせるのである。ある日、不知火は引分け、小柳は大勝、ひいき客に招ばれて、夜おそく大酔して蹌踉《そうろう》として帰って来たところ、殿《しんが》りと不動山とは、兄弟子の帰りを待つまで、膳の上で残酒でも酌み交わしていると、それを見た小柳、自分を待ってくれたとは思わず、貴様たち夜ふかしをして酒とは生意気だ、いきなり足で膳を蹴飛ばし、二階に上がって寝て仕舞った。ここにおいて二人は平生の憤気勃発し、期せずして小柳襲殺に一致して、訣別の杯を挙げ、裏梯子、表梯子と別れて斬り込んだ。先ず裏から登った殿り、唐紙押し開き「小柳覚悟」と切り付けるを、もの音に目を覚ました小柳「何をッ」と跳ね起きざま、布団を取って打ちつけ、おっ被ぶせて殿《しんが》りを組み伏せ、刀をもぎ取らんと争うところに、表から上がった不動山が、やにわに小柳の肩先に一刀切りつけたので、小柳、覚えず手をゆるめて、不動山の方に取って掛かろうとする途端、殿り跳ね起きざまに、小柳の腋《わき》の下に一刀突き立てたので、小柳、バッタリ倒れて「人殺し人殺し」と悲鳴を上げた。かくては相弟子など起きて来ては事面倒と、二人は一目散に二階を駈け下り、何処とも知れず、分れ分れに姿を晦《くら》まして仕舞った。あとは大騒動、医者を呼ぶやら、追手を出すやらだったが二人の行方は雲を霞、小柳の傷は肩の方はたいしたことはなく、脇腹を突かれた出血多量のために衰えて、二日ばかりして死んだ。不動山は、その後、自首して出たが、入牢中に病没し、殿りは蝦夷松前まで逃げおおせて、明治になっても、彼地《かの》に生活していたとのことである。

勧進角力あって以来、土俵の上での遺恨角力として話に残り、張扇で叩かれるものは幾つもあるが、味方同士の競り合いから、遺恨の刃傷事件を惹起したのはこれ一つのようである。しかも、事は美男横綱に関係しているから、ずいぶんおもしろい話が叩き出せないこともなかろう。

（十三）　横綱不知火光右衛門の疑獄女天一坊綺譚

これは小説ではなく、全く正真正銘の真事実であり、非常におもしろい裁判奇談であり、「明治の大岡裁判」ともいうべき物語にして、横綱不知火の義侠によって、初めて公明な判決に到達するを得たという力士美談である。これは、修飾を加えずしてそのまま、演劇に上場することができよう。このような物語であるから、やや長文に捗《わた》るけれど左にその顚末をお話しする。

世界的大火山、阿蘇山の麓、大津郷、今は大津町になっていて、熊本から阿蘇山を貫いて豊後に通ずる街道、加藤清正が造ったと伝えられる日本一の杉並木の大道路に沿うたこの街道一のにぎわう町、その郷中、平川に住む飯田甚八夫婦に喜野と呼ぶ小さい娘がいた。五、六歳の頃、誤って胸腹から右股にかけて大火傷をして、あわや命も危なかつたのをようやく助かって、一入《ひとしお》、ふびんをかけて育てていると、ふらりと来た雲水僧、縁ができてこの家に滞在しているうち、無上に喜野をかわいがり、いつも抱きかかえしていたが、ある日、抱いて出たまま、夜になっても帰って来ず、そのまま、何処へ行ったたか、夫婦は狂気のようになって、町の人々もろともに、諸方へも広く探し求めたが、皆目知れなくなり、一日も忘れるひまがないが、いつの間にか十余年の月日が経過した。

その時、突然、耳寄りの噂が、風の便りに伝わって来た。熊本城下の魚町、吉田勝平という女郎屋の遊女八重という者、自分は平川の甚八の娘で、幼少の頃、雲水僧に連れられて、親元を離れたものだという身上話を、いつも客座敷で話しては泣くという話。甚八夫婦、驚喜のあまり、とりあえず女房は飛んでいって、八重に逢って見ると、小さい時に別れたのではあるが、何となく顔が変わっているような。そこで火傷はと問うと、正しく腹から股にかけて、ありありとあるので、それではやはり我が子であったかと、急ぎ帰って、相談の上、甚八は訴状を認《したた》めて、白川県に訴え出た。誘拐された娘の八重を、実の親に無事に返して貰うようにとの願いである。当時は熊本県ではなく、その辺地方は白川県が置かれてあった。この訴願どおりに運んだら、御話はなかったのである。

ところで、八重の抱主、吉田勝平は売主があることを申立てて承知しなかった。取調べの結果、この八重というは、阿蘇山に鎮座まします阿蘇大明神の御社のある宮地町の瀧蔵という者の娘で、瀧蔵が貧乏して、喜平次という者に売り、瀧蔵の死後、喜平次からさらに大分県の後藤七郎という者に売られ、七郎から勝平に売ったもので、転々として売られて来た筋道が分かっているというので、後藤七郎から反対の訴訟を大分県に願い出たから、大分県は一応取調べた上、白川県に移牒《いちょう》した。

そこで白川県では、原告甚八夫婦と、喜平次、七郎、勝平等を突合わせて調べると、どうも双方の申し分が合わない。白川県では、すっかり八重の火傷を信じたから、これはてっきり喜平次の詐欺が根本になっていると認めて、喜平次を、これでも言わぬか言わぬかと幾回と拷問にかけた。喜平次は苦しさに堪えられず、八重、実は瀧蔵の娘に非ず、甚八の娘に相違ありませんと、恐れ入ってしまった。県ではさらに宮地町から幾人かの証人を呼び出したが、証人たち、喜平次が拷問にかかるのをかわいそうに思って、一同、喜平次の申す通りと証言した。ここにおいて取調べ終了し、喜平次は懲役三年、証人は三十答《むち》という判決が下り、裁判は決定した。証人たちが帰郷して話をすると、宮地町では、一同この判決に反対だが、裁判がすでに決定した後なので、どうすることもできず、不服たらだらの風説で持ち切っていた。

話変わって、ここに東京角力の噂に高い美男横綱不知火光右衛門、土俵を引退して大坂に下り、大坂の角力組に入り、年寄となって世話していたが、巡業の旅で、大分県、国東郡、岐阜港に泊り、料亭で酒酌み交わしていると、お酌に出たその家の娘が、不知火を頼もしそうに思ったか、不知火に向かい、「旦那の御言葉は肥後のお国とみえますが、どちらでしょうか」と尋ねると、大津だと答えたので、娘はたちまちせき込んで、「それでは、その地の飯田甚八という者を御存じではありませんか。実は、私は甚八の娘、喜野と申す者でありますが、これこれしかじかで雲水僧に連れられて、家を離れて佐賀の関に来ましたが、僧は同所の良助という者に、博奕で大負けをして、私を抵当に置いて、何処かへ行ってしまい、間もなく良助は病死、残った女房が私を連れて流浪していましたが、また私を捨てて、再嫁してしまったので、私は難儀して死ぬばかりになっていたのを、この家の慈悲深い主人茂平が見かねて、引き取り、養育してくれまして早や十余年、何不自由なく暮らしていますが、実父母のことを思い出さぬ日はありません」としみじみ語って、涙を流した。そして、くれぐれも故郷の実父母の方の消息を頼むのであった。義侠な不知火はおおいに驚き、早速、調べてやろうと約束して帰郷すると、ちょうど八重の裁判事件が大評判なので、不知火は、ますます驚き、急に喜平次の家を訪ねて話をすると、喜平次の方では、地獄で仏と驚き喜び、直ぐにそれぞれ調査してみるに、喜野の物語は真実と確信されるので、ついに大分県に控訴の申立てをした。大分県でも驚いて、調べてみると、八重が偽で、喜野の方が真物《ほんもの》らしいので、直ちに白川県に移牒して、再吟味を要求した。白川県では捨て置かれず、甚八夫妻と八重とを呼び出し、両県の役人立合で法廷を開いたのは明治七年二月十日のことである。

しかるに甚八夫妻と八重との申立てては喰違いがあることが発見された。それで喜野を呼び出して甚八夫妻に対面させると、甚八は違うという。喜野は天を仰ぎ地に伏して、「お父さま御胴慾な」とばかり泣き叫ぶ。真心流露してあわれの有様。役人も皆涙を流した。けれども甚八夫妻が承認しないため裁判決着するわけにいかず。役人審議の上、二女子の傷痕の診定を外国人の名医マンスヘール氏に頼むことに気がついたものがあった。その診定によれば、喜野は火傷で、八重のは腫物の痕であることが分かった。ここに至って八重の偽たるは蔽《おお》うべくもなくなった。八重は恐れ入って白状した。自分は幼少の時ながら、ほぼ瀧蔵の娘ということを知っているが、たまたまお客から甚八夫婦が家出の娘を探している話を聞き、ちょうど年頃も似合っているので、自分が喜野になったら、苦界を脱出できると思い、大それた次第ながら女天一坊を思立ったのでありますと、神妙に申立てた。

かくて裁判決着し、喜野は甚八に渡され、喜平次は無罪放免、入り代わって八重の入牢となった。甚八が喜野を見て、ハッと思いながらも承認しなかったのは、すでに自分夫婦、八重を認めて取返し訴訟を起こしながら、また喜野を認めると、自分たちが重罪に陥るだろうと思ったからなので、一目で喜野が真の娘だと分かっていたのであった。

この劇的女天一坊の疑獄事件が、首尾よく、めでたしめでたしの大団円を告げるに至ったのは、全く横綱不知火の義侠の働きによることなので、角力史に伝うべきである。

九　角力道に伝えられている巨人

我が国では、大男といえば直ちに角力を連想するのが古来の常識となっているが、日本の偉大な力士という者は、およそどれくらいのものであるか、左に列挙してみよう。そして昔の角力は大きかったがという老人の述懐談は、今に始まらず、昔からあったことのようであるが、果たして昔の角力は大きくて、今の角力は小さくなっているか。この問題は、日本人は昔、大きくて次第に小さくなったという説と関連して考究すべきものであるが、そのことはしばらくおいて、今、ここには、江戸勧進角力創生以来、六尺を標準として、世に伝えられた巨人を、角力道に有名な「相撲大全」「相撲今昔物語」「相撲起顕」「大関鏡」、及び「甲子夜話」等の書物の中から選出して、所伝《しょでん》の身長順によって並べてみる。

(一)　生月鯨太左衛門　七尺五寸　四十五貫　平戸、天保年中

(二)　鬼勝象之助　七尺三寸　四十二貫　元禄中

（三）大空武左衛門　七尺二寸五分　五十二貫　肥後、文政年中
（四）澤迦ヶ岳雲右衛門　七尺一寸七分　雲州、明和年中
（五）鈴鹿山鬼一郎　七尺余
（六）九紋龍清吉　六尺九寸三分
（七）白真弓肥太左衛門　六尺八寸六分　四十貫五百目　飛騨、慶應年中
（八）山《やま》颪《おろし》嶽右衛門　六尺六寸七分　三十八貫五百目　明石侯抱力士
（九）雷電為右衛門　六尺五寸
（十）里見山丈右衛門　六尺五寸
（一一）土蜘蛛塚右衛門　六尺五寸
（一二）金碇仁太輔　六尺四寸七分　四十二貫　筑前、元禄中
（一三）石槌島之助　六尺四寸七分　四十四貫　伊予大島、明和年中
（一四）御用木無次右衛門　六尺四寸五分
（一五）大碇灘右衛門　六尺四寸五分
（一六）西国市太左衛門　六尺四寸
（一七）大木戸団右衛門　六尺四寸　伊勢山田、元禄中

（一八）大鳴戸淀右衛門　六尺四寸
（一九）鬼鹿毛熊五郎　六尺四寸　尾州、元禄中
（二〇）手柄山仁太輔　六尺三寸五分
（二一）菅谷勘四郎　六尺三寸五分
（二二）丸山権太左衛門　六尺三寸　四十三貫　仙台、享保年間
（二三）西国森右衛門　六尺三寸
（二四）大矢島新左衛門　六尺三寸
（二五）箕島十太左衛門　六尺二寸七分
（二六）北国官太夫　六尺二寸七分
（二七）楯ヶ崎浪之助　六尺二寸五分
（二八）杉の森長右衛門　六尺二寸五分
（二九）吉野川団右衛門　六尺二寸五分
（三〇）大岬山丈右衛門　六尺二寸五分
（三一）鰭之山浦右衛門　六尺二寸五分
（三二）谷風梶之助　六尺二寸五分

(三三)　巻尾会津之助　六尺二寸
(三四)　波戸崎峰右衛門　六尺二寸
(三五)　相引森之助　六尺二寸
(三六)　阿蘇岳洞右衛門　六尺二寸
(三七)　源氏山住右衛門　六尺二寸
(三八)　磯碇平太輔　六尺二寸
(三九)　稲妻雷五郎　六尺二寸
(四〇)　秋津島浪右衛門　六尺一寸八分
(四一)　細石嵯峨右衛門　六尺一寸五分
(四二)　窟林左衛門　六尺一寸五分
(四三)　両国梶之助　六尺一寸五分　四十貫　因州、元禄中
(四四)　小野川喜三郎　六尺一寸

右の外《ほか》、なお精研するにしたがって、多少の追加すべきものを発見するであろうが、だいたい著名なるものは網羅されている。この外に、従来、世に第一代の横綱と伝説される、「明石志賀之助」

「仁王仁太夫」

あり、明石は身長八尺などとも称せらるれども、明石及び仁王のことは、伝説中の人物であり、確たる文献の証左は得難いから、ここには省くこととする。

さて右列挙したる巨人につき、大部分は名ばかり伝わり、実在の人物に相違なきも、その伝記は不明のものが多い。

右表の中に、七尺の大男はわずかに五人、明治維新前、二百年の角力道としては、巨大漢が割合に少ないようにも思われるが、巨大漢がことごとく角力になったわけではないから、この外《ほか》に、まだ若干の巨大漢が、何処かに生存していたものがあるだろう。

右の七尺男の中で、実際に角力の上に名誉を得た者は少なく、釋迦ヶ岳雲右衛門が明和八年の番付に、西大関に署せられ、その後、下って関脇となっているのをみると、この人ばかりは、ほんとうに角力を取ったらしいが、その外の巨大漢は、ただ土俵上の装飾たるに過ぎなかった。大男というだけで角力を取らぬでも、興行価値はあるのである。元禄の鬼勝象之助はそういう中では、多少、角力をとったらしく思われるけれども、土俵上の名誉はなかったらしい。第一の大男、

「生月鯨太左衛門《いきつきげいたざえもん》」（口絵⑫参照）

天下に喧伝され、いろいろの文学にも書かれた、きわめて有名な角力だが、十七、八の頃、郷

里平戸から江戸に出て、土俵に上がったのはわずか数回といわれ、その外はただ土俵入りのみを勤めていた。大坂では小野川喜平次の弟子になり、しばらくして江戸に出て玉額の門人になった。

「身長七尺五寸、体重四十五貫、土俵入り仕り候」

と書かれた巨人である。似顔や錦絵などは、いろいろあるうちに、

元禄の頃、鬼勝象之助、身の丈七尺八寸、また明和年中に、釋迦ヶ岳雲右衛門、身の丈七尺四寸五分。寛永之甲子年、勧進角力開基より天保の今に至るまで、七尺に余る大男、右三人の外になし。古今の力士というべし。

生月は　古今の力士　世の中に
並ぶ方なき　男なりけり

とある。生月は二十四歳の時、瘡毒《そうどく》にかかり病没したと伝えられる。

生月より少し前、文政年中に、巨人として著名なのは、

「大空武左衛門《おおぞらぶざえもん》」（口絵⑬参照）

肥後国上益城郡矢部庄田所村の生まれで、文政十年、二十三歳にして江戸に出て力士となる。足を挙げて、牛を跨《また》ぎ得るから、世に「牛股」と称したが、大空武左衛門と力士名を呼んでいても、これも角力は取らず、土俵入りだけの力士であった。その一枚絵の記事には、

元禄の頃、鬼勝象之助、身の丈七尺三寸余、また明和年中に、釋迦ヶ岳雲右衛門、身の丈七尺一寸七分あり。今や文政十丁亥年、大空武左術門、行年二十三歳、身の丈七尺二寸五分なり。正保二乙酉年、勧進角力開基より、七尺に余る大男、この三人の外になし。古今の力士と謂うべし」

とある。大空の話は、体量五十二貫、掌の長さ中指まで一尺二寸、足袋一尺四寸、両手を合わせて米一升三合を入る、腰囲八尺一寸、身長七尺六寸などと評判されたが、松浦静山侯の甲子夜話には、

身長七尺三寸、体重三十五貫五百目、食糧一日一升七合余、衣服は三反を要す

とある方《ほう》が、真実に近いであろう。食糧の多いのを見ても、彼が単なる巨大漢にして、土俵上の活金剛でなかったことが分かる。

大木戸団右衛門は、相撲大全に大男の部にのせた吉野川団右衛門と同一人物だといわれている。大木戸は、大男何とやらの俚諺《りげん》を外にして、その角力は鈍重でも強引でもなく、頗《すこぶ》る智的であったらしい。彼は尾州侯の抱力士となり「日ノ下団右衛門」と名乗っていた。日ノ下というは、日本一という意味であろう。その頃、同じく尾州侯の抱力士に、鬼鹿毛《おにかげ》熊五郎という十八歳にして六尺四寸という青年力士があった。大木戸が彼と取り組む前に、肩口と肌とに油を塗って対場し、鬼鹿毛その大力を出すことができずに負けた。次の勝負の時には、また手を変えて、自分が

五寸後退したら負としようと、広言を放って少年力士を昂奮せしめ、鬼鹿毛がただ一突きと満身の力を込めて突進するを、待ってましたとばかり、巧みにかわして勝ったという大男に不似合な智的な取口であった。全くこのような五人の角力としては、古来稀《まれ》なるものであろう。

両国梶之助は、明石志賀之助を初代としての二代目横綱と伝説されている名誉の力士であるが、その横綱については、確実なる文献はない。御用木《ごようぼく》無次右衛門は江戸角力の大関で、体重も約四十貫あるのが、風呂桶に入っているままを、抱えて持って行ったという、両国の強力話がある。その外に、両国は角力櫛《ぐし》の元祖として伝えられている。元禄年中に、角前髪《すみまえがみ》の力士が、櫛をさすことの流行したのはこの両国より始まるのだという。

丸山権太左衛門の手形と伝うるものが世間に伝わっている。長さ八寸、幅は四寸余である。この大男は、享保年間、江戸の大関であった（口絵⑭参照）。力士になった由来がおもしろい。彼は青年の頃、家老の家来になって故郷仙台を出発し江戸見物に出て来たが、一日に二足ずつの草鞋《わらじ》を踏み切るといえども、自分の足に合うような草鞋はないから、毎晩、宿に着くと、二足ずつの草鞋を作らねばならず、馬に乗れば、足が地につくので、ほとほと自分の足を持てあました。こんな具合では、また帰途の難儀がおもいやられると、江戸に留まり、他に向く口はなし、角力になったのだという。長崎に下り、角力興行中に病没し、皓台寺に葬り、墓は長崎の入口、日見峠

の道傍にあり、法号を丸山良雄信士という。彼の自作の句と伝うるものに、

一つかみいざ参らせん年の豆

釋迦ヶ岳雲右衛門（巻末口絵②参照）の「身の丈石」と称するものは、富岡八幡宮の境内に存している。朝早く豆腐屋を叩き起こすといって、その二階を叩いたという伝説のあるくらい、巨人振りは世間に流布していた。釋迦ヶ岳に次ぐ巨人として、当時、有名だったのは、「石槌島之助」前名は白山新三郎、江戸角力の小結となり、後、紀州候の抱力士となり、大坂に転じて大関となった。よって故郷伊予国の名山、石槌山の名を取って改名した。その娘に、すらりとした美人がいて、身長は五尺八寸五分もあって、日本では古来稀有の美しい大女であった。父角力のひいき客の豪商の恋女房となり、煤払《すすはら》いの時に畳五枚を二階に持ち上げたほどの大力であった。

白真弓肥太左衛門《しらまゆみひだえもん》は日本一の大家族村として知られた飛騨国白河郷に、天保四年に生まれた。故郷の国名を取って肥太左衛門という。安政三年、米船渡来の時、日本から彼等を驚かすべきものはなし、幕府は、力士をして米を米船に運ばしめて、日本人の力量を誇示したが、その中に、白真弓は、一人で八俵を運び、果たして米国人を驚倒せしめた。これほどの大力に拘わらず、東の前頭三枚目が行き止まりであつたのをみれば、角力は上手ではなかったらしい。

以上の外に、巨人として挙ぐべきものに、角力は取らず、土俵入りだけを勤めた少年の大男が、

大童山、相馬山、神通力の三人いる。これ等は、あるいは夭折したり、あるいは成長後、子供の時の割合には大きくならず、あるいは角力があまりに下手であった等の理由で、上述の巨人群には列名するの栄を得ないのである。

（一）大童山文五郎

谷風没後、寛政七年十一月、同八年二月、同九年十月の番付欄外に、続いて左の記事を載せている。

前頭　羽州
　　　長瀞　大童山文五郎　当卯八歳にて土
　　　　　　　　　　　　　俵入〇〇に申候

とある。この大童山は、一度幕尻に上がったことがあるだけで、その後は、ずっと二段目に列し、その引退、没年等詳《つまび》らかでないが、その前半生は、天下の怪童として、早くから著名になったものである。大田蜀山人の手記の中に、「天明八年二月、出羽国大児を産む事」と題して、

鈴木喜左衛門御代官所
出羽国村山郡長瀞村
名主　権兵衛組下
百姓　武左衛門悴《せがれ》
文五郎

戊申二月十五日出生、（一七八八）、社日のよしにて、常体より勝れて大きく、去九月中、大きなる饅頭

一つ食候より、小児には甘きもの毒のよしなる故、以来食させまじき旨申し聞け置候。大切に致させ置候得共、困窮の者にて迷惑仕候よし。長二尺八、九寸、手八、九寸廻り、くびれ候所五ヶ所、足九寸余廻り、腹の廻り二尺七、八寸、耳大なる方に御座候。重さ八、九貫目か、十貫目も有之由、色黒、貫目其他寸尺等、改候事、留置申候

右、寛政元酉年四月十五日、御代官鈴木喜左衛門より御勘定所へ御写し有之、大童山といいし角力取りなり。

大童山八歳からの土俵入りは、土俵上の雄姿としては、勧進角力創業以来の最年少である。

（二）　相馬山太郎治

これは寛政八年二月の番付に、大童山と並べて、左の如く、

下総、川原代、相馬山太郎治、辰十一歳土俵入仕候

とある。相馬山のことは、この一事より外に所見なし。

（三）　神通力国吉

天保七年十一月の番付欄外に、

信州、南原、神通力国吉、申の七歳、目方二十貫目、土俵入仕候。

と記してある。香蝶楼国貞の写生画が一枚刷となったのがあるが、それには、

木村庄之助門人、
　　神通力国吉、
生国、信州更級郡川中島南原、
　　当申七歳、貫目二十貫目
　　　土俵入計罷出候。
たぐひなき　生れながらの　関取は
　　　　神通力を　得たる童子
　　　　　応好　立川焉馬

と記されてある。身長は分からぬが、如何に大男の怪童子であったかは、想像するに余りあるものがある。惜しいかな、彼はついに金太郎に終わって大力士とはならなかった。

怪童子神通力は、本姓、若林氏であった。現にその出生地の隣町、篠ノ井駅の駅員で交際係を勤めている温厚童顔の若林寛氏は、この紳通力の血統のもので、現在、四十歳くらい、神通力ほどではないが、やはり二十何貫という肥満紳士である。私は、この人から神通力のことをいろいろ聞いた。

明治以後の巨人

（一）

世間には、往々、昔の角力は大きかった、今の角力は、だんだん小さくなる、というように言う者がある。果たしてそうであろうか。私は、簡単に、そう定めてしまうことはできぬと思う。雑誌「野球界」に発表した元横綱大錦の追懐談に、自分たちが角力を取っていた頃の方が、体重の大きなものは多かったようだが、身長の高いものは、今の方がかえって多いようだと言っている。最近、二十年未満の間でさえ、このような感想が行われているくらいだ。今の角力が昔のよりも小さいなどとは、容易に断言できぬと思う。第一、昔は体格の測定法が精確ではなく、同一巨人の身長もいろいろに伝えられている。近来でさえ力士の身長体重ともに、ややもすれば、誇大的に伝えられる傾向があるから、昔の測定を精確にしなかった時代における巨人の身長は、多分に誇張されていたのではないかと思う。

明治以後の巨人として、私ども眼中に映ずるものは、前に「大砲萬右衛門」あり、後に「出羽ヶ嶽文次郎」の二人あり、広く天下に知られているが、その以前に、「武蔵潟」「男山平助」身長約七尺に達した巨人が二人いた。この二人は、ともに剛力無双であった。武蔵潟は明治十年から十八年頃まで、前頭から関脇までを上下した力士で、初代梅ヶ谷が大坂から出て来て、連戦連勝、破竹の勢いで、ほとんど一敵なかった時でさえ、迎え戦うてこれを破ったものは武蔵潟であった。武蔵潟は角力は下手だったが、さすがの梅ヶ谷もその巨漢大力を持て余し、その後も度々、引き分けを取ったくらいで、武蔵潟の閂《かんぬき》の一手は封じられていたと伝えられる。彼が天稟の大剛振りは想像するに余りある。その力量は、昔の雷電にも劣らぬものであったかも知れぬ。武蔵潟は、道了権現として名高い曹洞宗の名刹、大雄山最乗寺の山下付近の農家の生まれで、二宮金次郎先生が生まれた柏原村の隣村の人であり、その郷土誌に略伝が載せてある。

常陸山、梅ヶ谷の全盛時代、大阪に押し出して合併角力を挙行した時、一行中の太刀山の強剛を、大阪の行司が、男山の再来だとして驚嘆したものがいた。その時、私どもはこの行司の博識に感心したくらいで、男山という大剛力士がいたことを知っている者は、めったにいなかった。男山は福島県の生まれで、腕の太さは普通人の股ほどあったといわれたほどの巨漢で、日清戦争の数年前、東京に出《い》で、年寄花籠に入門したが、最初からめっぽう強かった。幕内、前頭の筆頭になった嵐山が、稽古をつけたが、間もなく負けるようになったので、大関になった八幡山が引き受けて、申し合いを試み、足を懸けたら、そのまま抜き上げて、八幡山は懸けた足を脱臼したそうだ。男山は素晴しい角力になったろうと思われるが、脚気衝心《かっけしょうしん》で早く死んで、世間に知られずに終わったのは惜しい。

武蔵潟、男山以後、出羽ヶ嶽が一番大きいくらいで、身長七尺に達した幕内力士はいない。六尺以上は、ずいぶん沢山にいる。近来、世人が知っているだけでも出羽ヶ嶽に次ぐ、男女ノ川《みながわ》、天龍三郎、武蔵山武、太刀山峯右衛門、対馬洋をはじめとして、大八洲《おおやしま》、大浪、鶴ヶ嶺、雷の梅、千葉ヶ崎、雷ノ峯等、まだまだいると思う。これを明治以前の六尺以上の巨人表に対照すれば、だいたいにおいて明治以後の方が身長は高くなっているかと思われる。

ここに、角力としては発達しなかったが、身長においては、出羽ヶ嶽より高きこと三寸、優に七尺に達した半島（朝鮮半島。当時の日本での通称）出身の「白頭山」は最近では巨漢第一で、昔ならば、「土俵入仕候」と欄外に書かれる候補者だった。彼は角力をやめて、広告屋に雇われ、旗持ちをして、街頭の人気を呼んでいたことは世人の知るところである。

昔、加藤清正は非常の偉丈夫で、四尺七寸の着物を裾短に着なし、帝釈栗毛という偉大な名馬に打ち跨《またが》って行く姿は、たいしたものであったといい伝えるが、清正の体格測定は精確には分からない。今の人に比べて、どれくらいなものだろうかと、着物の丈で考えてみると、横綱大錦が五尺八寸有余で、着物は四尺二寸。そうしてみると、清正の身長は、天龍、武蔵山あたりと伯仲するかと思う。昔の巨人力士の着物などが残っていれば、単に文献に見た身長ばかりよりも、もっとくわしくその体格を推察することができるかと思う。

（二）

明治以後の巨人として、ここに特筆すべき者が一人いる。これは角力にはならなかったが、昔ならば、生月鯨太左衛門、大空武左衛門と同じように、必ず幕内の張出として、一代に誇示される巨漢であった。それは宮崎県生まれで桑山仲治といい、九州帝国大学医科で、研究のため入院して体格を測定した時、身長七尺二寸であった。学問上、精確に測定されたものとしては、本邦未曾有の巨人である。

宮崎県知事加勢清男氏は、この巨人に驚嘆して種々調査を重ね、県下第一の巨人と決定したが、やがて日本第一の巨人と称せらるるに至れるを以て、その名誉を記念するために、東京の三越本店に注文して、偉大なる丹前を造って贈与したが、間もなく絞扼性《こうやくせい》腸閉塞に罹り、死去したるを以て、その死因研究のため、宮崎県立病院の解剖室において、院長隈鎮雄博士が執刀の下に解剖に付されたのである。隈博士に剖検上の概略を聞くに、骨格、筋肉ともに均斉の取れた発育をしているが、頭部頭蓋ははなはだ小さく、顔面頬骨《きょうこつ》のはなはだ大なるに比して、やや不釣合の観を呈している。内景所見としては頭部頭蓋骨を截《た》って見るに、その内容たる脳髄ははなはだ小さく、その空間を占むるものは、前額洞及び上顎洞にして、頭蓋内底のトルコ鞍《あん》は相当大きく、かつ肥大したる脳下垂体のために押し拡げられた状態であるが、その脳下垂体は、きわめて萎縮して小さくなっていた。これに病理解剖学的考察を加えれば、一度肥大したる脳下垂体は、栄養障碍のために壊死状物となったであろうと想像せられるという。

なお同人に関する挿話の二、三を挙ぐれば、九大医科に入院中は、ベッドを縦に二つ繋ぎ合わせてあり、室内からは、彼の姿は見えずとも、欄間が暗くなるので、彼が廊下を歩いていることが分かったという。彼は、壮年の頃は六人力と称せられ、大変な大食家でもあったけれども、はなはだ気が小さく、衆人の中に出ることや、汽車に乗ることなども嫌いであったが、晩年、その傾向がますます強くなり、自然、自宅に引き籠もり勝ちとなっていた。その死因たる絞扼性腸閉塞の如きも、早期に手術を施せば、生命に関するほどのことではなかったであろうと、後には思い合わされるが、彼が手術を承諾しなかったように伝えられている。彼はまた終生、色情ははなはだ少なく、子供らしきところあり、童貞で終わったように村人は噂している。

私は巨人研究の参考のために、隈博士の剖検談の要領を記した。このように、明治以来の巨人、七十年間に、右のを加えて、すでに四人を算し、その後、朝鮮から世界身長行脚を試みるべく、先ず東京に上がって来た「金富貴」の如きは、さらに七尺八寸以上の身長らしく思われ、その写真は、都下の新聞に掲載された。日本に、この如く続々巨人輩出して、大陸自慢、北京名物の一つとして著名なる北京植物園の改札係の二巨人の塁《るい》を摩《ま》するほどに至ったのは痛快を覚えるのである。

一〇　女角力の盛衰

（一）

女角力は、女性の裸体鑑賞という興味に淵源しているらしく、歴史に現れたのでは、今から約千五百年前（雄略天皇御宇）、采女《うねめ》どもが褌を着けただけの裸体で角力を取ったという記事が最古のものであるけれども、この種の女性裸体鑑賞の事実はずっと大昔からあったもので、改めて詮索するまでもない。人間性の自然にもとづくこの興味は、連綿として時の流れとともに進んで来て、元和偃武《げんなえんぶ》、数百年の乱世から脱却するとともに、情痴悦楽の欲求が爆発した。その中に、女性の裸体鑑賞の興味が、その頃盛んに発達しつつ、人気の中心となっていた角力道に結び付けて、女角力となったのである。

元禄元年の「色里三所世帯」のうちに、「折節秋の初なるに、女角力を催しけるに、広庭に四本柱、紅の絹を巻立て、土俵に小蒲団《こぶとん》の数を並べ、加茂川のしゃれ砂をふるわせて撒かせ、美女に男のすなる緞子《どんす》二重まわりの下帯をさせ」とある。これは遊里に展開した豪華を極めた酒の肴《さかな》の女角力、遊蕩世界に前代未聞の舞台劇。爛熟した元禄の時代相が、猛烈な魅力を以て現れている。それから三、四十年、近松門左衛門晩年の作、「関八州繋馬《つなぎうま》」のうちに、

見す見す心を引立てつるは角力角力、先お座敷に四本柱、束り枕を並べ、土俵を築き、四人のわれわれで、二人ずつ西東へ立ち別れて大関、腰元衆のうちで関脇、小結を選び、残りの女中皆前角力、肌の物は男の通り緞子《どんす》繻珍《しゅちん》の二重廻り、

とある。その贅沢さは前の話には及ばぬようだか、真実、角力道の光景に一歩を進めている。この外、元禄時代に続々として現れ来る女角力は、つまるところ酒池肉林の余興たるに過ぎなかった。女角力が興行物として社会興味の一つとなったのは、我が文献の上では、延享初年（一七四五年頃）のことである。

（二）

女角力の興行は、延享頃から始まって、明和年中（一七六五年頃）に盛んに流行したものであるが、この頃の女角力は、頽蕩《たいとう》たる好色趣味を主とするもので、最近の女角力に見るような技術的角力を上演するものではなかった。しかし女角力という以上、女力士がいなくてはならぬ。「世間化物気質」に、「力業を習いし女郎も、同じ大坂難波新地に女子の角力興行の関に抱えられ

板額《はんがく》という関取、三十日百五十両にて先銀取れば」とありて、莫大の給金に、女角力の人気のほどが察せられるが、力業を習いし女郎とあるによって、女力士の前身が、多くは下賤な売色者であったとみてよかろう。しかもそれが美人か、または女の盛りであってみれば、何も好んで女角力に転向する必要はなかろうから、女力士のたいがいは醜婦か、あるいは青春を過ぎた者であったろう。このような女性の裸体鑑賞では、興行価値の充実を期することはできないから、そこで盲人と女力士との合併角力となり、江戸、大坂、東西ともに晴天十五日間の興行、盛んに人気を呼んだものであった。黄表紙、「玉磨青砥銭」に、盲人と女角力の図があって、その詞書に、

赤沢山の角力取りも、人に勝れて大力のある者故、きっとした役にも立つべき者、角力取りにしておくは惜しいことだといって、これも預りとし、そのかわりに不用なる無能無官の坐頭を西方と定め、坐頭と女の角力を興行する。

なるほどこれは尤《もっと》もだ。また今までは晴天十日なれど、これも晴天の如きは、それぞれ見物も家業を勤むる故、その妨げにならぬように、これより雨天十日と定むる。中入後の取組は、目無川にかさの海、杖が竹に鮫が橋、向見ずに骨がらみ、こいらは見所のある角力なり。行司は渋団扇を持って立合いする。そのかたち馬鹿太鼓のひょっとこの如し。「手の鳴る方へ手の鳴る方へ」とらまえてつきのめそ。「あの子はよほど手のある子だ」それだから度々よくとまりを取った。

坐頭ひいきの見物、歯ぎしりをかみ、「それそれ杖の方へぐっとくめくめ按摩の三十二文に切見世の五十文を加えて、札銭は一日八十文なり。」

女角力の実況は、これで想像される。この黄表紙は、当代の政治を諷刺したものであるから、この女角力も、よほど皮肉な口調を似て書かれているが、三平二満《さんぺいじまん》の裸体女と盲人との土俵光景は、如何にも醜猥な、グロなものであったことは言うまでもあるまい。たまたま、三平二満ばかりの中に紅一点、人の目を惹くほどの者がいると、そのために風紀問題を惹起し、営業停止を命ぜられたこともあった。

女角力の好色的魅力は、単に裸体露出から醜態暴露の待望だけの興味を以てしては、大衆の期待にそい難くなって来たので、女力士の扮装は、女髷《まげ》に正式の角力締込みを締めた上に、短い華美な化粧廻しを腰に纏《まと》うという風姿に変遷した。女角力は、だんだん角力技術の必要を認め、したがって演技は軽快な扮装を要求するに至ったのである。けれども幕末までの女角力は、依然として盲人との合併角力で、女力士の角力名も、玉の越、乳ヶ張、姥ヶ里、腹櫓《やぐら》、貝ヶ里、色気取、美人草、穴ヶ淵等の下品なものが多く、その宣伝文も、

盲滅法、大無双の曲取り、双方相手を探りあてての大勝負、ことさら女子太夫の儀は、あの表にて御評判受けましたる手取りにて、風の柳の手弱かに、種々手を尽くし、御覧に入奉り候

などと挑発的なものばかりであった。

（三）

明治の初め女角力は、男力士の櫓《やぐら》落しといわれている角力様式の結髪になって、女髷《まげ》に鉢巻などをして髪の乱れを防いでいた前代に較べて、一層角力らしくなって来たが、太政大臣三條実美の名を以て、明治六年七月十九日、布告第二百五十六号を以て、男女角力すなわち女と盲人との角力は禁止され、女角力はほとんど前途の望みを失ったようであったが、それよりずっと後れて、明治時代の中頃、やはり大角力の本舞台、回向院において女角力の興行があり、東北山形県地方に行われていた女角力が、角力技術を練習し、純然たる女角力という新趣味を以て出現した。その角力名も好色的なものではなく、男力士のように富士山、遠州洋、東海道、北海道などと山名地名を用い、あるいは蒸汽船はま、電信はま、金剛石きく等と、最新文化的の名を選んだが、風紀取締りの上からたちまち禁止の沙汰を受け、櫓太鼓などを撤廃し、単に力持ちの芸のみを演じて興行を続けていた。ここにおいて、維新前、三都において盛んに行われた江戸時代の見世物女角力の風格は、永遠に幻と消えたのである。

これ以後の女角力は、髪は角力銀杏、肌には肉襦袢《じばん》、猿股をはいた上に馬簾《ばれん》下げのある締込みという扮装となって、女角力の淵源をなした裸女美の魅力を一擲《いってき》し、角道の趣味に生きる女角力が出現した。これは女角力としては、まさしく立派な更生である。男角力と同じように、激しい練習を積んで、土俵の上に勇ましい女角力を見せている。ただ土俵入りなどに、「いっちょいっちょいっちょなー」という「いっちょな節」をうたうことによって、わずかに女角力らしい風格を留めているに過ぎない。

最近の女角力は、その大部分はほとんど山形県地方に発生して、全国を股にかけて巡業しているもののようだが、昭和の初年、東京浅草仲見世裏で興行の際、観衆の男子の飛入りを許したがため、良俗破壊のものとみなされ、その興業続行を禁止され、以後、東京においては女角力興行は一切許可しない方針に決定したと聞く。その外、地方を巡業し、あるいは昭和五年六月、布哇《ハワイ》の興行場日本館に向かって海外進出を試みたこともあったが、今日の見世物女角力の前途は、江戸時代に三都の呼び物であったに引換え、ますます田舎落ちをしなければならぬ運命にある。昔の女角力の前身が多くは売色者であったと反対に、最近の女角力は、その前身を農漁村に発し、体力の発達した者が主になっている。

女角力はエロで発生して、グロで残骸を擁しているに過ぎない。しかしそれは見世物女角力である。もし女子角道というような真面目なものができて、最近の女子柔道のように健全なる発達の経路をたどるものとすれば、女子角道は、国技の副産物となることができるであろう。

二　角力道の維新

明治角力の危機と国技館創立に至るまで

（一）

皇政復古、明治維新は、本邦の国家社会各方面に渉《わた》りて、肇国《ちょうこく》以来の最も偉大なる画期的改革と躍進とを促《うなが》し、日本全体の面目を一新したものであるが、その中、角力道は最もこの機運に後れ、かつ明治維新前後は各方面に古今稀有《けう》の大人物を輩出せしめ、例えば軍部に大村益次郎あり、政治に木戸孝允、大久保利通あり、将棋には天野宗歩《そうほ》、音曲には豊澤団平、劇界には九代目團十郎という如く、いずれも本邦未曾有の偉材を出しているに拘わらず、角界は大才の出現するのが最も後れていた。それのみならず、泰西文化の潮流、一時氾濫の極《きわみ》、一にも西洋、二にも西洋という風で、我が国特有の文物を破壊せずんば止《や》まざるように見えた。米飯は駄目、味噌汁も駄目とせられた時で、角力は野蛮の遺風であるとせられ、裸踊りと嘲《あざ》けられ、この国辱的催物を速かに禁止せよとまで極論さるるに至り、角力道には、空前の危機が襲来したのであった。

斯界の当事者が、能くこの危機を突破して、最近斯道の隆昌を致すを得たのは、内には第一、高砂浦《たかさご》五郎の如き卓見有為の人物と、梅ヶ谷、大達《おおだて》の如き大力士を輩出せしめ、外には斯道に理解を有したる当代錚々《そうそう》たる名士の指導援助とあり、両者相俟《あいま》って、ちょうど国粋論勃興の波に乗ることを得たからである。左に、そのだいたいを述べよう。

角力蛮風論が盛んに一世を吹きまわった時、廟堂においては西郷隆盛をはじめ、伊藤博文、黒田清隆、西郷従道、後藤象二郎、板垣退助等の諸名士は、それに反対であった。明治九年頃かと思う。上述の諸氏は、力士荒虎《あらとら》を招いて、力士一同、奉公の目的を以て、消防別手組を組織しては如何と勧告した。荒虎は直ちに筆頭《ふでがしら》（取締）玉垣額之助、筆脇《ふでわき》（副取締）伊勢ノ海五太夫その他に計り、評議一決して、その趣を出願に及んだのは、明治九年十月十七日にして、直ちに許可され、その後、消防別手組として服務していたが、力士は、生活の必要上、一年の大部分は地方巡業に送りて、実際に都下の服務には困難なる事情あるを以て、翌々十一年八月に至り、毎年、消防別手組費用の中へ金五百円宛を献納して、年中服務を免除されんことを出願するに至ったのであった。その願書の全文左の如し。このことに関して、最も尽力した者は、政府方においては安藤則命《のりみち》と飯島保篤本所区長との両人であった。大角力協会では、今以て、本場所御免祝の当日、この両家に赤飯を贈呈する例になっているのはこういう由来である。

消防別手組之義ニ付、懇願

（申一九七二号）

抑《そもそも》、角觝《かくてい》営業人タルヤ、往古ヨリ体幹魁偉ノ年壮者、所謂我倭魂ノ気性ヲ表シ、心神極メテ温順ヲ守リ、能ク古人ノ剛強ナル風ヲシテ人ニ感ゼシメ、故ニ治ニ在テ乱ヲ慮ラズ、連綿、該業ヲ執行シ、活道ヲ営ムモ、是偏《ひとえ》ニ政府慈愛ノ厚ニヨル、真ニ一同ノ幸福、感戴シ奉《たてまつ》ルト雖《いえど》、然モ身体強壮ニテ未ダ嘗《かつ》テ著《いちじる》シキ御国恩ノ一毫モ報ヒ奉ラズ、空シク遊戯ニ属シ、且ツ裸体ノ醜業、敢然方向移シ、以テ天下長物ノ嘲リヲ免カレンニモ、如何セン、魁偉有力ナルヲ以テ転業ナスヲ得ズ、於茲《ここにおいて》、力業ヲ以テ、御国恩ノ万分一ヲ奉酬セント、去《さる》明治九年十月十七日、消防方御改正之儀、冥加ノ為、組合一同協議シ、消防別手組御編入ノ儀、出願候処、同年十一月二十四日、警視御本署ニ於テ、願之趣、御聞済被下置、一同難有《ありがたし》、尚ホ感激ノ余リ、同年十二月十九日、自費ヲ以テ奉務ノ段奉願候処、是亦御聞届《ききとどけ》ニ相成、爾来勉強奉務罷在候。将又先般、角觝営業人ノ義ニ付、本年二月、御署甲第十一号御布達ニ基キ、上下等鑑札御下与、営業税上納被仰渡、深ク御仁恵ノ程難有《ありがたし》、御上御主趣ヲ遵奉シ、該業ハ勿論《もちろん》、消防ノ事務、年寄始メ一同協力益奮励、然ルニ茲《ここ》ニ一種不得止事情ノ有之、夫レ該業ノ者、十中八下等ニシテ多ク別手組ニ使用ス、斯ル輩ハ、府下春秋両度興行終ルノ後、遠国ニ出稼ヲ以テ目下ノ生活ヲナシ、外営業ヲ以テ口ヲ糊スルノ道ナキモノニシテ、実ニ憫然ニ不堪モノ、且又諸国興行勝負ノ多寡ニヨリ、給料ノ階級ニ関スル情態モアリ、然而シテ年寄始メ上等ノ者ニ於テハ、前陳報恩ノ主趣ニ基ヅキ別手組御許可相成リタルニ由リ、豪モ免役懇願スルノ謂嘗テ無之、然ト雖《いえど》モ下等輩ニ換リテ熟考スルニ、遠国出稼等致兼ヌルノ場合、特別ノ御詮議ヲ以テ御免許被下置候ワバ、下等ノ営業人ニ於テ無究ノ幸福ニ奉存候、右御許容ノ上ハ、年寄行司上下等組合営業人ドモニ於テ、素志タル御報恩冥加ノ為、消防別手組御費用ノ内エ、僅少ニハ御坐候得共、毎年金五百円献納仕度、御採用被下候ニ於テハ、組合一同ノ本望、欣喜ノ至ニ御座候。因テ右両條、一同連署、奉懇願候何卒被成下御洞察、特別ノ以御仁情、何分ノ御沙汰奉仰候也、

明治十一年八月三日

相撲営業人組合、取締、年寄

玉　垣　額　之　助㊞

伊勢ノ海　五　太　夫㊞

年寄総代

桐　山　権　平㊞

大　嶽　門左衛門㊞

追手風　喜　太　郎㊞

楯　山　藤　蔵㊞

振　分　忠　蔵㊞

中　立　庄　太　郎㊞

相撲総代

境　川　浪右衛門㊞

朝日嶽　鶴　之　助㊞

前書願之趣、取調候処、事実不得止相聞候ニ付、依而奥印候也、

本所区長

飯　島　保　篤㊞

大警視　川　路　利　良殿

力士を消防別手組に志願せしめるというは、よほどよく考えたことであった。そもそも消防のことたるや、維新後、間もなく旧幕府の火消役等を陸軍に編入したが、町火消は東京府に付属せしめた。そして兵部省の新属として火災防禦の隊伍ができたが、明治二年、その隊伍を廃し、特に町火消をして消防に従事せしめ、翌年、東京府に消防局を設け、その事務を掌理せしめ、町火消の組織を改正し、おおいに旧建を矯正するところがあった。続いて翌年また消防局を廃し、その事務を司法省警保寮に属せしめ、警視庁の創立に及んで、消防事務はこれに移属し、消防章程が定められた。これが我が国警視庁消防の起源である。消防別手組というは、この消防組の別働隊となるもので、もとより警視庁の所管に属するものである。力士の奉公事業として、消防組別働隊というは頗《すこぶ》る名案であるが、当局は容易に許さなかった。再三の出願に及んだので、当局は一応、力士の力量及び自体の動作を試験したる上にて許可することとし、靖国神社、旧馬場に力士一同を呼び出し、房州から招き寄せた屈強の漁師五人に対し力士一人の割合を以て、綱引きをやらせたが、苦もなく力士が勝った。次には健脚なる俥夫《しゃふ》と長距離競走、後のマラソン競走を試みさせることとし、双方八名宛《ずつ》を選んで馬場の周囲を十数回駆けさせたところ、最初のうちは俥夫がリードしたが、回を重ぬるに従って途中に倒れ、力士はこれに反して、次第に強くなり、最後の勝利を占めた。ここにおいて試験官もとうとう兜を脱ぎ、消防別手組の志願を許すことになった。この別手組に加わった力士の数は、幕下三段目の合計三十六人であった。

明治九年、初代梅ヶ谷及び大纏《おおまとい》が両大関となりて九州巡業中、秋月騒動起こり、力士一同、暴徒逮捕に参加すべく志願したところ、県知事は、一行に日本刀一振宛を頒与して、一方の防備にあたらしめ、功を奏したので、力士奉公の好評は遠近に響いたが、このことは、なお別章に詳述する。続いて十年の西南役には、玉垣部屋の力士大和錦、郷里鹿児島に帰り、情報を官軍に送って奇功を奏したことがある。これ等のことあって、角力道及び力士に対する世評は、追々好転しつつあったが、明治十五、六年の頃、隅田川を渡って東天紅と打ち出す櫓《やぐら》太鼓の響は、市民の安眠を害すとの議論起こりて、時の警視総監樺山資紀（後に海軍大将伯爵）より禁止の命令が下ったので、角力協会ではおおいに驚き、梅ヶ谷（大雷）、海山（友綱）大鳴門等、伊藤公（博文）及び土方伯（久元）に縋《すが》って嘆願し、ようやく解禁されるに至った。思うに櫓太鼓は角力道につきもので、これなければ雄獅子の鬣《たてがみ》なきが如くで、その威儀、風格を失うであろう。（口絵①参照）

かくの如く、明治初年以来の角力道は、しばしば非常の危機に遭遇し、その存続さえ危ぶまるるほどのこともあったが、その間、幸いにして、梅ヶ谷、大達《おおだて》、及び武蔵潟、劔山、大鳴門、上ゲ汐等好力士続々輩出して人気を呼び、一方、高砂浦五郎が首唱したる角力道の革新成就し、玉垣額之助に代わって、東京大角力協会を組織して、斯界の面目全く一新するとともに、日清戦役には、獅子ヶ岳、熊ヶ谷外《ほか》三十五名、北白川宮の台湾討ち入りに、軍夫となって従軍したるなど、力士奉公の至誠ますます顕《あらわ》れ、尚武精神の発揚とともに、角力無用論は一場の夢となり、続いて西ノ海、小錦、大砲等出《い》で、次いで常陸山、梅ヶ谷（二代目）の二大強豪の対立となり、前古未曾有の相撲黄金時代を現出せしめ、その結果、ついに明治四十二年六月を以て、国技館の建設をみるに至り、角力道の檜舞台がここに樹立せられた。その後、幾多の紆余曲折があり、衝動的進展を続けて、ついに現在の盛観を呈するに至ったのである。

（二）

明治の角道史の一半は、年寄高砂浦五郎の伝記を以て綴られるべきであろう。高砂は、斯道革新の先覚者にして、またその大成者である。しかれども高砂の伝記は、すでに斯道関係の諸書に掲載されているから、ここにはその大略を記することにしたい。

そもそも、明治初年の角力は、西洋心酔の風潮のためにはなはだしく打撃を受けたものであるが、それは外よりのことで、斯道の内にありては、諸侯の瓦解によって、お抱力士はことごとく解放され、力士が生活の道を失ったことであった。お抱力士ということについては、抱え主たる諸大名から、大場所毎にお抱力士を借りるという関係になるので、抱え主の機嫌を損ずれば、お抱力士をことごとく引き揚げたりして、しばしば大場所を不成立に終わらしめたることもあり、多少の弊害はなしとせざるも、一面より見れば、これによって力士の生活は保証されるのみならず、力士として士分に準ずるような待遇を受け、扶持米までも頂戴し、精神的にもまた力士の品格を高めていたものである。しかるに、そのお抱えが解放されたのは、角力道の大打撃であった。かくて横綱陣幕をはじめ、著名の力士、続々引退、また大阪に移りなどして、東京の斯界は寂寞《せきばく》となったのに、維新前よりの斯界組織上の情弊《じょうへい》は依然として存したるのみならず、角力が不況を告ぐるとともに、情弊の影響はますます深刻を加えつつあった。大場所終了後、相撲会所において決算の会議をしようとすれば、損失ということは分かり切っているから、銘々、損失の分担を課せらるるのを嫌って、年寄どもは病気とか種々の口実を設けて、出席しようとしなかった。この後、年寄ども欣然として利益配当を待つ盛況に較べては、夢のようである。

角力道の情弊というのは、相撲会所（すなわち角力協会）の内部における年寄の権力があまりに強くて、力士に対して、万事、命令的圧制に出るの有様、それに角力大場所はじめ興行上の利益は年寄の占有に帰し、力士の待遇ははなはだ悪く、関取より以下の者は、道中しても慢頭一つも買えぬというのが実状であり、お抱力士は別であったが、それも明治維新後、お抱えを離れることになったのであるから、従来の情弊のままでは、力士全体の生活はきわめて不安であり、とうてい、安んじて斯道にいそしむことはできなかった。この内部の情弊を打破し、斯界の空気を一新するは、何よりも急務であったが、改革運動の中心たるべき人物がいなかった。ここに時機到来して、高砂浦五郎が出現したのである。高砂は本邦角力道革新の偉勲者である。

高砂浦五郎は、天保十年（一八三九）十一月二十日、上総国山武郡東金町の大豆谷《まめざく》に生まれた。剛毅質実の人物、少壮にして筋力あり、草角力の雄となったが、安政六年十一月、二十一歳、上京して年寄阿武松《おうのまつ》の弟子となり、初め東海大之助と名乗って、本場所に登場することになった。文久三年、二十五歳にして二段目に進み、松ヶ枝と改称し、諸大名方の金方《きんかた》御用を勤めている神田の綿貫半平の推挙によって、当時の有望力士、相生《あいおい》（後《のち》に綾瀬川）、増位山（後に境川）、甲山（後に雷電）、手柄山の四名とともに姫路の酒井侯のお抱えとなり、慶應二年、二十八歳にして高見山と改め、十両に進み、仁侠を以て当時の人気力士となったが、この頃から角力界の改革を志し、運動に着手し、年寄連が一向顧みないので、同志二百余名と共に脱退して王子まで引き揚げたことがあった。その時は仲裁者の尽力によって、相撲規則を改正して幕下力士の待遇を改善するという約束ができて、一旦、事件は落着したが、それより幕末維新の世変となり、改革の実はあがらず、高見山等、姫路藩のお抱えの方は解かれた。しかし高見山は、一旦、主従の関係がある以上、将来、無報酬でもよろしく、これまで通り御奉公して、従来の恩義に報いたいと願い出《い》で、姫路侯も喜んで承知されたので、高見山は相生、増位山、甲山、手柄山等の同輩と共に、いやしくも力士すなわち武士の端くれともある者が、窮したとて変節するようでは、力士の面目が立たぬと、おおいに義を固めたのであるが、相生が山内容堂侯に取り入ってお抱えとなり、綾瀬川山左衛門の名を賜わるに及んで、かくと聞いた高見山、烈火の如くに憤《いきどお》り、綾瀬川を討ち取るの書を容堂侯に送り、来国次《らいくにつぐ》の一刀を押っ取って、綾瀬川の宅に斬り込んだのは、明治三年五月のことであった。しかるに二、三、年寄の調停の末、綾瀬川から謝まり証文を出して事落着したが、後に綾瀬川は場所の成績、次第によく、ついに大関に進むに至り、高見山との感情も復活して、その証文は潔よく返してしまい、後の角力道改革の大運動にも綾瀬川は同志に加わるに至ったのである。かくて高見山は、姫路藩邸に伺候《しこう》し、同志の中に行動を異にするものがあるようでは恐れ入ると申して、改めて永の暇を乞い、姫路侯も、おおいに高見山の義気に感じて、記念として播州の名所にとって、高砂浦五郎の名を賜わったという。

明治六年、高砂は幕内、前頭筆頭に進み、いよいよ角界革新の烽火《のろし》を上げる決心を固めた。この春場所を終わって、東海道巡業の途につき、名古屋で三都合併大角力挙行の筈だったのが、都合により明年に延期されたので、一行は巡業を進めて、濃州路に向かった時、高砂は機を見て、綾瀬川、小柳等に改革の主旨を打ち明けて相談したところ、両人もおおいに賛成したので、さらにそれぞれ同志を語らい、相撲組合規則修正の議を会所に提出することになり、小柳、綾瀬川、尾車、佐野山、獅子ヶ岳、一力、一文字等四十余名、合議の上、全権を高砂に一任することになった。しかるに年寄大嶽《おおたけ》及び綾瀬川、尾車等数名は、帰京して一応会所と談判して、名古屋に留まっている高砂、小柳等に返事をする約束のところ、いっこうに音沙汰なく、もちろん、談判は成功しないのである。その十二月の番付が名古屋に届いたのを見ると、名古屋に残っている高砂、小柳、五所車、獅子ヶ岳等々、脱走組の名前へ墨を引いて除名してある。ここにおいて高砂は断然、独立して革新運動に着手するの已《や》むなきに至り、小柳と両大関になって改正組を作り、名古屋を根拠としたが、時の愛知県令鷲尾隆聚卿は維新に活躍した人物であるから、おおいに高砂に同情して名古屋における地盤を固めさせ、東京角力といえどもかりにも名古屋で興行するには、必ず高砂の許可を得ねばならぬこととしたので、高砂等改正組の気焔《きえん》は、相当に盛んなものとなった。この時、小柳は高砂を離れて帰京し、高砂についていたのは、京都の熊ヶ岳、西ノ海及び高砂の弟子響矢等の数十人と、行司では木村誠道等であったが、この誠道は、後の立行司木村庄之助であり、響矢は高砂を襲名して、後の取締になった阿武松《おうのまつ》であり、西ノ海は横綱になった初代西ノ海である。高砂の改正組は、この如き陣容を以て、京阪及び関西中国地方を巡業していたが、明治八年に至って東京に進出し、神田区龍閑町《りゅうかんちょう》を根拠地として、秋葉原に興行し、東北地方に巡業したりして、東京において二つの大角力が完全に対抗する形勢となった。

しかるに明治十一年二月に至り、警視庁は角力取締規則を発布し、東京における角力団を唯一に統制することとし、力士は営業鑑札を受けしむることとなったが、折柄、地方巡業中だった高砂組の百余名は、帰京した時には、すでに期日に後《おく》れていて、鑑札も受けられず、興行もできずして、しばらく窮地に陥ったようであったが、元愛知県令だった鷲尾伯及び安藤則命氏をはじめ、有力なる好角家の尽力により、東京組と高砂組との間に完全なる調停が成立し、この夏場所から合併して興行することとなり、角觝営業規則十二条を制定して、従来弊害の著しきものを改革し、前後六年間に捗《わた》る角界の大紛糾は、ここに到ってめでたく解決を告げたのである。

ただしこの時、高砂の改正組を本番付に記入する暇なかりしため、左の文句を付けて、二枚番付を発表した。当時、改正組の実力はこの番付によって知られる。

> 今般、甲第十一号御布達により、東京府下一組と相成候得共、差掛り、間に合ひ兼候間、付録番付に致し、当冬興行より一枚番付に出版仕り候也。

年　寄　高砂浦五郎
幕ノ内ノ部　前頭　響矢宗五郎
幕下、上ノ部　前頭　武蔵野　同　浪ノ音
同　小武蔵　同　山猫
幕下ノ部　宝川、黒神、東山、松尾、小金山、東野、常磐野、浦浪、錦洋
三段目　鷲ノ森、荒岩、久呂崎
上二段目　高ノ浦、勇島、八ッノ浦、関割
上ノ口ノ部　鉄石、高浪、当川
行司　木村誠道
同　木村秋治郎

明治十一年六月上旬より本所回向院境内に於て、晴天十日之間、大角力興行仕り候、
千秋萬歳大叶
版元　根岸治右衛門

この合併は、形式の上では、改正組が東京組に合併されたようであるが、実質においては、東京組が改正組に屈伏したので、実権は高砂の手に帰し、筆頭玉垣、筆脇伊勢ノ海の両人は、引退して古来の相撲会所は東京角觝《かくてい》協会と改まり、筆頭、筆脇は取締、副取締となり、高砂、取締に

選挙され、それ以来、高砂は角界の覇者として、ますます斯界改新の手腕を揮《ふる》ったのである。その上、高砂は、最も力士養成に長じ、門下に好力士の多数を輩出せしめたること古来未曾有といわれる。すなわち横綱二人、西ノ海、小錦。大関は大達、一ノ矢、西ノ海、小錦、朝汐の五人、幕内の錚々《そうそう》たる者には、響升、千年川、若湊、外ノ海、北海、越ヶ岳、源氏山、高見山、逆鉾、黒岩、増田川、大見崎、岩木野等である。かくして土俵の内外に渉《わた》って、高砂は角力王国の独裁者だったのである。彼は土俵にありし時は、大関横綱とはならなかったが、その人物識量、及び斯道の大功労者としては、斯界空前の偉人と称すべきであった。

高砂の業績の中、特筆すべきものは、年寄の数を定め、角觝協会を株式組織にして、力士の分に応じて、収利を分かつこととして、力士の生活を安定したことが第一である。彼はその功労により、二十六年五月、一生取締に推薦されたるも、三十年一月に至り、病痾のために辞して静養をこととした。高砂の勢望極盛の時に当たり、初代梅ヶ谷、大関として連戦連勝、谷風の再生とまで称せらるるに至り、その門下にも劔山《つるぎさん》、大鳴門、鞆《とも》ノ平《ひら》などの名力士が輩出して、高砂門下の諸豪と対抗し、ますます角力熱を煽《あお》り、明治十七年三月、明治天皇の天覧を立派にするに至って、角力興隆の勢い勃然《ぼつぜん》として興り、天覧の日に、御好角力に、高砂門下の大達と梅ヶ谷と二度水入り、引分けの熱戦を演じて、御満足の栄を蒙《こうむ》り、次場所に、大達、ついに梅ヶ谷を破って、まるで昔年、小野川が初めて谷風を破った時と同じだと思うばかりの角力熱を沸騰せしめた。梅ヶ谷、引退して雷《いかづち》となり、高砂と相並んで取締に推選され、門下を養成して、角界は土俵の内外ともに、高砂、雷二門の対立の形勢確立し、高砂、老衰するに及んで雷時代を出現せしむるに至ったが、常陸《ひたち》山と二代梅ヶ谷と東西二人の巨豪対立するに及んで、前古未曾有の角力黄金時代を現出し、その結果、ついに明治四十二年六月を以て国技館の建設をみるに至った。その後、幾多の紆余曲折があったとはいえ、年々、衝動的な大発展を続けて、大場所興行十日間、幕内九日間の制度、一変して幕内十日間となり、次いで十一日間となり、再変して十三日間となり、さらに飛躍的に十五日間となり、しかも観客が前日より詰めかけて、宵越し角力見物の盛況を呈するに至ったのである。十五日制は当初は危ぶまれたが、幕力士の数、昔の三役前頭を合わせて八人より今は二十七、八人に達し、十五日制は、さらに一歩を進めるかも知れざるの形勢にあり、角力の前途は、実に洋々たるものがある。喜三二の傑作、黄表紙、長生見度記《ながいきみたいき》に、角力の予言に、

「角力があると、兎角《とにかく》、雨が降る故、雨の漏らぬように芝居を建て、雨天三十日、興行する」
「角力は入梅の中の事さ」
「こんどの地蔵が岳は小さな男だが、転ばぬ奴さ」

とあるが、今やほとんど予言が実現されているのである。ただ現代において、各種の興行物、桟

敷は椅子席に改まりたるに、角力ばかり茶屋制があるのと、桟敷において飲酒喫煙するとの旧慣を保存しているが、茶屋制が廃せられ、国技館が椅子席となり、もう一つ仕切時間の短縮または全廃との三つが、今後の角道の問題として残されている。

著者の青年時代までは、大角力は晴天十日の興行で、雨雪等のため、とかく日延べがちとなり、予定の十日間に完了することは、ほとんど稀《まれ》であるのみならず、雨天日延べが続くために、相撲協会の収益、予期す可《べ》からざるものがあり、したがって力士の生活にも不安の影を宿した。しかし待望の好取組が計らずも日延べとなりて、さらに観角熱を煽るようなこともないではなかったが、とうてい常設館の便益とは同日の論ではない。国技館大鉄傘下に、晴雨にかかわらず十五日間、予定の如く進行し、かつ放送局に角力放送を開始するに及んで、大角力の盛況は、津々浦々に響き渡り、天下に、「大角力季節」なるものを現出するに至ったのである。

昔、維新前の大場所は、本所回向院をはじめ、深川富岡八幡、芝神明等において催されたのが、明治以来、回向院に一定し、回向院は名刹であるにかかわらず、回向院といえば、世人、直ちに大場所を思い出していた。国技館は、従前の大場所を常設館としたもので、依然として回向院の旧地内にあるが、今はすっかり、国技館として響き渡っている。（口絵③④⑤参照）

一二　延遼館天覧大角力以前における明治初期角力道の実況及び佳話挿話

（一）

梅ヶ谷、大達等の大力士輩出し、明治十七年、ついに延遼館《えんりょうかん》において、天覧の大光栄をありがたくするに至って、斯道、勃然として興隆の運に向かい、未曾有の繁栄を致すの淵源となったのであるが、その頃以前、維新後、明治初期においては、泰西新文化の輸入氾濫と旧物破壊の潮流のために、角力道は、無用の裸体踊、あるいは蛮風等と非難され、一時は非常な窮境に陥り、大場所は毎回、損失を重ねるばかりで、力士の生活も困難を極めたようであった。我が国開闢《かいびゃく》以来、明治初期が角道の最も危機であった。これを今日の盛況、国技館は十五日間の興行、毎日数万の観衆を以て充満し、観客は前日より入場するの盛況に対照すれば、ほとんど数世紀を隔つるの感がある。当時の実況及び挿話を新聞によって記してみよう。しかし角道は、さすがに我が国の国技であり、斯道は国民性の一部をなしているものなので、時代の風潮如何にかかわらず、国民の趣味を奪うことができなく、また有識の士、斯道に熱心なる者も少なからずして、ついに角道をして国運の発展に順応して、今日の角道黄金時代を現出せしむるに至ったのである。

さて、大都会においては、欧化主義者等が裸体踊とも、蛮風ともいわば言え、地方、殊に農村においては、角力は飽くまで民族趣味であった。明治五年八月十七日の東京日々新聞によると、東京近国近在、田畑ともに水損風害なくして豊作であるので、随所で草角力が行われ、東京在住の行司は、子供までも皆雇われて行って一人も残る者はなかった。

東京府下の湯屋、床屋等には、従来、諸種興行場の引札、その他、角力、劇場等の番付等数十枚を掲げていたが、かかる無益のものはすべて皆これを禁じて、その日その日の諸新聞紙を掲ぐべしとの説が、六年七月十九日の郵便報知新聞に見える。

同年同月同日、三條太政大臣の名を以て発布された「違式詿違条件」、

第二十一条、男女相撲並ニ蛇使ヒ其他醜体ヲ見世物ニ出ス者

とある。

明治八年六月頃、遠州浜松にて晴天五日の大角力興行、三日目に雨天となり、見物に半札を渡したが、翌日、この札持参者からも当り前の木戸銭を取った。それと聞いた勧進元の山田某おおいに怒り、長刀を帯し、子分を引率して土俵に現れ、「汝等は、木戸銭を貪り、我等の面目を失

わせた、我が見る前で、見物に金を返して詫《わび》をせずは、一々、撫《な》で斬りにするぞ」と叫ぶ声、雷の如く、たちまち角力場は大騒動となった。かくて小角力に言いつけて、木戸銭を一文も余さず、残らず見物に返し、直ちに土俵を崩して、角力は止んだ。（東京日日新聞）

明治十一年三月二十日読売新聞によれば、東京の角力及び年寄の鑑札を受けた者、上等角力九十六人、下等角力三百二十九人、また上等行司十一人、下等行司十八人である。

明治十三年一月、回向院大角力、この春は晴天続き、六日目の好取組に人気湧き、二段目若手の新進、伊勢ノ浜と大達、ついに勝負付かず、預りとなり、見物承知せず、四本柱も始末に窮し、中入後、二度の取り直し、大達の勝となり、場中、鼎《かなえ》の沸くが如し。十二日より十四日まで臨時休業、「骨休み」とし、十五日より物日を取り込み、あとの日数を取りしまう。

同大場所、初日の好取組、幕内の上ヶ汐、幕下の勢、この時日が暮れて、土俵の四隅に高張《たかはり》を立てる。かくて角力は上ヶ汐の勝、午後七時頃打ち出し。

同大場所十日間、晴天続き、誠にめったにないことであった。観客総計二万八千二百六十五人にして、収入金千九百七十八円五十五銭であった。

同十三年五月二十日、回向院夏場所初日、近頃、物価高直《こうじき》につき、木戸銭を金九銭に引き上げる。今からみれば夢のような話。

同十六年一月、回向院春場所十日目までの見物人の数、

初日	五九七人
二日	一三四七人
三日	一六五一人
四日	二三三六人
五日	三一四三人
六日	四四四七人
七日	三〇七六人
八日	一五九五人
九日	八七三人
十日	三三六人

最後は非常な激減であった、十日間の見物合計一万九千四百一人、上がり高七百七十七円四十銭。最近の一日分に足りない。

明治十二年七月二十五日の東京日々新聞によれば、この頃、東京府調査、府下各郡区角力の数、上等年寄十人、同角力三十八人、立行司三人。中年寄五十人、角力六十七人、行司八人。下等は

角力二百三十三人、行司十九人、総計四百二十一人である。

（二）

明治十四年一月、回向院春場所、三日目より客足つき、四日目は三千二百余人、五日目は五千余人、六日目は五千四百余人、九日目は、待望の梅ヶ谷、若島両大関の好取組、定めて大入りと思いの外、わずかに二千三百余人であった。この勝負、十中八九は梅との予評だったが、若島入念に仕切り、押し切って勝。十日間、一日の休業も入れ掛けもなかりしは、古今稀有であった。

角力狂の話。十五年六月、回向院夏場所に、本郷春木町寄留の尾井某（二十五歳）、角力狂といわれるほどあり。常陸山と柏戸との取組に常陸山を声援したが、その前にいた表大工町ペンキ職秋田某は熱心に柏戸を声援し、柏戸が勝った。尾井はおおいに怒り貴様のような奴がいるからだと、駒下駄を以て秋田の頭を打ち疵をつけたので、直ちに拘引、厳しく叱られた上、治療代一円五十銭を差出し、しおしおと退場。

同十四年五月、大剛武蔵潟の親方君ヶ浜、六十歳を越したので、本所横網一丁目に油屋を始め、鈴木安右衛門という尋常の老爺となる。

明治十七年三月八日、向島の旧鳥取藩主池田輝知侯邸において、奥方妊娠のため、大角力を招き、安産祈祷角力を催さる。主なる勝負左の如し。

千羽岳　高見山　　海山　鞆ノ平
鞆ノ平（預）緋《ひ》威《おどし》　　高見山（預）緋威
大達　劔山　　千年川　浦ノ海
大鳴門　海山　　千羽岳　毛《け》谷《や》村《むら》
梅ヶ谷　西ノ海　　大鳴門（預）西ノ海
鶴ヶ浜　一ノ矢　　梅ヶ谷　大達

この年一月、回向院春場所を終わって、芝区宮本町において晴天七日間の花角力興行。

この年五月、回向院の夏場所は、勧進元、年寄大嶽《おおたけ》と中立の両人、大阪角力と合併興行を計画し、積立金若干を手金として大阪方に与えたるが、この計画が問題となり、紛擾《ふんじょう》を起こし、結局、大阪方の出場を断り、手金は年寄二人の損失として、ようやく解決したが、このゴタゴタのため、初日が十日ほど後《おく》れた。

十八年の春場所、京阪両地より東京大角力に加入した力士、八幡山（玉垣内）、嵐山（藤島内）、荒石（境川内）の三人の働きを認めて、三人ともぶっつけ十両取の関取分としたるにつき、十両下一同、不服を唱え、角界の紛擾を惹起《じゃっき》するに至ったが、警察の説諭で解決し、江東井生村楼《いぶむらろう》において、和解の宴を開く。

大場所にゴタゴタはしばしばつきものとなり、早くも明治六年十一月中旬よりの大場所にゴタゴタありて初日後れ、続いて明治九年十二月末、一夜明ければ春場所というところで、これは地主の回向院より問題起こり、今後境内を貸さぬと言い出し、和解に応ぜぬため、その筋へ出願するに至った。結局は地代の問題なので、桟敷の歩合を勘定して、一場所の地代、都合七十五両ということで解決した。明治十五年五月の夏場所も、またゴタゴタがあって初日が少し後れた。

明治十七年春場所、二月六日より晴天八日間興行、この度の規定で、引分けは今後絶対にせずと決定。読売新聞にも、今度の興行は、一段と見栄があろうと記したくらいだが、その後、引分けは依然として行われていた。

この十七年春場所、晴天十日、入場者合計二万千八百四十四人、収入金二千百八十四円四十一銭にして、一日平均三百十八円四十四銭である。

この年の夏場所、強剛大達、大関躍進の論起こり、これまで大関楯山《たてやま》、春場所中途休場、続いて夏場所も大関を占めているのは、大角力に大関は不成績といっても二場所、現地位を保証する内規あるに基づくもので、西ノ海は関脇なれども、その間、楯山の休場のために、実際、大関として働いているものであるから、大達いかに好成績であっても、それを飛び越すは不当であるとの意見が有力に行われた。これによって、楯山引退の時、西ノ海、大達いずれを大関にするかは容易に決まらなかった。

（三）

延遼館《えんりょうかん》での天覧大角力の後、角力熱がきわめて盛んに天下に満ちた。翌十八年初春、神田区和泉町旧藤堂邸址をはじめ赤坂区一ッ木における東京大阪合併角力、木挽町及び深川富岡八幡前、また芝区愛宕及び横浜等、一月、二月にかけて、大場所の外《ほか》にほとんど到る所に花角力が行われるの状況があった。とりわけ、神田和泉町の角力は、一月四日、正月早々の開場で、年始廻礼の際なればと案じの外、初日からの大入りであった、大角力、名力士の顔揃いの上に、二段目、三段目の飛び付き三番勝負を取らせ、その勝者に賞を与えたりしたのが人気を呼んだようであった。

弘前出身の力士、行司二十五名、一月四日、打揃って、本所錦糸堀なる旧藩主津軽承昭侯に年礼に伺候すると、折柄、来客宴会の最中、ようこそ来てくれたというわけで、余興に、庭上に急造りの土俵で角力をと命ぜられ、行司は木村幸吉、呼出は木村初五郎、取組は綾浪に岩ノ里をはじめ十二組、一ノ矢に五人掛けなどありて、感興爆発し、酒二樽、数の子、鯣《するめ》の外に、牛肉百斤煮て出したるを、ことごとく平《たい》らげた上に祝儀として一同に金百円を下された。

この春場所、梅ヶ谷は持病の疝気《せんき》のため休場していたが、世間待望の大達との一戦に出場したのは、観客の愛顧にむくいるためではなく、たとえ、土俵の上に這い上がってすぐ打ち倒れても出場せねばならぬと言い、出勤届をなし、予定通り八日目、直ちに大達との対場となり、人気沸騰した。双方、入念に立合い、すぐ左の相四つ、右にて互いに素手を殺し合い、ヨイショヨイショと揉み合って水入り後、また揉み抜いて引分けとなった。

この春一月、本所緑町二丁目、旧津軽侯屋敷跡に、華族五条為栄氏の首唱で野見宿禰《のみのすくね》神社建設の計画が成立し、東京大角力が祭典奉納角力を、毎年春秋二期、同社前において興行し、その純益金を以て創立維持の資に充てることとし、さらに、角力巡覧講中というのを設け、幹事に伊勢浜、大達、高砂、梅ヶ谷、根岸、藤島、境川、甲山《かぶと》の八名が指名された。

野見宿禰神社創建地固め祭典の大角力は予期以上の大盛会となった。先ず伏見貞愛親王、小松彰仁親王、北白川能久親王、山階晃親王その他の貴顕《きけん》をはじめ、五條氏より招待したる人々、及び講中の観客とで、約五千余人、土間も桟敷も立錐の余地がなかった。高砂浦五郎方を皇族その他貴紳の休息所にあて、門前に紫幕を張り、旭旗を掲げ、茶、煙草盆その他接待よく行き届いた。高桟敷の前には藤棚を設け、五月興行の節には、花盛りにて、よき日除《ひよけ》にもなるであろう。皇族御席を土俵の正面とし、神社假殿《かりどの》の前には錦旗一旒《りゅう》と日章旗十余旒とを立てつらねた。回向院大場所と違い静粛であったのは、皇族御臨場と、また一つには中売《なかうり》商人を入れず、酒も売らせなかったので、わずかに携帯して来た者の外には盃を手にする者がなかったためでもあろう。

十九年一月大場所となり、斯道の隆盛につれて、改革の気運が動いて来た。従来、出世して十両の関取株となった者は、その後は場所毎に負け続けても、ただわずかに関取の地位にて進退せしむるのみであるから、廃業するに非ざれば決して下には降《くだ》らず、されば九両二分の者は、如何によく働くとも、容易に関取株にはなられず、その上、近来は京大阪より強力士、上京して関取に付出《つけだし》される者時々あり、九両二分以下の者の出世は、ますます困難なので一同、角力会所に迫って談判の結果、以後は十両以上の者であっても、負け越しの者は容赦なく下げることとなり、また現九両二分の者は残らず十両とすることに決定したという。

十八年の夏場所直前、五月初、駿河台袋町なる小松宮御邸に、在京東西力士を召され、同広庭において角力御覧あり。この日、北白川、伏見両殿下をはじめ、軍人多数来会、角力については、元老院議官柴原和が万端指揮した。力士は梅ヶ谷及び未だ帰京せざる高見山、鞆ノ平一行の外は、すべて参加し、行司は木村庄之助、なお御好みにより行司木村伊之助、天正年間豊前小倉における豊太閤上覧三十六番角力の故実を、土俵において高らかに言上した。

続いてその六月、外交談判のため清韓両国に出張した伊藤博文、井上馨、西郷従道三参議及び議員諸人に対する慰労のため、都下主要なる銀行会社、安田善次郎、川崎八右衛門、三井養之助、大倉喜八郎、益田孝、岩崎彌之助、小室信夫、富田鐵之助、奈良原繁、渋澤栄一、池田章政等の人々発起して、上野公園、不忍池畔、共同競馬会社の馬見所に招待して、大角力を観覧に供し、終わって立食の饗応があった。この日は微雨なりしも、かねて天幕の設備あり、角力に差支えはなかった。主なる勝負左の如し。

嵐山	伊勢ノ浜	千羽ヶ岳	柏戸
常陸山	稜瀬川	高見山	武隈
陣風	出釋迦山	高千穂	鞆ノ平
廣ノ海	智惠ノ矢	大鳴門	大達
鶴ヶ浜	友綱	劔山	西ノ海

角力熱がこれほどに勃興した際、無敵の大剛大達の破門事件が起こった。明治二十年二月のことである。大達は、好敵手もはやなきためか、年寄たらん希望を生じ、師匠高砂が注意すれども聞かず、宿禰神社の角力にも場所入りせざるため、高砂立腹して、破門の旨を年寄一同に披露したところ、その寸前に、兄弟子等の勧告に基づき、場所入りして、土俵入りまでしたが、ちょうど破門の廻状のまわった時で、如何とも致しがたく、大達の登場を許さざるを得なかった。大達

が年寄株を望むは、その外に角力給金のことなど入り組んだ問題があったらしいが、雷《いかづち》（梅ケ谷）の仲裁があり、大達ひいきの人々の斡旋《あっせん》もありて、破門はついに許されることになった。

（四）

日本の角力熱昂騰は意外にも国際的に飛び火するに到った。十八年五月二十六日のことである。本所、相生町四丁目の浦風林右衛門《うらかぜりんえもん》の部屋に来訪した米国人の偉大漢があった。体重は四十貫以上で、力量も抜群であるから、弟子入りして日本の角力を稽古したく、御許しを乞うというのであった。浦風は頗《すこぶ》る名誉のことにも思ったが、何分、未だ外国人の内地雑居が許されていないから、政府へ伺《うかがい》済の上にしたいからとて、その人を帰し、改めてその筋に伺書を提出した。

外国人を弟子にして角力部屋に入れることは、政府は許可しなかったが、その後、日本の角力を国際的にしたい希望は次第に高まり、明治二十年夏、東京において外国角力の興行あり、日本内地におけるレスリングの興行は、これをその初めとする。しかしこの時の外国角力は間に合わせに水夫なぞを雇い込んだりして、立派なものではなかった。続いて同二十年六月十八日の

「内外合併大角力」

は、このような粗末なものではなく、外国側にも四十貫以上の強力士あり、日本側は、名にし負

う劔山、大鳴門、一ノ矢をはじめ、幕内、幕下の錚々《そうそう》たる力士揃いであるが、元来、日本の角力とレスリングとは非常な相違あり、双方、その得意とするところを十分に発揮して闘えば、互いに怪我人を生じ、相手が相手故、外交上の問題ともなろうかと、警視庁においても深くこのへんを注意したと伝えられている。当日の角力、最初は、劒山以下、幕内、幕下の日本力士数十番の勝負あり、外国力士を混じえず、純粋の日本角力のみにて、中入後に至り、外国力士初めて出場して日本力士との取組が始まった。日本力士は、いずれも二段目、三段目の下角力で、関取連は立合わず、取組は、純然たる日本角力で、転ばすと押し出すとの二つを以て勝負とした。外国力士は、いずれも莫大小《メリヤス》の肌着を上下とも着て、その上、腰部には晒木綿《さらし》を以てマワシとしていたが、時々、取組中にマワシが外れて締め直す等の喜劇があり、満場大笑の種であった。日本流とはいえ、タスキ、サライ、ヒッカケ等、すべて際どい手は用いぬことに決めた。たいがいは日本力士の勝利に帰したが、その中に、外国力士の大関ウヱブスターのみは、体重は大達、劔山などよりも十貫目以上重く、筋力は測り知られざれど、土俵一杯に立ちはだかり、大手を広げた有様は、まるで活ける仁王尊の如くで、突いても押しても揺ぎそうにはなかった。同人はもと海軍士官で、四、五年前に辞職して力士となったもので、年は三十八、赤ら顔の赤髪《あかがみ》、にくにくしげなる巨漢である。その外は、日本の二、三段以下の体格で、たいした者はいなかった。観衆の中

には、かねて好角家として知られた元老院議官安藤則命、全権公使蜂須賀茂昭侯等もあり、初日から大入りであった。主なる勝負、

初日

小伊勢川　ジョンソン
明かし　ネベル
大車　キング
彦山　ヘルデナダ
マルネル　堀川
常川　ストンソン
山ノ上（分）サンダウン
ウエブスター　都石

二日目

黒川　ジョンソン
三浦浪　キング
ネベル　能登ノ海
黒瀧　ヘルデナダ
マローネー　湖
スワンソン　梅ノ春
サンダウン　北海
ウエブスター　山ノ音

三日目

筑紫潟　キング
浪ノ音　ネベル
ジョンソン　綱渡り
堀川　ヘルデナダ
マローネー　石湊
小伊勢川　スワンソン
漣　サンダウン

平ノ戸　ウヱブスター

（五）

土俵上の立合いにおける「マッタ」が、この頃、痛切に議論せられたことは注意すべきことであろう。そのことについて述べたい。

あらゆる内外の武道及びスポーツの競技の中で「マッタ」が行われているのは、日本の国技のみであり、角力通の中には、あの「マッタ」「マッタ」で仕切り直す、仕切り直しを見るのが、角力の興味のように言う者もあるが、国技として誇る角力としては、考えものではなかろうか。もともと日本の角力も、昔は「マッタ」なしで、行司が軍配を引くとともに、双方から競ひかかったものであり、日本の角力も内外あらゆる武道スポーツと同じく、勝負に「マッタ」はなかったのである。近世「マッタ」の起源は、大坂力士八角が、大剛、讃岐の谷風梶之助を、マッタマッタでじらし抜いて、勝利を得た一番で、それ以後その「マッタ」が諸方に伝播したのであるということになっているが、しかし熟考するに、八角が度々「マッタ」を繰り返して、それを禁止されなかったのを見ると、「マッタ」は許されぬという積極的禁止の規則はなかったことが明らかで、八角の如くに、執拗にこれを利用した名力士は、それ以前になかったとしても、八角の時には、すでに、しばしば「マッタ」が実際に行われていたことは推定されるのである。さもなくば、もし「マッタ」が禁則になっていたら、八角がこの手の利用を考えるわけがない。つまりこの時代になっては、古来の行司の軍配絶対制に、やや緩みが来ていたので、力士が都合のよい時に立とうという、すなわち注文をつけて立つという考えが、実際には、土俵で行われかけていたとみるべきであろう。この傾向が、それ以来百五、六十年間、ますます発達して、力士の立合いは、注文をつける、すなわち作戦が興味の中心となり、「マッタ」の数と時間とに制限をつける必要が生じ、ついに今日の時間制の出現となったのである。最近の情勢はますます仕切り時間短縮の必要を感じているから、この情勢がさらに進んでいくならば、仕切り時間なしの昔の日本の角力の本来の姿に還元する日が来るであろう。

八角以後、「マッタ」が盛んに、ついに一般に行われるようになってから、明治初年には、鬼面山と両国との取組、双方合わせて百以上、一時間半か二時間近くも仕切っていたという途方もない長期仕切りが出現し、それを禁止すべき規則がなかったから、「マッタ」はますます流行し、ついに、梅ヶ谷、大達の対立、角道興隆の機運に際して、明治十七年三月三日、東京日々新聞紙上に、「マッタ」排斥論の掲載を見るに至った。

この論文は投書で、宝暦九年の薫風雑話を引いて、谷風、八角の故事にさかのぼって、「マッタ」を痛切に排斥し、「マッタ」なしの日本古来の角道を操守する好力士出《い》でよと絶叫したものである。その三月七日に至り、好々堂の名を以て、右の所論に応じて、「マッタ」卑怯論を投書した者がいる。「マッタ」が盛んに行われて以来、「マッタ」なしの名力士といえば、第一に雲早《くもさ》山、次に陣幕、次に常陸山、最近には双葉山、内実はともかく、「マッタ」なしは強力士でなければできぬように思われるが、陣幕の説の如く、「マッタ」はとうてい、癖というくらいのものにて、それほど得というほどのものでもないというのが当たっているであろう。この好々堂は、角力通と思われ、角力史上、参考に資すべきものもあるから、左にその全文を掲載することにしたい。

「貴社新聞の雑報中に、角力が「マッタ」の卑劣なるを、谷風と八角の例を引いて登載せられしを見たり。予もまた「マッタ」の卑劣なるを嘆ずる一人なり。かの「マッタ」の手は、八角の谷風におけるが如く、かしこに「マッタ」の手なく、ここに「マッタ」の手ある時は、至極のものにて、ついに勝をも得たるなるべきが、今の如く彼我《ひが》相互に「マッタ」を言う時は、「マッタ」の効《こう》恐らくは無に近かるべし。近世角力社会において、強敵の名ありて、負けたること二、三度に過ぎざりし後の陣幕久五郎は、相手来らば直ちに応じ、「マッタ」ということをせざりしが、ある人、陣幕に問いて、近世「マッタ」なしというは、雲早山以来、関取のみなり。素人の考えには、ずいぶん損のようには思われるが如何とありしに、さればなり、損得相償うというて可きならん。その訳は、こちらは何時にても立つと覚悟せば、それまでなれど、相手になる方では、先には何時でも立つ覚悟ありと思へば、始終、油断がならず、ここで立とうか待とうかと、迷いてついには悪いところで立つこと幾らもあり。「マッタ」は結局、癖というくらいのものにて、さほど得には非ずと答えしとかや。しかもあるべきことなり。近世、有名なる「マッタ」は、鬼面山に両国の角力にて、あちらは聞こえし剛の者、こちらは名ある手取《てと》りなりしが、両国も彼八角に倣《なら》いしにはあるまじけれど、鬼面山を固くさせんとの策にや、「マッタ」「マッタ」と両国の「マッタ」は六十何回、鬼面山の「マッタ」が三十何度、以上百度余の「マッタ」にて、角力癖の予もあき果てて、途中より人形町まで用達に行き、帰りてみれば、まだ「マッタ」の最中にて、ついには日がトップリと暮れ、終わりの見えざるところ、どちらの歯よりか血の出るを見て、行司が「痛あれば引分け」の旨を報じて、打出しとはなせり。その社会にあっては、巧者の所為ともいうべきかは知らねども、素人の眼には、よほど面白くなきことにてありしと、好々堂という人より書を寄せられたり。

とある。明治、大正、昭和にかけては、「マッタ」博士などといわれた角力もあり、決断の鈍い性格の致すところか、思い切って立つことできず、いつまでも「マッタ」を繰り返すばかりの人もいた。それ等の人々は、おおよそ世人の熟知するところである。今の時間制では、時間一杯に立つのが多く、時間前に立つのは少ない。時間一杯になれば、だれでも否応なしに立たねばならぬ。初めから時間一杯と思えば、「マッタ」なしでも角力は取れるであろうから、今の時間制は、だんだん時間が短縮されて、必ず「マッタ」なしの日本本来の角力に戻る日が、遠からず来るであろう。

一三　力士の殉国精神及び伊藤公と力士隊

（一）

大角力全体として、殉国精神を発揮し、外戦の際、その強力を活用して輜重隊《しちょうたい》の一部として奮闘せんとする希望を申し出たのは、明治十八年には東京大角力取締高砂浦五郎及び梅ヶ谷藤太郎両名の名を以て、懇願書を東京府知事宛に提出したのをはじめとし、日清戦争には、右の趣旨に基づき、従軍を志願するに至り、力士は軍役夫として採用され、旅順背面攻撃の際、軍砲兵縦列の勤務に服し、奉公の熱誠を捧ぐるところがあったので、その以前、明治初年来、欧化主義者等によって唱道された「裸体踊」の論を一蹴《いっしゅう》しただけでなく、たちまち関取と尊称されるに至り、凱旋《がいせん》の後は、世間の同情、一時に昂《たか》まり、角力全廃論の如きは全く声を没することとなった。それより日露戦役、欧州大戦争を経て、今の日支事変に至り、戦役毎に、国民尚武《しょうぶ》精神の発揚と力士奉公至誠《しせい》の徹底と作用し合って、斯道はますます勃興を続けて、ついに今の隆盛を実現するに至り、帰還力士の登場は、満場の大拍手大歓呼を以て迎えられる有様である。

近世、数百年来、武家時代に、角力取りは「力士」と称し、武士以外の武士を以て任ずるの抱負があった。角力の中の関取に至っては、公然一刀を帯して往来することを許されていたのも、社会が、力士は武士道遵奉者であることを認めていたことを証明するものである。それ故、等しく芸人というちにも、俳優は「河原乞食」等といわれたのに対し、力士は高位、貴顕《きけん》の人々にも接近し、武士道を以て標榜《ひょうぼう》していた。これが角道の誇りとするところであり、力士の気概はここに存するのである。それについては、幕末維新の際、角道のために表彰しなければならない美談がいろいろあるが、話の行き掛りとして、先ず高砂浦五郎等の懇願書のことから始める。

高砂は、角道の維新を成就《じょうじゅ》した大立者であり、熱烈なる義侠精神の持主であったから、力士は従来、殉国事業に参加する道がなかったため、ついに芸人視せらるるに至ったのは、遺憾至極であるとして、一朝有事の際、輜重《しちょうたい》隊の一部として御奉公したいという懇願音を提出するに至ったのである。高砂とともに署名している梅ヶ谷は、当時、未だ取締でなく、現役大関横綱として、力士全体を代表したのである。この懇願書は、角力史上、殉国精神を発揮した最初の光栄あるものとして、永久に記念しなければならない。懇願書並びにその指令書左の如し。

懇　願　書

私共儀、年来、各所において相撲興行仕、力士を以て世間に詫稼罷在候え共、さらにその技量を以て国家に報ずるの道これなきよりして、終には芸人視せらるに至り、従って部屋中、弟子輩の取締にも関係致し、歎息至極に奉存候、ついては非常御出征の節は、必ず輜重隊《しちょうたい》の一部に差し加えられ、相応の御用仰付けられ候様、予て《かね》御沙汰成置被下度奉願上候。しかる上は、各部屋中において、相当の規則を設け置き、何時にても御指揮に応じ奉るべく、此段奉懇願候　誠惶謹言

明治十八年二月二十六日

東京本所区緑町三丁目二十七番地
山崎浦五郎事
高砂浦五郎
同　本所区元町三番地
小江藤太郎事
梅ヶ谷藤太郎

東京府知事　芳川顕正殿

前書出願に付、奥印候也

東京府本所区長
竹内節

右指令

書面、願之趣、予め認許難相成、尤有事之際、使用之途有之時は、何分之沙汰可及旨、其筋より指令有之候條、此旨可相心得事。

明治十八年四月一日

東京府知事　芳　川　顕　正

大角力と軍国との関係、大日本相撲協会の会長に陸海軍大将を推戴《すいたい》する等の因縁、すべてこの懇願書に始まるのである。

この懇願書の主旨により、大角力全体として、殉国事業に参加したのは、日清戦争を以てその初まりとするが、それより以前、右、懇願書署名の高砂、梅ヶ谷の両人、関東と九州とにおいて、別々に殉国的に活躍した事蹟がある。このことは、従来角力道関係の諸書に詳記されていないから、ここに特筆することとする。

（二）

維新後、一種の反動思想として、旧物破壊熱おおいに興り、角力無用論も一世を吹き捲《まく》るに至った。この際、高砂、梅ヶ谷の両力士が、国内事変の鎮定《ちんてい》に参加を志願し、おおいに殉国精神を発揮したことは、力士道のために万丈の気を吐き、角力無用論に対抗して大変有効であった。この両美談を、当時の新聞記事によって、真相を伝えることにしたい。

（一）　秋月藩士暴動、残徒掃蕩《そうとう》の件

この事件は、明治九年十月二十七日、熊本神風連の勃発に策応して、旧秋月藩士、宮崎車之助、今村百太郎、益田静方等四百人ばかりが蜂起した事変であり、小倉鎮台《ちんだい》の兵がこれを討ち、百太郎、静方は捕らえられ、車之助は自殺し、余衆すべて鎮まった。熊本神風連は二十四日、萩の前原一誠、奥平謙輔等の勃発は二十八日で、この十月は、関西九州に暗雲低迷して、物情、最も不安を極めた時である。この月三十日、筑前甘木駅興行中の梅ヶ谷一行、警察力手薄《てうす》の際、命を奉じて賊《ぞく》軍の残兵掃蕩に尽力した事件がある。同年十二月十五日の読売新聞の記事左の如し。

「当春頃、数寄屋橋の小林さんが、相撲は無用のものといわれましたが、この手紙を読むと、中々、無用ではありますまい。じっくりと皆さん御聴きなさい。

筑前の国、甘木駅より行司木村五郎さんが送って来ました手紙に、十月三十日、甘木駅にて角力興行中、梅ヶ谷藤太郎、秋月藩賊徒が、同国と豊前の地境にて、福岡小倉の両兵隊と挟《はさ》み討《う》ちになり、賊敗走に及び、諸方へ散乱し、たぶん、当所へ落ち延び来ると推量いたし、捕縛致したく、当屯所巡査、諸方へ行っており、人少ないゆえ、手配届きかね、よって助人頼みたき旨右の儀は当屯所の私見に非ず。全く福岡県より両指令につき、天朝への御奉公と心得、奮発致《いたす》べきむね、厳命を蒙《こうむ》り、一統評決の上、（中略）さてその時出張したのは、梅ヶ谷、鷲ヶ浜、大纏《まとい》、大淀、大見崎、神崎、長山、稲川、左倉川、鞆ノ平、春日野はじめその外一統へ刀一振、御下渡になり、それより諸方へ出張探索の上、賊徒生捕あるいは降伏の旨全て五十名、力士の手にて取り押さえ、巡査衆へ引渡し、一統無事に引き揚げ、翌日御暇《いとま》賜わり候事、さて、この出張につき、銘々心ざしをよんだと、ある人より送られたが、虚実のほどは受け合いません。

しかし捨てるも惜しいゆえ、取りあえず貴社へ送る。

国の為　捨てる命は　惜からじ　鷲づかみにて　皆生け捕らん　鷲ヶ浜
これはお茶の粉鉄丸の煮豆でも　大見崎
日の恵み選り出されたる谷の梅　梅ヶ谷
正宗の樽引さげて冬囲へ　大　淀
群れて来ていぬにかかるや渡り鳥　佐倉川
紅葉狩る獲ものや鹿のおとし角　春日野
麻布、永坂に住む春陽舎永里投」

（二）　茨城県暴徒鎮圧に関し、角力隊として防援の件

これは高砂浦五郎等力士八十余人、茨城県湊町に巡業中、角力隊の名を以て、暴徒鎮圧に助力せんことを願い出た。明治以来に、角力隊の名を以て殉国精神を発揚したものは、これが最初である。

明治十年一月九日発行、東京日々新聞の記事にいわく、

「また湊に興行せる角力高砂浦五郎外八十余人、非常の事あるを聞き、すでに角力隊と記せる旗を製し、県庁に防援せんと、戸長に願い出たる旨ありて、戸長奔《はし》って免許を乞ふ。中山君（茨城県令）この志を嘉《か》賞《しょう》して、その乞を許さず。これより先き砺木県士族三名も、公債証書の事を以て、本県に滞在する者、水戸士族が防援を願いて免許を受けたる由を聞き、我が一両輩、防援に足らずといっても、士族の隊中に編

せられ応分の力を尽くさんと願い出たりと　すでにして夜十二時を過ぎ、翌十一日暁、四時頃に懲役掛の者、一ツの包みを提げ来たりて訴へて曰く。只今懲役人六名、賊魁の首を提げ、力剣を奪い帰り来れり、首級すでにここに在りと。中山君大に喜んで曰く。籌策《ちゅうさく》中《あた》れり、これ真に奇策というべしと。よってその策の原因を尋ぬるに、前日、十年以上懲役の者新介《しんすけ》外五名を選び、各、役囚の服を着、突然と石塚の賊巣に投じ、賊魁《ぞくかい》と面して、吾等今獄を脱し来る。願わくは汝等に従って相倶《あいとも》に事を挙んと。賊中、新介を知る者あり、おおいに新介の至るを喜び、その一味を諾《うべな》わせしと雖《いえども》、ひとり賊魁怪しんで聞き入れず。これにおいて新介等曰《いわ》く、吾輩すでに重罪を犯したり、そして今なお脱獄の罪を重ねた。かりに、帰って哀を訴えても死を免がれず、故に地方に潜匿して追捕にあうよりも、むしろ汝等が刀に死なん、乞う速かに刀を与へよと、落ち着いて死を決せし状を示す。ここにおいて賊魁、おおいにその雄胆をほめ、詐欺なきことを悟り、喜んで曰く、すでに二心なきを知れり、今より味方に頼まん、よろしく奮闘すべしと。新介等よって喜悦の色をなすを、賊魁、揚言《ようげん》して曰く、我はこの巨魁たる大和田利右衛門なりと。新介等拝してそ曰、某《それがし》は撃剣《げきけん》に長じ、某は槍に長ず、一方の防は吾輩五名にて足れりと。十分雄略あるを誇り、よってその襲撃の画策を問うに、路すがら巨豪を焼き金穀を奪い、囚獄、懲役の両所をこわし、勢いに乗じて県庁を襲わんとす。新介等曰く、凡《およ》そ人の家屋を焼く何んぞ益あらん、募るべき人散じ、財また蕩尽《とうじん》す、何んぞ思わざる。今吾勢千余に及ぶ、県庁を襲ふも難かる可からず、されども徐《おもむ》ろにそのことを図るべし、暗号は如何。曰《いわ》く何々、先鋒は如何、曰く何々。陣法は如何、粮糧は如何と。ことごとく賊の秘密を問うて、その謀略の非にして、利に新に非ざるを陳じ、己の所見を賦魁に説明するに、ついに皆、新介等の言を容れて、よろしく事を托すべしと思い、引出物せんと、腰に差したる長刀を新介に与へ、その余の者へも、刀を選び授け、たいそう機に投じ得たり。」（後略）

かくて新介等、苦肉の策、成功して賊を斃《たお》すを得たので、事変鎮定して、高砂等角力隊の活躍をみるに至らなかったが、この事変は高砂の殉国精神を発揮した好舞台であった。

（三）

横綱常陸山著の「相撲大鑑」に、明治の大政治家伊藤博文公が、明治二十六、七年頃、日清戦役前逸早《いちはや》く、角力株式会社創立の示唆を与えたことを記している。その大要をいえば、明治二十六、七年の頃、角力全廃論が沸騰したが、廃止論者の言うところは、角力は裸体踊に外ならぬものであるから、社会風教に益なしというにある。当代の名士、伊藤博文、黒田清隆、後藤象二郎、佐々木高行、安藤則命等、尽力すれども、廃止論の沸騰を如何ともす可《べ》からざる有様であった。この際、伊藤公、黒田伯に説いていう。「日本特有の角力道を一朝にして衰頽せしむるは、決して黙視するに忍びず、これが救済の手段として、角力株式会社を組織すべきである」と説いたところ、大の好角家たる黒田伯、手を拍って共鳴し、土《ど》州出身の大江卓を招いてその趣旨を説き、画策を進めさせ、大江もまた大賛成で、数名の専任書記を使用して、約四ヶ月を費して種々材料を調査に従事し、将《ま》さにその完成をみんとする刹那《せつな》、日清戦争の勃発に際し、国民の敵愾心はその極に達し、各地に義勇団の組織をみるに至り、東京大角力よりも、明治十八年の懇願書の趣旨に基づき、従軍願を提出し、ここに力士は軍役夫として採用され、戦功を奏するに及び、世間の同情は力士に集まり、「裸体踊」論一掃せられて空《むな》しきに至った。

「角力大鑑」の記すところの大要は上述の通りである。黒田伯が天性の強力にして、また大の好角家たるは顕著なる事実であるが、伊藤公が角力道のために苦心斡旋《あっせん》されたのは、おそらく世人の意外とするところであろう。これについては次に説明することとしたい。伊藤公は、角力道における殉国精神発揚の歴史に不滅の貢献をなしているのである。

伊藤公と力士殉国の物語は次の如くである。幕末に、長州藩が、聖旨を奉じて攘夷《じょうい》を実行するに当たり、各方面の団体が奮起し、各義勇軍を組織したが、その間に、藩内のいわゆる宮角力たち結束して、「力士隊」と称して尊攘運動に従事したのである。力士の団体が国事に活躍するは、我が国の歴史上これが最初である。力士隊の活躍の中《うち》、最も特筆すべきものは、元治元年十二月十五日の夜、隊長伊藤俊介引率の下に、一代の英雄高杉晋作の独力回天の義挙に参加して、偉功を奏したことである。俊介はすなわち後の博文公である。この大事実を略説しよう。

もとより幕末、内外未曾有の難局に際し、尊攘の唱首たりし長州藩は、文久三年、堺町門の政変、続いて翌元治元年七月十九日、京都、蛤門の変に敗戦し、英米蘭仏四国連合艦隊と激戦して大敗し、続いて幕府の大軍、四境を圧して襲来することとなり、長州としては未曾有の窮境に陥りたるため、俗論蜂起して、政府はその手に帰し、尊攘の志士、続々斃《たお》れて、長州の前途、測る可からざるものあるの危機に際し、高杉晋作、いったん身を以て筑前に逃れたが、しばらくして長州に帰り、俗論を一掃して回天の壮挙を成さんとするに、独力空拳にして一兵を有せず、諸隊、また時機尚早を唱えて、その暴挙を思いとどまらそうとする者ばかりなるに、ただ一人、高杉に共鳴した者は伊藤俊介で、力士隊六十人を率いてこれに応じた。それと聞いて石川小五郎（後の子爵川瀬真孝）もまた遊撃軍二十余人を率いて高杉に応じた。高杉は年末二十五日の夜、長府においで、以上八十人の兵を率いて、回天の義挙を企てた。深夜、兵を率いて、三條実美公等五卿滞在の功山寺に到り、高杉ひとり三條公等に謁して拝別し、功山寺門前より隊伍整々として下関往還の街道に向かって出発した。この時、高杉は馬上颯爽《さっそう》として先頭に進み、副将として伊藤俊介また馬に跨り、力士隊を率いてそれに続いた。時は深夜、飛雪紛々として天に満ち、寒月、山の端にかかり、義軍一隊、粛々として進む光景は、実に劇的感激を極めた。伊藤は馬上の進軍はこの夜が初めてで、手綱をしっかり引きしめ、背をまるくしていたが、一ノ谷の梶原よろしくという風に、雪中の早梅一枝を手折って、うなじに挿していた。高杉は直ちに下関を占領して、討奸檄を発した。それには遊撃軍の者を以てしたが、高杉の義挙は、数においては、力士隊が主力であった。著者は、当時の遺老から実話を聞いたが、力士隊は剣術はできないから、いずれも六、七尺ばかりなる八角の樫木棒を携帯し、腕力に任せてそれを振りまわすのであった。さて高杉が起つと聞くや、諸方響の如く応じ、間もなく俗論党を一掃し、幕府の包囲軍をことごとく四方に撃破し、薩長攻守同盟を締結し、進んで皇政復古となり、鳥羽伏見より戊辰戦役となり、明治維新の大業成就するに至るまで、崇高なる維新史の絵巻物の急展開であるが、その開巻第一は、高杉晋作の独力回天義挙たることはいうまでもない。この壮烈な義挙の人数の主力が、樫木棒の角力兵だったことは実に痛快ではないか。

伊藤といえば、維新史上、第一のインテリ政治家にして、明治以後しばしばハイカラと思われていたものである。それが開闢《かいびゃく》以来、初めての倫敦《ロンドン》留学から国難を救わんために、急に帰って来たのである。その新知識の伊藤が、人もあろうに蛮勇の力士隊総督だったというのは、またきわめて対照の妙というべく、ユーモアさえも感ずるのである。しかも伊藤が同輩、維新功臣中に群を抜く経歴の第一は、高杉の回天義挙に副将となったことである。

伊藤と力士隊との関係はかくの如くで、伊藤が終生、力士ということを忘れぬ由来である。力士が日本歴史の主潮に乗り出したのは、古来、この力士隊あるのみである。

（四）

次に、戊辰戦争に於ける長府藩の磐石隊《ばんじゃくたい》の北越戦争における活躍を紹介する。

磐石隊はすなわち力士隊である。これは前に挙げた力士隊とは違い、長府藩だけの力士隊で、長府藩士の精兵を報国隊といい、磐石隊は報国隊に付属していたものである。磐石隊員山田七郎兵衛なる者が手記した越後出征覚書というものは、長府図書館主事浜野段助氏が紙屑屋の反古《ほご》庫の中から発見、買得したもので、今となっては、力士が書いた古今唯一の角力隊戦歴日記ともいうべき貴重なるものとなったのである。山田七郎兵衛は如何なる人物か。当時長府の田舎角力としては、長府の小嶋潟、安岡の西ノ海等がその錚々たる者であるが、これ等は筆者山田の年輩には相応しない。筆者山田の角力名は書いてないが、日記中に、二十年前に越後に巡業したと記していているから、当時、少なくとも四十歳であろう。このような年輩は、磐石隊としてはおそらく無二の長老であろう。この山田というのは、長府領から出て、おそらくは若い頃、大坂角力の群に投じ、諸方巡業して歩いたもので、この頃、すでに土俵を引退して、田舎角力の世話役を勧めていた者であろう。この日記を見ると、到るところに狂歌など挿み、力士としては、珍しき文才と称すべきである。それではこの日記のおもしろいところだけを抄録してみよう。

磐石隊が、長府藩の小さき軍艦、満珠艦《まんじゅ》に搭じ、下関を出帆して北征の途に上ったは、明治元年戊辰の六月一日、早朝五時頃であった。同夜、萩に着港し、二日、大砲弾薬など積み入れ、三日朝七時頃、萩を抜錨《ばつびょう》す、遥かに見嶋を望む。筆者七郎兵衛の狂歌はこの時から始まる。

いさぎよく　舟も走りし　追手かな　敵地に早く　すすむうれしさ

四日、蒸し暑し、甲板で涼む。

四方見れば　高天原も　かくやらん　心も清く　すず風ぞ吹く

白山を見て次に立山を望む。五日朝より雨。

むつまじや　蒸汽に乗って　いく隊の　心の中は　鬼の勢

此日、今町に着す。初めて雪を喰う。

六日、舟で柏崎に来たり、長岡に向かう。七里にして関ヶ原に宿す、長岡へ三里である。ここは、七郎兵衛、二十三年前、角力巡業に来た時の旧知がおり、鱒を沢山贈ってきたので、それを肴として酒を酌む。

十四日、磐石隊は砲兵となり、与板山の陣ヶ峰台場を守る。敵地を距《へだ》たること七、八丁より十四、五丁である。十九日の激戦に、小島潟戦死す。二十五日、朝廷より御肴代一朱ずつを賜わる。七郎兵衛、感激して歌を作る。七郎兵衛の日記に、御上と記するは、朝廷のことで、藩主は殿様と記す。

七月十五日、戦続く。大雨のため山見えず。隊長よりお萩を頒与す。磐石隊は、陣ヶ峰の山塁を守って戦うこと既に三十日、夜は蝋燭を燈として斥候し、雨のために悩まさるること少なからず、アブと蚊多し、松杉の葉をくすべてこれを防ぐ。

十七日、アブと蚊多し、夜は人足をしていぶさしめて、かろうじて夜を明かす、戦争も夜が多いので敵と蚊とを早く滅さねば、夜は寝られずと思う。

あぶも蚊も　敵もなくなく　越後路で　打殺さねば　人に喰いつく

七月二十一日、弥彦山麓の親分久右衛門、子分四五百人を率いて会津方に属し、成功の暁、一万石賞賜の約束ありとの評判、官軍その家を焼く。

そろばんの　つもりちがいし　賊兵は　末は四の段　今は九の段

二十二日、七郎兵衛、大砲を担当す。十二潟村の旧知より七郎兵衛に大鯰《なまず》三尾を贈り来れるを以て小酌を催す。

二十四日、河井継之助の長岡城回復、北越戦中の激戦、官軍の死傷最も多かった。磐石隊は退いて金倉山に立て籠もる。小桜戦死、松風と豊浦潟負傷。

二十九日、官軍、長岡城を回復、激戦。七郎兵衛、歌をもって戦勝を祝す。

八月朔日、陣ヶ峰の塁《とりで》を撤して与板に下る。

三日、燕町に進む。磐石隊、信濃河畔に台場を築く。三條町にて磐石隊に旋條銃を交付せらる。

七日、加茂町にて、敵軍、小銃弾薬を井中に投入して遁走すと聞き、磐石隊、井戸浚《さら》いに従事す。

十四日、新津に於て、磐石隊、堀浚いをして、数多の大鯰を得て陣中に贈る。越後七不思議の一なる噴油を見る。

八月二十一日、磐石隊、津川道の諏訪峠に台場を築く。

九月十二日、所々転戦したる磐石隊、会津城下に達し、包囲軍に加わる。

十三日、磐石隊は、諸隊と共に城後の小田山に大砲を据《す》えて戦う。磐石隊の陣地は、町から七、八町隔たる。

十四日、官軍昨夜半より総攻撃を開始、磐石隊も大砲を放つ。サトヱム砲にして、殊に昼夜を措《お》かず連射す。

十八日、攻戦なお続く。小田山砲塁における磐石隊の照準者及び隊員死傷す。二十二日、午前十時頃、城中より三所に降参と記した旗を立て開城す。二十三日、七郎兵衛等、磐石隊、二ノ丸を見物し、ずさんで曰く、

老の身も　たよるかたなき　若松の　みどり子までも　散るや秋風

九月二十四日、攻囲軍順次帰還の途につく。十月三日、五泉滞在中、錦の肩章《かたじるし》ようやく磐石隊にわける。十月十一日、柿崎泊、征衣雨に湿《うるお》うて塞し、宿の主婦、衣をあぶり懇待す。柿崎は、親鸞上人、渋柿の名歌の旧跡である。七郎兵衛の歌、

柿崎の　宿の家内も渋ぬけて　ぬれし衣物を　雨に干しけり

磐石隊が信州路に入り、善光寺詣、木曽路より尾張に出《い》で、熱田宮に詣で、桑名に渡り、十一月二日、着京。三日、凱陣諸兵、残らず御所に集まり、朝廷より賞賜あり、二條通、荒神町向河原の練兵場にて、宗藩主及び長府藩主より賞詞あり、宿に帰れば、朝廷をはじめ、宗藩主、長府藩主より酒肴を賜わり、全軍おおいに歓喜す。宗藩というは、萩のこと、長府は萩の支藩である。かくて磐石隊は大坂に出て、再び満珠艦に搭乗して、下関に帰着したのは、十日午後二時頃であった。

一四　明治十七年の天覧角力

（一）

維新の大業を遂げ給いし明治天皇が、平安時代の節会角力以来八百年間天覧角力の光条に浴することなかりし廃典を興し給い、畏《おそ》れ多くも浜離宮において前例のない盛儀を備えて、横綱梅ヶ谷を代表とする東京角力に天覧を賜いしは、本邦に勧進角力ありて以来、未曾有の大光栄たるは言うまでもなく、これを契機として、日本の角力道は空前の発達を遂げるに到ったもので、この一大事は、角力道としては新しく謹記特筆しなければならぬ。

当時筆者は、まだ関西の田舎の小学児童であったが、生来非常に角力好きであったためでもあろうか、東京から送って来る新聞を見て、この天覧角力の記事に感激し、当日の勝負表を写したことを記憶している。田舎の小学児童でさえ、この通りであったから、この天覧角力が、如何に大なる影響を斯界に与えたかは、まさしく想像に余りあるものがある。なお筆者は、その前年に、巡業して来た東京角力の一行を見たことがあって、その雄姿が、夢幻の如くに、心頭に残っていたために、一層この感激を深からしめたということもあるであろう。

明治天皇の角力天覧は、前後五回あると信ずる。ただし「相撲大鑑」をはじめ、「江戸時代之角力」等の諸書に、前後四回と記しているが、これはいずれも西郷従道《つぐみち》候邸行幸の一事を見落としているからである。角力天覧の第一回は、明治十三年、横綱境川時代に、島津公爵邸行幸の際、天覧に供したのを最初とし、次は浜離宮の延遼館における天覧角力。翌十八年、黒田清隆伯邸行幸の際、天覧に供し奉り、さらに明治二十一年、芝弥生館において四たび天覧に供し奉り、西郷従道候の目黒邸行幸は、明治二十二年五度目の事にして、その邸宅、庭園、当時のままに保存され、東京府において、行幸史蹟として指定されているのに、この時の角力天覧の記事が、従来、度々、角力道の諸書に漏れていたのである。明治天皇は、明治九年、木戸孝允邸行幸を最初として、その後、三條、岩倉両卿はじめ維新功臣の邸に行幸の光栄を賜わったのであるが、その際、角力を天覧に供し奉りたるは、鹿児島県出身の名士に限られたるの観あるは特筆すべきことであろう。

（二）

明治十七年三月十日、前からお指図されていたように、浜離宮延遼館において、角力天覧の御事あり。この日、陛下には、午前九時三十分を以て、赤坂仮皇居を出御《しゅつぎょ》あらせられ、浜離宮に行幸あり。しばらく御休憩の後、延遼館に臨御あり、玉座は御苑に向かいし南面の入口に一段高く設けられ、玉座の左右には、皇族、大臣、各国公使の席を設けられ、後方には侍従の面々が侍坐した。大臣席より左右へ斜めに折り曲げて、三十二間通しに架け渡した桟敷には、菊花御紋章を染め出したる紫縮緬の幔幕《まんまく》を張りまわし、各省の勅任官、麝香間《じゃこうのま》祗候《しこう》、各奏任官、華族等、ここに居並び、その他の陪観者は、東西の桟敷前面と、年寄、行司溜の後方に席を設けられた。土俵は故実に基づき、水引幕には紅白の綸子《りんず》を用い、四本柱にもまた紅白の絹を巻き、東西の花は青竹の四目結《よつめゆい》にて、その中間に敬礼所を設け、花道の西側には菊と桜との造花を挿み、勝力士にはこの花一枝を授け、力士はこれを頭髪に挿みて退くこととされた。これは言うまでもなく相撲節会の古式に則ったものである。

さて角力取組は、先ず土俵固めとして、二十九番の番外取組あり。土俵の中央には、幣束《へいそく》及び神酒を供え、御到着の頃、角力頭取高砂、境川の両人、熨斗目《のしめ》麻上下《あさかみしも》着用にて、玉座近き所に伺候し奉り、立行司木村庄三郎、同庄五郎、式守與太夫等、素袍《すおう》烏帽子《えぼし》の扮装にて土俵上に進み、陛下、玉座に着かせ給うをきっかけに、庄三郎は拍手して、天下泰平五穀豊穣の祈念をなし、式終わって、神酒を庄五郎、與太夫に渡せば、両人はこれを受けて、法の如く四本柱に注ぎ、それより三方及び幣束を捧げ持ち、玉座に対して拝礼し、後ずさりして土俵を下り、花道の中間なる敬礼所に到りてまた拝礼して退く。

続いて土俵の東西に控えたる名乗言上《なのりごんじょう》行司二人、玉座に面して少し進み、跪《ひざまず》いて、召合《めしあわせ》の東西力士名を呼び上げ、勝負を判ずる行司は、この時、玉座に面したる土俵の上に跪き、力士が土俵に上がって相対する場合に、また名乗を上ぐ。最初の十六番の取組までは、立会いの行司、肩衣《かたぎぬ》にて土俵を勤め、その後の取組には、烏帽子素袍にて相勤む。力士及び行司は、土俵に出る前、先ず敬礼所にて敬礼し、退く時もまた同じく敬礼す。

十四番取組終わって、幕下力士の土俵入りあり。午食後に、幕内力士の土俵入りを行い、続いて横綱梅ヶ谷の土俵入りあり。二十一番取組の後、中入前に、三段目力士の飛び付き角力、三番勝負十組ありて、その勝力士には金若干を賜わる。三役角力終わりて、御好勝負二番、及び二段目力士の飛び付き勝負ありて、同じく勝力士には、それぞれ金若干を賜わる。右すべて終わりて梅ヶ谷、西ノ海、大鳴門、大達、輌ノ平等の地取《じど》り稽古を御覧遊ばされて、陛下には天顔麗わしく、午後六時還幸あらせられ、力士一同には酒肴を賜わったのである。

（三）

当日、天覧角力における取組及び勝負表左の如し。

勝		負
行司 木村市之丞		
中田川	ヨリナゲ	谷渡り
青木川	オシキリ	鉄石
谷の風	ハサミダシ	加州山
山の上	ナゲタオシ	神田川
荒高	ムソウツブシ	四剣
信夫岳	ケカエシ	稲葉山
行司 木村銀次郎		
玉桂	シタテナゲ	朝の戸
鷲ノ森	フミキリ	白玉
八の浦	マキオトシ	達ノ里
栄松	ヒッケカ	百瀬岳
頂	オシキリ	若港
行司 木村太一郎		
二子山	ヨリキリ	常陸川
相川	スクイナゲ	朝日山
木曾川	ヒッケカ	鹿島山
千年川	ハタキダシ	浦ノ浜
羽緘	オシキリ	藤ケ枝
行司 木村直		

黒雲　オシキリ　宮の松
三吉川　ツキオトシ　向鉄砲
毛谷村　モタレカケ　平ノ戸
朝日岳　オシキリ　越川

行司　木村喜代治

藤ノ森　カケナゲ　柏木
取倉　オシキリ　白梅
小倉山　ハタキコミ　武蔵野
羽衣　ワタシコミ　早虎

行司　木村多司摩

勢力　ヨリキリ　野州山
千草山　オシキリ　日下山
大野川　ヨリキリ　御所桜

岩ノ里　三岳山（山ノ音代理）

行司　木村庄治郎

増位山　ツリダシ　御所桜（大和錦代理）
藤ノ戸　マキオトシ　綾浪
菊ヶ浜　ナゲタオシ　泉瀧
鶴ヶ浜　オシキリ　嵐山

行司　木村誠道

萱田川　オシキリ　音羽山
長山　オシキリ　和田森
荒石　ステナゲ　浦湊
入間川　ソクビナゲ　九紋龍

行司　木村庄五郎

中津山　フミキリ　千勝森
八幡山　ワリダシ　出繹迦山
柏戸　クビヒネリ　勢
井筒　ワタシコミ　伊勢浜
行司　式守與太夫
稲ノ花　ヒネリダシ　廣の海
一ノ矢　ヨリキリ　緋縅
友綱　オシキリ　清見潟
高千穂　ギャクナゲ　常陸山
行司　木村庄三郎
鞆ノ平　ソクカラミ無勝負　海山
千羽ヶ岳　ヨリキリ　浦風

三役
行司　木材庄之助
劔山　水入引分　大達
大鳴門　シタテナゲクジケタオレミ預　西ノ海
梅ヶ谷　ハタキコミ　楯山
（結）
御好二番勝負
行司　木村直
浦ノ浜　野州山
鶴ヶ浜　泉瀧
八幡山　伊勢浜
行司　木村多司摩
勢　井筒

嵐山　常陸山

行司　木村庄治郎

友綱　廣の海

柏戸　稲ノ花

行司　木村誠道

毛谷村　緋縅

御好一番勝負

行司　木村誠道

高見山　ハタキコミ　高千穂

行司　木村庄五郎

鞆ノ平　ヒネリ　一ノ矢

清見潟　オシキリ　手柄山

行司　式守與太夫

大鳴門　カケタオシ　海山

劔山　トリツカレ引分　西ノ海

行司　木村庄三郎

千羽岳　楯山

梅ケ谷（二度水入引分）大達

御好二段目飛付

菊ケ浜——
{頂
八の浦
藤ケ枝

響松 ― 山の上・大の川・早虎

岩ノ里 ― 黒雲・勢力・鹿島山

羽衣 ― 小倉山・大の川・山の上

三岳山 ― 綾浪・越川・早虎

若港 ― 八の浦・信夫岳・山猫

黒雲 ― 信夫岳・越川・泉湊

四ツ車 ― 谷ノ川・白玉・藤ノ戸

取倉 ― 朝日岳・勢力・松ヶ枝

藤田川 ― 鹿島山・白玉・黒雲

御好稽古

大連 ― 藤ノ森・響松

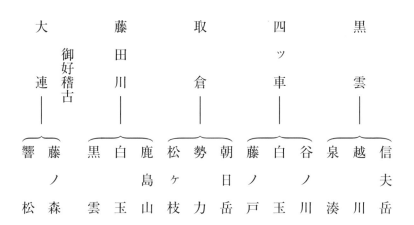

鞆ノ平――若港・浪渡・平ノ戸・鹿島山
西ノ海――羽衣・菊ヶ濱
大鳴門――早虎・泉瀧
梅ヶ谷――友綱・増位山

相撲協会取締
　伊勢ノ海五太夫
　大嶽門左衛門
角力長
　高砂浦五郎
　境川浪右衛門
角力副長
　追手風喜太郎
　藤島甚助
御用掛
　根岸治三郎

(四)

当日の天覧角力は、稀代の大力士梅ヶ谷を御覧になる御思し召しがあったので、梅ヶ谷の取組には、特に御注目遊ばされ、なお龍顔最も麗わしく拝せられたのは、梅ヶ谷対大達の取組のところにて、老成と新進との二大活金剛が、心身の力を尽くして闘い、実に龍攘虎搏《りゅうじょうこはく》の大壮観を呈し、きわめて深く興に入らせ給い、ついには二度水入り引分けという古来稀なる大角力を展開して、御覧に入れるに至った。両力士はこの前、一度、初めて顔が合って、梅ヶ谷が勝っているが、何分すでに老熟の域に入ってより年を経ること久しく、だんだん強味の絶頂を過ぎて守成の心境に入っているに、大達は年壮気鋭、その絶倫の力量に、潮の湧くような勢いに乗っているので、この御好勝負は、双方ともに懸命の角力であり、当日、御前で負けては相済まぬという梅の立場であるから、精神的に、梅に分《ぶ》が悪かった角力である。この歴史的なる両力士の取組について、詳細なる記録がないのは、誠に遺憾であるが、その大略を聞くところによれば、両力士は左四つに組み、梅は下左手で、褌を引いたのは、得意の取口であったが、褌が一重しか引けなかったので、勝身に行かれず、梅は二重褌を引こう引こうと争ったが、大達は腰を捻って引かせず、さればとて、この体勢で、大達より強引に出て行くわけにはいかず、かくて時を移して水入りとなり、その後も同じ争いを繰り返すのみにて形勢の展開を見ず、両雄とも腹は波打ち、呼吸ははずむばかりであったが、引分けを御許しなく、再び水入りの後、時経って引分けとなったので、両雄、一世一代の死力を尽くし、一時間以上も取り組んだと思ったほどであったというが、こうがっしりと四つになっては、いたしかたなかったであろう。しかし御好によって、かくばかりの大角力を御覧に供したことは、御満足に思し召されたようであり、両雄は力士として未曾有の光栄である。

（五）

従来、角力関係の諸書に漏れたる西郷従道侯、目黒別邸における、明治天皇、第五度目の、角力天覧について略説する。

西郷侯の目黒別邸は、東京市における広大なる庭園美として著名なるものであるが、旧幕時代には、豊後竹田の城主中川修理太夫の控屋敷で、二万坪の広さがあり、幽邃《ゆうすい》なる林泉、都下の一勝区であったが、維新後荒廃に帰していたのを、大西郷隠棲《いんせい》の地として以前に求め、その庭園は忠僕熊吉が設計改作したものである。その後、明治十四年頃、仏人技師デスカスと鈴木孝太郎の設計で木造洋館を建設し、さらに同二十二年、行幸直前において、旧薩藩の棟梁伊集院某の設計によって、書院造りの日本館が建設された。これは行幸の御座敷として作られたものである。

時は明治二十二年五月二十四日、午前十時、天皇は二頭立の御馬車にて宮城を御出門、徳大寺侍従長陪乗申し上げ、午前十一時、上目黒の西郷海軍大臣別邸に着御あり。西郷をはじめ、各大臣親任官等、玄関前に奉迎申し上げ、海軍軍楽隊が吹奏する嚠喨《りゅうりょう》たる奏楽のうちに、天皇は洋館二階の仮殿に入御あらせられ、主人夫妻一家並びに参会の各大臣その他に謁を賜い、やがて二階ベランダに設けられたる玉座に移御《いぎょ》し給い、後庭に設けられた土俵における角力を、天覧あらせられた。当日天覧の供奉は、侍従及び侍医の外には、近衛騎兵二十騎、御馬車の前後を護衛し奉つるのみで、誠に御質素なる行幸であり、西郷邸においては、表門に国旗を交叉掲揚し、別に緑門を設け、正面玄関には、紫の菊花章を染め抜きたる幔幕を絞り、洋館を中にして、後庭と前庭と、二ヶ所に、帆柱に擬した大竿を建て、これに頂上より三條の縄を張って万国旗を結び、その下に余興の土俵と舞台とが作られてある外《ほか》、何等の装飾もなかったと伝えられ、きわめて簡素なる奉迎であった。土俵は後庭に、舞台は、日本館の方の前庭であった。かくて、天皇は日本館にて御中饌後、玉座近き芝生の上にて、当時流行の薩摩踊、並びに大象の芸を御覧あらせられ、再び洋館二階に還御、引き続き角力を天覧あらせられ、御好み取組数番あり、終始いとも御興深く、天覧あらせられた。その時の土俵は、現に洋館の後庭に屹立する大樹の付近であったと承わる。当日は、ちょうど東京大角力夏場所、江東回向院に開催中だったので、その全体を招致して、天覧に供し奉ったので、取組の番数はたいそう多かったので、一入《ひとしお》御満足であったように拝せられた。取組の中、三役及び御好角力を左に記す。

三役　　　　一ノ矢　小錦

西ノ海　嵐山　　大鳴門　若湊

御好

大碇　大砲
稲妻　野州山
谷ノ音　北国
瀧ノ音　増位山
大蛇潟　高ノ戸
響舛　今泉
千年川　大纏

平ノ戸　真鶴
八幡山　嵐山
小錦　若湊
大泉　芳野山
司天龍　鬼ヶ谷
鞆ノ平　上ヶ汐
一ノ矢　若ノ川

角力は午後四時終了した。

当日の来賓は、有栖川宮熾仁《たるひと》親王をはじめとして、三條内大臣、黒田首相、伊藤枢相《すうしょう》、大隈、井上、山田、松方、大山、榎本、後藤の各大臣、その他次官、枢密顧問等々二百余名にして、角力終了後、庭内において、立食の饗応あり、天皇は、午後六時頃、御機嫌殊《こと》に麗わしく、諸人奉送のうちに還幸あらせられた。

その後、西郷家においては、この光栄ある建造物をよく保存し、庭内に感恩碑を建てた。ところで昭和八年より、史蹟名勝天然記念物保存法により、明治天皇聖蹟を保存することになり、その年十一月三日の佳節、全国八十六ヶ所を指定発表され、その中、東京における指定地のうち、殊に、角力天覧の光栄を有するものは、旧芝離宮址と、この上目黒西郷邸との二つであり、西郷邸の管理者を文部大臣は東京市に指定した。

一五　明治四十三年　東宮殿下国技館春場所に台臨

（一）

東両国、国技館の建設竣成の翌年、明治四十三年一月九日、大正天皇、まだ東宮にて在しまし時、国技館に台臨、大角力、台覧あらせられしことは、角力道、千古の大光栄として特筆しなければならぬ。当時都下の新聞記事によりその盛況を謹記する。

東宮殿下台覧角力は、予定の通り一月九日午後二時よりきわめて盛大に挙行せられた。殿下には、村木東宮武官長の陪乗にて、行啓あり。相撲司吉田追風、相撲協会取締 雷《いかづち》 権太夫、同副取締友綱貞太郎、及び常陸山、梅ヶ谷の東西両横綱、検査役尾車、二十山《はたち》、理事長根岸治右衛門等、恭《うやうや》しく国技館正門に奉迎し、市長尾崎行雄先導し奉りて、暫時御休憩の上、直ちに会場に出御、角力を台覧あらせられた。

当日、国技館の正面には大緑門《アーチ》をしつらえ、大国旗を交叉し、赤、紫、萌黄染め交ぜの緞子《どんす》の幔幕を張りわたし、国技館と大書したる大額を掲げ、午前の中《うち》より、協会役員、取締、副取締以下、ここに整列し、一々、来賓に応接していたが、正午過ぎ頃より馬車絶えまなく続き、忙しく来賓を送り来り。一時過ぎには、さしもに広き場内、シルクハット、フロックコートと、陸海軍の軍帽とを以て充たされ、正面の貴賓席には、金屏風の光彩、燦然《さんぜん》として四方を射、竹内廣太郎献上の伊万里焼香炉、五犬の戯れいる銀の置物、楽器模様の香箱、洋紅焼の花瓶を御卓上に備え、場内の設備万端遺憾なく整い、奉迎の誠意は粛然として館内にあふれている。この時、烏帽子、素袍姿の立行司、木村庄之助、粛々として土俵に上がり、幣帛《へいはく》の前に端坐し、脇行司として、東に木村進、西に木村誠道、控行司には伊之助、庄三郎、大造、與太夫、庄吾、端然として差控えている。庄之助、先ず美声を張り上げて、「天長地久風雨順時」の祭事を相勤む。天下泰平五穀豊穣の祈念、朗々として館内に徹す。片屋開の式を済ませ、御酒を四方に供え、四個の御幣を四本柱に供えて退く。この頃、ひしひしと詰め寄せたる来賓に満場早や立錐の地なき有様、東西の花道には、立て列ねたる黄白の菊花、爛漫として咲き乱れ、その中間を占領したる陸海軍人席は、カーキ色に燃えて、鏘々《そうそう》たる佩剣《はいけん》の響きが勇ましい。かくて時来り、開場を報ずる陸軍軍楽隊の奏楽、瀏喨《りゅうりょう》として起こり、満場の空気一新する。

この時、軍楽に入れ代わって、呼出勘太の拍子木一声、東の花道より放島、西より金《かね》の花現れ、行司木村喜太郎これを合わす。これより当日予定の五十番の角力始まる。当日は、儀式を厳守し、検査役は東西の溜《たまり》に控え、呼出は東に玉吉、西に金吾と行司と力士以外は、何人《なんぴと》も一歩も土俵に上がることを許さず。やがて二十五番目の角力、小金石と沖の島、土俵一杯の力戦、右四つとなり、沖が掬《すく》い投げを残して、小金が突き出して勝った瞬間、土俵の天井より「脱帽、最敬礼」の札下り、満場総起立、貴賓席に向かい、最敬礼のうちに、東宮殿下には、陸軍中将の御略服を召させられて行啓《ぎょうけい》、満場に御会釈を賜い、皇族席の中央に御着席あり。軍楽隊は「君が代」を吹奏す。次いで平ノ石と書写ヶ岳の取組に移る。行司は素袍姿の木村大造、これより土俵上、さらに光彩を添えた。この勝負一番の後、東より常陸山、西より梅ヶ谷、その雄姿を土俵に現し、三段構えの式を行う。このため、熊本よも相撲司吉田追風、特に上京して立行司を勤む。続いて幕下十両の取組終了するや、呼出勘太の拍子木、再び鳴り渡り、東方は行司與太夫、西方は同じく勘太夫、先導して、東西幕内力士の土俵入りあり。続いて東横綱常陸山の土俵入り、露払は小常陸、太刀持は碇潟《いかりがた》、立行司は木村庄之助。次に西横綱梅ヶ谷の土俵入り、露払は梅ノ花、太刀持は玉椿、立行司は式守伊之助。横綱土俵入りは当日、際立って見事であった。

（二）

横綱土俵入り終わって、常陸山は小常陸、碇潟を相手に、梅ヶ谷は梅ノ花、玉椿を相手として、角力部屋でなければ見られぬ稽古振りを御覧に供したる後、待望の幕内力士の取組となり、勝角力は、一々菊の小枝を頂戴して退場する。こうして一番ごとに満場の拍手喝采破るるばかりにて、三役は最後に常陸山、梅ヶ谷の勝負引分け、番外御好み十二番ありて、午後四時過ぎ頃、立行司木村庄之助は、弓を杖に「結び」を言上し、国技館に無限の栄えある台覧角力は、ここにめでたく終了を告げたのである。

当日の主なる取口及び勝負者左の如し。

勝		負
金の花		放島
鬼見崎	オシキリ	中ノ川
山田川	ヨリキリ	高武蔵
塞玉子	ヤグラナゲ	温泉岳
八面山	ツキダシ	越ノ海
常山	ウッチャリ	国岩
蛇ノ目	オシキリ	小大砲
荒角	オシダシ	房州山
玉ッ島	ツリダシ	夏島
甲州	ツリダシ	一陣
日本海	カケモタレ	常陸川
玉ノ川	スクイナゲ	黒雲
五所車	(休)	梅川
荒鬼	ヨリキリ	荒駒
千葉岳	ヨリタオシ	立汐
勢力	コシクダケ	玉ヶ崎
小野ヶ嶋	ツリダシ	石山

加勝山　ウワテナゲ　平ノ海
明石龍　オシキリ　小倉山
綾川　イヅミガワ　雷ヶ浦
八甲山　ヨリキリ　岩木山
粂川　オシキリ　駒勇
桜川　スクイナゲ　朝日岳
白梅　ウワテナゲ　佐賀海
小金石　ツキダシ　沖の島
平ノ石　ヨリキリ　書写岳
能代潟　シタテナゲ　槙ノ島
男島　ヒネリ　錦戸
太刀勇　ヨリタオシ　有村
神崎　ツキダシ　近江藤
稲瀬川　ウワテナゲ　紫雲龍
氷見浜　ツキダシ　大崎

龍ヶ崎　アビセカケ　陣立
綾浪　オシキリ　土州山
藤島　オシキリ　八島山
瀧ノ音　ウッチャリ　浪ノ音
柏戸　ツキオトシ　千年川
両国　モタレコミ　有明
柏山　ヨリキリ　立川
上ヶ汐　スクイナゲ　大湊
山泉　オシキリ　大鳴門
小常陸　ヨリキリ　梅ノ花
太緑　ヨリキリ　黒瀬川
鐘川　ハタキコミ　緑島
碇潟　コシクダケ　玉椿
鶴渡　ヨリキリ　伊勢浜
鳳　ヨリキリ　高見山

是より三役

駒ヶ岳　キヨ　リリ　国見山

太刀山　ダツ　シリ　西ノ海

常陸山（分）梅ヶ谷

番外御好み

大鳴門　碇潟

上ヶ汐　柏山

一六　昭和聖代の天覧角力

（一）

昭和五年四月二十九日、天長節の佳日《かじつ》に、畏《おそ》れ多くも、天皇陛下には、宮城内に大日本相撲協会の力士を召され、親しく角技天覧の栄を賜わったことは、角力道における無上の大光栄たるは申すまでもなく、昔、永禄年間、天覧角力あって以来、四百年振りの相撲節会と申すべきであった。

天皇陛下には、皇后、皇太后両陛下とともに、御揃いにて出御《しゅつぎょ》遊ばされ、東西幕内三十八力士の熱戦を、終始いとも御熱心に天覧あらせられたのである。陪観席には、柳原二位局、袿袴《けいこ》姿の女官等も加えられ、重臣奉仕者を加えて、約三百人ほどであった。御説明の大役は、相撲協会の会長たる福田雅太郎大将が承《うけたまわ》ったが、陛下には、畏れながらかねて殊の外、角力通であらせられる御事とて、別に御下問《ごかもん》というほどのこともなく、御手ずから鉛筆で、勝負その他を親しく御記入遊ばされたとの御事である。これより前、明治以来の天覧角力としては、明治十七年延遼館において角技天覧あらせられたが、これは宮城内の御事ではなかった。

この日天覧角力の勝負左の如し。

勝　負

若常陸（下手投げ）伊勢ノ浜
池田川（吊り出し）常陸岳
出羽ヶ嶽（突き出し）汐ヶ浜
綾桜（上手投げ）朝光
新海（掬い投げ）若瀬川
常陸岳（掬い投げ）宝川
太郎山（寄り切り）荒熊
外ヶ浜（押し切り）古賀浦
山錦（押し切り）劔岳
清水川（上手投げ）玉碇
信夫山（小手投げ）鏡岩
幡瀬川（打《う》っ棄《ちゃ》り）和歌島
武蔵山（寄り切り）雷ノ峰

朝潮（突き倒し）天龍
若葉山（肩透かし）吉野山
玉錦（吊り出し）能代潟

三　役

常陸岩（吊り出し）眞鶴
豊国（小手投げ）大ノ里
常ノ花（寄り切り）宮城山

御好勝負

武蔵山（引き落とし）幡瀬川
玉錦（寄り切り）朝潮
天龍（上手投げ）豊国

（二）

天覧角力を奉仕して、力士一同、協会へ引き上げて後、取締出羽ノ海は、

本日、天長の佳節にあたり、畏《かしこ》くも相撲天覧の御事あらせ玉えり。惟《おも》うに、正親町天皇の御宇、永禄二年、斯界の先人が一代の光栄に浴し奉りしより、三百七十有余年、昭和の聖世に至り、我等は、またこの盛事に会し、ここに奉仕の大任を完《まっと》うするの光栄を得たり、感激何ぞ堪《こた》ゆ可んや。我等ここにおいて、その任益々《ますます》重く、その実、益々大なるを自覚し、至誠以て斯道の隆盛振興を図らざる可からず、すなわち感激最も新なるこの時において、我等は自今以後、益々協力一致、奢侈《しゃし》を戒め、心身の清浄を念とし、体力を鍛錬して、技術の進歩を促《うなが》し、以て我等の人格を完成し、斯道の作興によりて社会風教に貢献するの大精神を振興し、海岳の君恩に答え奉らんことを誓う。もしその細目に至りては、さらに研究決定するところあるべきも、ここに至誠を披瀝して、微衷《びちゅう》を述ぶることこの如し。

と感激の誓詞を朗読した。実に、千古未曾有《みぞう》の国威発揚の現代において、相撲節会再興とも申すべき、宮城内における角力天覧の盛儀を 辱《かたじけな》くしたるは、斯道の名誉この上もなきことである。

この日、御儀式に奉仕のため、遥々《はるばる》と熊本から上京した司家吉田追風は感激して語る。

今日の天覧角力は申すも畏《かしこ》き次第にて、我等一同涙にむせぶのみであります。昔、永禄年間の天覧角力には、司家十三代の追風が奉仕致しました。今日、端なくも二十三代の私、重ねてこの大光栄に浴したことは、唯々《ただただ》、感激の至りであります。

この日、取組前に行われた東西横綱の手数入《でずいり》（土俵入り）、東西幕内力士のそろい踏《ぶ》み、両横綱三段構の古式等は、この御儀ならでは見ること能《あた》わざるもので、勝力士が、菊と桜の花を行司から渡されたのも、節会角力の古式に則るものであった。東軍の総帥として無二の光栄に浴した横綱常ノ花は謹んで語る。

一微賤の身を以て、天顔を仰ぎ見ることを得ました時の感激は、到底、筆舌ではあらわせません。私は神々しい天顔を拝して、感激と恐懼《きょうく》とに打たれたのであります。三段構の式を勤めました時、正面を伏し拝むと、御威厳に打たれて頭が下がり、心臆した次第でありました。宮城山との立合いにも、自ずと頭が下がるばかりで、出足も思うようにありませんでしたが、これは宮城山とても同じことでありましょう。

天覧角力の御儀は、昭和年代をかざる一大盛儀にして、角力道における永遠の誉《ほま》れである。

一七　梅ヶ谷、大達より常陸山、二代目梅ヶ谷に至る中間の名力士

（一）

梅ヶ谷、大達《おおだて》の対峙より常陸山、梅ヶ谷に到る中間時代に輩出した著名なる力士を略述する。

大勢は、高砂一門と梅ヶ谷、すなわち雷部屋との対立であるが、高砂一門には、無双の大達、図らずも黄疸に罹《かか》って早く衰え、続いて西ノ海、高見山、一ノ矢、綾浪、千年川、続いて小錦、響升、源氏山、朝汐、北海、玉龍等が現れ、西ノ海の門下には逆鉾がいた。逆鉾は三役力士とは思われないくらいの体格であったが、筋骨堅固にして顔つき凛々《りり》しく、「踵《きびす》に目がある」といわれたほどの角力上手であった。梅ヶ谷門下としては、第一に劔山、次いで大鳴門、鞆《とも》ノ平、鬼ヶ谷、智恵ノ矢、司天龍、谷ノ音、鬼鹿毛《おにかげ》、玉椿及びうっちゃりに名高い小松山等がいた。小松山のうっちゃりは、せっぱ詰まってのうっちゃりではなく、初からうっちゃりを計画して、ぢりぢりと後退していくという風があった。この二大部屋以外から出たものとしては、海山、国見山、

大戸平、大砲《おおづつ》、荒岩、及び大碇《いかり》、大戸崎、若湊、大泉、そして鳳凰《ほうおう》、大蛇潟《おろち》等がいた。

右の中、横綱になった西ノ海、小錦の二人は別として、梅ヶ谷に次いで大関になった劔山、大鳴門は、大達に対抗して、最も著名であった。この二人は、いずれも大坂力士から出て来たものである。劔山は、阿波国、麻植郡上浦村の産、嘉永六年の生まれだから、明治十六年、大坂における大関の地位を抛《なげう》って、東京に出て、客将として張出されたのは、三十一歳の時である。翌年、小結、その翌年は関脇、その翌年は梅ヶ谷のあとを引き受けて、大関と、とんとん拍子に進んで、西の大達、西ノ海に対峙すること約六年の久しきに及び、二十五年六月、引退して年寄武蔵川を襲《つ》いだ。劔山は、実力決して西ノ海に譲るものに非ずして、しかも多年、大関を維持しながら、遂に横綱とならず。不幸な力士だともいわれている。大鳴門も、久しく盛名を維持したが、多年、劔山の下に屈していたために、大関に上がった時は、その盛りを過ぎ、わずかに二場所にして引退して年寄八角を襲名して検査役となった。

この頃、業師として有名だったのは、上ヶ汐で、懐《ふところ》の深い好力士であった。皇典講究伯として有名な維新の元勲、山田顕義伯が、非常にこの力士をひいきし、種々の挿話を残している。高ノ戸というは、美男の手取《てと》りで人気があったが、一場所ずうっと黒星で、ただ一つ横綱西ノ海に勝ったということもあった。

鬼ヶ谷は稀に見る長持ちのした力士で、五十を過ぎて土俵に在らしめても、幕内を維持するといわれた。雷部屋の番頭格であった。

（二）

大戸平は、陸前国宮城郡高砂村の産、小錦より一歳の年長にして、同じく前角力から取り上げた力士であるが、その出世は、小錦より四年も後れ、小錦が西方前頭筆頭として、東方幕内を連破した時は、大戸平ようやく二段目に進んだ時であり、小錦、大関の時は、大戸平、十両の尻に上がったが、二十四年夏場所、二十六歳にして入幕するや、たちまち颯爽《さっそう》たる英姿を現した。翌年には、前頭四枚目より飛んで関脇となり、翌年、大関八幡山の張出されし後を受けて西大関に進み、東方の横綱西ノ海、大関小錦に対峙することとなるや、初日に大碇《おおいかり》と預《あずかり》（引分けの一種）になっただけで、その後、破竹の勢いを以て連戦連勝、七日目に関脇朝汐、八日目に大関小錦、九日目に横綱西ノ海を破り、土つかずの好成績を以て、武勇と評判の満都を圧し、無敵小錦の好敵手として迎えられ、小錦、大戸平の取組は、天下の好角家を熱狂せしめ、小錦、大戸平時代を現出せしめたが、間もなく病んで、小錦よりも先に土俵を去るに到り、その全盛は短かったが、しかしその全盛時は、精彩煥発するの概があった。アンコ形ではなく、手脚健やかに、出足早やに寄るのは、風のように早かった。

大碇紋太郎は、字《あざな》をお亀といい、一時は、小錦を破って、大関に進み、評判を取ったが、たいそう放慢な性格、大関ともあろうものが、他の力士の名を縫い取りした伊達褌をつけて、平気で土俵入りした者は、古今この外にはあるまい。しかし角力振りは奇抜で、一特色を有し、態度にも愛嬌ありて、ひいきは多かったが、張出大関となるや、東京を去って京都へ行き、「京都の横綱」として気焔《きえん》を上げていた。

大戸平に次いで小錦に対峙したものは鳳凰である。大戸平と同年で、下総千葉郡冬田村の産。小錦、大戸平、鳳凰三人の中、その出世は、大戸平よりもさらに晩成で、大戸平が一躍関脇になった時、鳳凰はようやく幕下十両となった。そして大戸平が大関になった時、鳳凰は幕尻に入り、それより四年八場所で大関に進んだが、大器晩成とでもいうべきか、その大成した時は、体格といい、強味といい、素晴しいものであったが、大関を保つこと三年に過ぎず、全盛時代が短かったのは、晩成のために年齢が峠を過ぎていたからであろうか。

小錦、朝汐、逆鉾と、判で押したように三役陣を守ること、年久しく、小錦若くして衰えざりしため、朝汐の実力、小錦の英名に圧せられて、不幸にして、世間に喧伝はされなかったが、その抜群の腕力と、堅実なる取口とは、角通の称讃を博していた。彼は、風貌が少し揚がらなかったために人気はなかったけれども、身長五尺九寸、得意の左を差し、右上手を引いて寄り進む姿勢の見事さは、後ろより見れば、惚れ惚れするばかりで、ほとんど前後にこれほどの者は稀であろう。彼が、この姿勢の傑作を見せたのは、東京、大阪の合併大角力に、大阪の金看板、若鳥と対場するや、例の左差し、右上手を引いて寄り進み、上手投げを打って残るを寄り切る、典型的な角力を見せたのであった。矯捷《きょうしょう》なる荒岩の如きも、朝汐の出足には圧され、上手投げを打って残るを、もたれ込みでやられている。一生の名角力というべきは、二世梅ヶ谷が幕内に驀《ばく》進して来て小錦を破り、破竹の勢いを現して、朝汐に向かった時、立ち上がるや梅よりもろ差しに来るを、朝その左で敵の差手を捲き、右を筈《はず》に構えて、反り身になって押して、押し捲くり、梅が土俵を一回転して力闘したるにかかわらず、ついにこれを裏正面に押し倒した角力の立派さは、当時、「差させて押して勝つ、横綱角力の典型」として、大変な好評を博し、その次の日の取組に勝ちしも負傷、休場となり、この場所、わずかに四日、取ったのみなるも、特に大関に進められたのは、梅ヶ谷を破った角力の貫禄によるに外ならなかった。

朝汐、名は太郎、伊予国宇和郡八幡浜の産にして、もと艀《はしけ》の人夫だったという。これまた大阪に出て力士となり、東京に進出した者である。朝汐は質実な人物で、児童にも人気があり、「伊予に過ぎたるもの、禾山《かさん》和尚に朝汐」と民謡に唄われ、禅僧の俊傑、有名な禾山禅師と対照されたほどである。大関で、故郷に錦を飾った時、その花角力の一日、特に、一日横綱として土俵入りを許されたと伝えられる。引退して年寄佐野山となった。

私どもが、いつまでも目に残るのは、谷ノ音の立合いの立派さである。泉川の一手は、出水川の名を記念するならば、足癖が谷ノ音と改称されなければならぬと思うほどであるけれども、それよりも、小敵を侮《あなど》らず、強敵に悪びれざる立合いと、潔い好男子振りの風格とである。小錦が横綱を張った初場所、果たして何人がその塁《るい》に近づくだろうかというのは、角通の血を湧かした話題であったが、意外にも、登場初日、新聞の取組に圏点《けんてん》も付けられなかった相手の狭布里《きょうのさと》に腰砕けで敗れ去った。勝った狭布里も呆然としていた。そもそも、横綱の初登場は、よく負けるものだといわれているが、これはまた大変な番狂わせのようにいわれた。狭布里は中々好い角力だったので、偶然に勝ったわけでもなかったのだ。北海と智恵ノ矢とは、劔山、大鳴門の頃から鳴らした角力だったが、老衰に及ぶ頃まで、あまり長く土俵を勤めたので、その豪壮な仕切りは、いわゆる昔角力の形を偲ぶに足るものがあったが、実力は強弩《きょうど》の末魯縞《すえろこう》を貫ぬかざるの恨に似たものがあった。智恵ノ矢はだんだん下がって、三段目の中頃まで落ちたかと思う。一代に鳴らした名力士が、そんなにも長く土俵に残っていたということも、いずれ生活上の事情があったのであろう。きわめて稀有《けう》のことで、角力道に特筆すべきことである。

（三）

一ノ矢、八幡山は、ともに上手な力士だが、二人が大関の頃は、梅ヶ谷以後、角力道が中だるみの時であった。上手といえば、雷部屋の玉椿、身長はわずかに五尺二寸五分と自分で誇称していた。筆者は度々丈競べをしたから、それには間違いなかったことを保証し得る。そんなに小さくても、時に駒ヶ岳を破り、常陸山と力戦奮闘、土俵一杯に働いて、水入り後、あわや引分けにならんとしたほどの、その頃、評判の大勝負をしたことがあった。それほど小さいから、いつも敵の懐から腰の方に潜り込む。海軍ならば潜水艦だ。当時の角力記筆には、玉椿がダニのように喰いついて離れないことを記してあるが、その取口は、全くダニという外はなかった。身長において、王椿に髣髴《ほうふつ》たるもので、その体格も、風格も、まるで反対なのに小常陸《こひたち》がいた。角力としては玉椿よりは後輩である。小常陸は、その短躯で、三十貫を越えたといわれるから、肩に顔を載せたようで、首というものは無いように見えた。桜島大根の偉大なるものにも、比すべきであった。秀吉時代の「突臼《つきうす》」という角力はこのようであったと思うばかり。そういう風だから、足に芸はなく、押し一方の角力で、玉椿のように巧妙なものではなく、生《き》一本の迫力の結晶のようであった。常陸山は、最後の土俵三日目、二世大蛇潟に敗れて、即日、引退を発表した。その翌日は、大蛇潟と小常陸であった。大蛇潟は五尺八寸の巨躯に、蝦蟇《がま》と異名をつけられたほどの体格強力。しかし小常陸は、養父のために雪辱戦の意気に燃えて、昔なら仇討の覚悟、満身、決死の色漲《みなぎ》って、この角力勝たずんば、小常陸は切腹するであろうと見えるほどであった。入念の仕切り、さっと立ち上がるや、ピタリと敵の胸に吸いついたように、双筈《もろはず》でひた押し、大蛇潟は体を捻ったりして、それを外そうとするが、金輪際《こんりんざい》、外されまいと、まるでハンダでくっつけたように吸着した双筈、鋭々声で押しまくり、土俵中を一巡りして、ついに巨漢大蛇潟を土俵外に押し倒した時には、熱心に注視していた年寄たちも、思わず「押すもんだね」の感嘆の声を上げた。この一番は、小常陸の論文にもなる理想的なものであった。この小常陸と玉椿とが、両々、五尺二寸有余、相対して東西の関脇を占めていたのは、本邦の角力道に初めて見ることで、また将来に、有りそうにないことで、全く古今の奇観として、角力史上に記念すべきものである。

小常陸は江戸っ子角力として大成した先駆者である。小常陸の稽古熱心、その努力はたいしたもので、あの体格で、あれまで行ったのは、立志編中の人物といわなければならぬ。筆者は、横綱当時の太刀山と角力話をして、自分も角力になっていたら小常陸くらいにやるつもりだというと、太刀山は首を振って、「いやいや玉ノ川くらい（幕尻、頭を下げて潜り込むので有名だった）にはできるだろうが、小常陸にはなかなかだろう、小常陸は不世出の角力だ」といった。

小さくて偉い角力の話をして、さて思い出すのは尼ヶ崎である。引退後、国技館の中に尼ヶ崎鮨という店を出した男だ。二段目に一場所、十両に一場所で入幕したというスピード昇進で、記録的の角力だが、上手だけれど非力のため、小結で止まった。尼ヶ崎は身長五尺七寸ぐらいあったであろう。尼ヶ崎と玉椿との取組こそ、世にもユーモアのものであった。この両力士は、高低、たいした違いだが、ヤッと立つや、電光の如く飛び込んだ尼ヶ崎は、見事に玉椿の下に入って、その前袋に喰い下がり、長いからだを馬のようにした。玉椿は、呆然として立っている。二人が取り組んだ恰好の奇なること、ちょうど運動場の木馬の頭のところに玉椿が立っているような姿勢である。満場観衆は大喜びで、はやし立てる。玉椿は、潜り込み専門で、上から取ったことがないから、為すところを知らない有様、尼ヶ崎も、こんな角力は初めてで、成算があるわけではなく、ただ玉椿の腕力を恐れて、この奇想天外の作戦に出ただけのことであろう。双方ともに茫然として、どっちからも仕掛けずの引分けは、古今の珍角力であった。まさしく当代の力士中、玉椿に喰い下がることを、夢にも考えたものは他になかったと思う。

（四）

其頃の両国（後の出羽海親方）の話に、稽古場で無上に強いのは海山《かいざん》で、稽古場でも土俵でも強いのは常陸山だといった。海山は関脇で止まったけれど大関、横綱たる資格は十分にあったであろう。力と酒と両方強いので、両方面の挿話を多数に蒔いた。非常に酒が好きで、一杯機嫌で土俵に上がる、ある時は千鳥足で登場する。もし酒を慎しめば、大関はたやすいなどといわれ、あるいは宴席で、畳の上に腕を伸ばして、芸者を掌上に立たせて、そのまま宇宙に上げたという話もあった。常陸山が帰り新参で、東京の土俵に現れ、阿修羅王の荒れたる如き勢いであった時でも、海山には、叩かれ、引き落とされ、続けて二度負けたくらいだ。明治以来、角力も酒も強いのは海山を筆頭として鳳凰、栃木山と三幅対《さんぷくつい》であろう。

錦絵に描いたような角力は、大関国見山で、櫓《やぐら》落としは全く立派だった。国見山は、下位の角力に怪我負けをしない力士だった。水滸伝に出て来るいなせな好男子の力士、浪子燕青《ろうしえんせい》を思い出させるようなのは土州山《としゅうざん》で、その櫓落としは、蘭の花のように美しく、その胴捻りは、全くきびきびしていた。色男のような恰好をしていて、立ち上がるや、もろ差し一気に常陸山を土俵際まで持って行ったこともある。力士の牛若丸といったところであろう。色男といえば、明治以来、幕内力士として、美貌で鳴ったのは野州山《やしゅうざん》、上手投げを得意とし、有望だったが、いつの間にか土俵から消えて仕舞った。天津風雲右衛門《あまつかぜくもえもん》は、あんこ形の錦絵の力士のようだったが、浪界の大立者、桃中軒雲右衛門《とうちゅうけんくもえもん》と義兄弟の約を結んでいて、世に名高い雲右衛門の名は、本来、天津風の名である。緑島《みどりしま》は、左差し、右筈《みぎはず》が強いので有名だった。その頃で、角力の神様のようにいわれたのは、不知火《しらぬい》で、体は小さかった。「角力道の摩利支天《まりしてん》」とまでうたわれた荒岩は、手取《てと》りという点では、不知火に及ばないであろう。荒岩は、神速なスピード角力で、手も脚もよく利いて、上手でもあるが、見掛けによらぬ腕力があり、強い角力であった。彼の角力が柔道を加味しているとか、柔道から自得しているとか、世間の評判だったが、それは全く誤りで、彼の角力が速いから、そういう評判が起きたので、実は彼の角力には柔道らしいところはないのであった。荒岩が大関になった頃は、腹が出て来たが、彼に言わせると、まだ真龍といって、十両に躍進した頃、体重が二十貫ばかりで、自由に働けて、その頃が、実際に一番強かったということだった。荒岩に対抗した好力士は、それぞれ意味は違うが、逆鉾と黒岩と、後に両国がいた。黒岩は、荒岩と同じ鳥取県の出身で、古今無双の早吊りの名人、若くて死んだのは惜しかった。生前、荒岩と二度顔が合ってさすがに早い荒岩を二度とも吊り上げた。

両国という角力者は、江戸の勧進角力あって以来、代々に名力士が出たが、幕末維新の際、小柄で業師で、長時間の待ったで、今に、その名が残っている両国。これは褄取《つまど》りという名手、すなわち敵が踏み出す足の拇指《ぼし》を、自分の手を土俵に着けぬように、電光石火と掴んで引き上げるという離れ業。両国は褄取の名人といわれるから、度々実際にやったかも知れぬが、最近四、五十年来、本場所の土俵で事実にやって見せた人はない。私どもは、言う可くして行う可らずと思っていたが、私は、実際にそれをただ一度だけ見た。ある時、常陸部屋で稽古を見ていると、常陸山門下の小結になった近江富士《おうみふじ》、幕内力士の稽古が済んだ後まで、近江富士は一人残って、二段目位の角力を代わる代わる相手にして、褄取りの練習ばかり熱中していたが、何と、これは素敵、取りも取ったり、敵手の踏み出す足の拇指を、物の見事に、川蟬《かわせみ》が水面に近く浮ぶ魚を掬《すく》って飛び去るよりも速く、さっと掴み上げて、途端に相手をヅデンドウと仰向けに引っくり返した。実に早業中の早業、形容の詞もないほどのものであった。近江富士は、この業を、この日以前、如何ほど練習したか知らぬが、褄取りというは、空想的な業ではないということは、この瞬間、的確に立証されたのである。しかし近江富士が、国技館の土俵で、それを実行し得た話は聞かぬが、乾坤一擲《けんこんいってき》の国技館で、決意してこの離れ業を行おうとするは、稽古場におけるよりも、幾倍かの胆力を要すると思う。褄取りはできるものであることは、もはや疑いはない。幕末の両国は、たいした土俵度胸があったようだから褄取りをやったというは事実であろう。

荒岩に対した両国は、初めは負け越しで、後には好取組になった。それよりも太刀山に対して苦手というべき成績であった。その頃の両国は常陸山門下の第一期三羽烏《がらす》の一人であり、これは櫓《やぐら》投げが得意で今また天下一品の櫓投げの名人、瓊《たま》ノ浦、改め両国がいる。

（五）

能登国から出て来た大江山は、病を得て、期待されたほどに伸びなかった。上州出身の稲川は、ずんぐりむっくりであったが、玉風といった昔、帰り新参の常陸山を叩いて、初の黒星をつけたほどあって、ごくありふれた人ではなかった。後に常陸部屋がまだ創業の際、常陸山の副将格で奮闘したもので、関脇に上がり、当時屈指の角力だった。梅ヶ谷にも幾度か勝っているが、その中、記念すべき一勝負は、土俵真中で右四つに組むや、稲川、先手をとって、すぐに下手投げを打ち、梅がうんと堪える途端間髪をいれず、一煽《あお》り煽って、猛烈に寄り倒し、梅はそのままバッタリ仰向けに倒れて、土俵の真中で、餅重なりになった。土俵中央の寄り倒し、しかもこのように鮮やかなのは、私どもは、前後見たことはない。たいがいの寄り倒しは、土俵際である。

最後に残った昔形の角力で、しかもその容貌、体格及び角力名人という点において、永久に残るのは、今泉改め源氏山であろう。錦絵にかいたような角力というが、源氏山ほど錦絵から抜け出たような好い角力はなかった。出足が比較的遅いために、荒岩のスピードに対して分《ぶ》が悪かったが、荒岩の角力は、いわば直線的に対して、源氏山は曲線的というべく、その老練、円熟、相手をとりこなすうま味は、何とも言うに言われぬものがあった。これくらい稽古をしないでそしてこれくらい強い角力は、おそらくはなかろうと言われた。もし源氏山が朝汐に取って代わって押し出して、正関脇に据《す》わった頃、心機一転して、稽古三昧に入っていたら、ずっと強味も加わり、出足ももっと早くなっていたであろう。源氏山は、全く事の行違いから、横浜で多勢の消防夫に襲撃され、鉄梃《かなてこ》を七本までも腕で受け留め大怪我をした事件があった。この時、彼が、鉄梃の一本でも奪い取って振りまわしたら、多数の怪我人を出したであろうが、彼が終始、抵抗しなかったために、誤解が一掃され、和解となった時、広く世人の同情をかち得たのであった。天才はとかく勉強しないもので、天才が勉強を伴うと、初めて大成するのであるが、源氏山の如きは、角力道に稀に見る天才というべきであろう。

若湊《わかみなと》は、鬼ヶ谷に対して好一対というべき、多年、幕内の上位を占めた力士で、ヨイショ、コラッの異名が知れ渡っていた。立ち上がりに、ヨイショ、コラッの掛け声もろともに、例えば盥《たらい》の水を覆《くつがえ》す如く、有《あ》りったけの力を一度に出す角力であった。力士のうちには、立ち上がると精一杯の力が直ぐに出るのと、力の出方が遅くて、角力が長引くほど力が出て来るという二種ありて、源氏山は後者、若湊は前者の適例であった。もう一つ逸してはならぬのは、玉龍改め大見崎、およそ古来、大物喰いといわれている力士中に、これほどの大物喰いはなく、それが皆、大見崎と改まってからのことであった。たいした角力ではないと一言に喝破している者もあるが、そういう風に言うのは妥当ではない。相手方の大力士、大砲、鳳凰、荒岩、梅ヶ谷等、大見崎に喰われない者は一人もいない。その智略、手腕ともに侮《あなど》る可《べ》からざるものがあることを認めなければならぬ。殊に梅ヶ谷は、その全盛時代において、大見崎と四戦三敗している。先ず足取りで引っくり返し、次は頭捻《ずぶね》り、最後は叩き出しで、いつも梅が惨憺《さんたん》たる大敗であったので、梅ヶ谷は、相手は大見崎と聞けば、からだがすくむようだと言っていた。これほど大物喰いを逞《たくま》しうした角力は、古今に珍らしい。

ここに付記すべきは、唐辛《とうがらし》をはじめ、電気燈《でんきとう》、片福面《かたおかめ》など、名もおかしく、またユーモアたっぷりな、角力以外の名力士がいた。片福面の竹箒《ぼうき》かついでの蛸《たこ》踊りは、そのヒョットコ面、天下無類といえる。電気燈に至っては、全くの石頭で、その頭蓋骨は石よりも堅剛にして、鉄槌でカンカン叩いて音がする。解剖学上の好標本であった。こんな石頭で、毛髪がほとんど薄いから、電気頭といったのだ。唐辛が幕尻に上がっただけで、片福面と電気燈とは幕下の名物であった。

一八　張り手、大勝負の批判

（一）

角力の張り手は、昔から許されている。それが世間の話題になるほどのこともなかった。それなのに昭和十六年一月、国技館の春場所大角力、十二日目に、東の張出大関前田山が、当場所、旭日昇天《きょくじつ》の勢いがあった西の正大関羽黒山を突き出し、続いて翌十三日目には無敵の横綱双葉山を吊り出し、二日続いての大勝利は満天下の喝采を博したとともに、その取口には二日とも張り手を用い、しかもそれが勝因をなしたものと見さなれるので、土俵上の張り手というものが急に世間の話題になった。元来、前田山は闘志満々たる角力で、その生命は闘志にあり、闘志で大関を勝ち得たというべきもので、闘志が「張り手」となって現れるというものか、入幕以来、度々張り手を用いて、張り手角力として評判のものであったが、大関となって以来、張り手は、大関の貫禄上、おもしろからずと思ったものか、ほとんど張り手をやめたかのように見えていたのが、この時、突如として張り手を連用して奇勝を博したので、「張り手の前田山」と、「角力の張り手」とが、同時に角力話題の中心になったのである。

しかし張り手を好むと、好まざるとにかかわらず、張り手が角力道において許されている以上、張り手を用いたということに対して、批難すべき理由はない。他の力士が差支えないものならば大関が張り手を用いたからといって、特に非難するのは無理である。殊にこの場合、前田山は、張出大関にして、双葉山の正横綱、羽黒山の正大関に対して、下位の力士であることが、彼をして敢然として久しぶりに張り手を用いしめた動機にもなっているであろう。

かりにも大関としては張り手を用いたくないという論は、貫禄論である。横綱、大関としては、もろ差しを狙ったり、脚を取って勝ったりするのは見っともないというのと同じである。張り手も、脚取りも、ともに角力道に禁じてはないが、大関としては、そのような上品ならざる手を用いたくないというのである。西洋ならば、こんなことは問題にならぬであろう。角力を国技としている日本人の感情としては、大関の貫禄という点において、張り手を用いたくないという論は了解される。けれども、この見地からこの大勝利の名誉を割引することはできない。

張り手を角力道から除くべきか否かの問題は別として、もし張り手が盛んに用いられるとしたら、年寄藤島（元横綱常ノ花）は、双方、張り手を応酬するとしたら、拳闘のようになるであろうという意見を発表している。しかし実際に、角力の勝負において、そのような心配はいらないと思う。張り倒すというわけにはいくものではない。けれども、立ち上がりに機先を制して、いきなり張り手を用いて、敵を撹乱するというような新研究を、だれかが始めるかも知れない。

時を忘れたが、先年、国技館の土俵で、双方、張り手を応酬して、火が出るような角力を取った者があったが、筆者は、今、その力士さえも忘れてしまった。

(二)

前田山の張り手大勝を記するに先だち、昔、これと同じ場合の前例があったのを紹介しておきたい。多くの角通は、この前例を忘れていたとみえて、この前例を引いて論じた者はなかった。前田山の心境は、実に、この前例と古今同一軌のものだったと思う。

前例というは、角力道に有名な「翁草《おきなぐさ》」に見えた仙台角力湯ヶ崎のことである。同書中に、湯ヶ崎の年代を明記していないが、丸山権太左衛門全盛時代のことであろうと思う。その大意を略述すれば、その頃、巌石という売り出し角力、九日の大角力に、八日間勝ちっ放し、最後に差し向けん相手もないと、頭取が苦心最中、老練だがやや老境に入った湯ヶ崎が進んで大任を引き受けた。名乗り上げるや、満場、かねて手練の角力だが今ではとてもと心配しているうち、立ち上がるや否や、湯ヶ崎ハッタと巌石の頬を張る。巌石、躍起となって、例の得意の手を以て一気に投げんとする途端、湯ヶ崎、機先を制して、ほぐれを取って、見事に無敵の巌石を投げ出した。満場大喝采、狂喜歓呼、百雷の落つるが如くであったという。湯ヶ崎の話に先日から見ているに、ほぐれを取って勝つべき手段ありと思うのに、だれもそこに気づかない。自分は、そこに自信があるが、尋常の立合いでは、先方は売り出しの常勝将軍だし、こちらは老境であるから、必ず得意の手を出すことなく尋常一様に取り組んで来るものだ。それでは駄目、必ず思う壺にはめなければならぬ。どうしたらよいかと千思万考のあげく、成案を得たというのは、不意に張り手の奇襲に出ると、先方は、夢中になって、きっと得意の手を出して来る。そうなればしめたものと思ったということであった。これは前田山の大勝を説明すべき絶好の前例ではないか。

前田山は、もと張り手角力だったが、大関になってから、久しく張り手を出さぬので、双葉山も羽黒山も、みな忘れていたところに、不意に張り手の奇襲を試みたところが、予期以上の効果があったというわけである。

参考のため、「翁草」の記事を左に載す。

仙台の湯ヶ崎という角力取り、少し年をとって来たり。その頃、巌石という取り出しの角力（後に錦松という）初日より勝ち始めて、八日目までに、片屋の名ある角力に残らず勝って、今は合わす角力なし。

次はだれと取らせんと、頭取それぞれ評するところに、湯ヶ崎出て、明日私取らんという。頭取をはじめ、その外角力の好士、角力溜に来てこれを聞き、必ず無用なり、今少し若き時ならばもちろんのことなり、おくれの身にて、かようの取り盛りの角力に対するは要らざることなりと、色々止めども聴かず、我少し思うところあり、是非《ぜひ》に取るべしというにより、翌の手合かくの如しと、行司より見物へ披露す。湯ヶ崎は、日頃ひいき多き角力ゆえ、これを聞く人、おくれの身にてとても叶うまじきに、孜々《さてさて》無用なることかなと、気の毒に思い、そうかといってさすがの上手なれば、如何にや有るべきと、とりどりに評判して、翌日を待ちかね、好士いち早く詰めかけて、彼の勝負を待つ。すでに両方、名乗り合わせて、立合うや否や、巌石が頬を湯ヶ崎ハッタと張る。巌石、気を立て、例の得手を以て、湯を一挙に投げんとするところを、ほぐれを取って見事に巌石を投げたり。その時、数千の見物、我を忘れて躍り上がり、手を拍ち扇を投げ、これを誉むる声、雷の落ちる如し。ひいきの見物、湯を扇ぎ立て立て、如何にもよく覚えればこそ、望みて取りし甲斐ありて、比類なき勝負驚き入ったり。我々見巧者《みごうしゃ》にて、およそ勝負の筋をも見分けくれども、今日のことにおいて合点いかず、如何と問う。湯が曰く、御不審尤《もっと》もに候、近頃より彼が取るを見るに、だれと取るにも得手の一手を以て勝ち続けぬ。この一手計《ばか》りならば、ほぐれ取って勝つべき手段これ有るところに、歴々今を盛りの者共、その工夫つかざるにや、悉《ことごと》く負ける。我ならば取ってみるべしと存ずれども、取り出しの角力におくれを掛かる時は、必ず取り出しの方より得手を出さず、ただ一通りに取るものなり。それにては折角望みて立合いても詮《せん》なしと存じ、頃日その得手を出させる工夫を致《いたし》居《お》り候《そうろう》が、昨日次第に存じ付き候故《ゆえ》、望みて取り候いぬ。その工夫は別儀に非《あら》ず。手合を致候と否、敵の頬を張り候がその手立なり。それにて相手に気を持たせ、おくれのあしらひを忘れさせ、得手を出させんの謀にて候。案の如く、その謀に乗り候て、思いのままに勝候と申しければ、聞く人、湯ヶ崎が機変を感ぜしとかや。

湯ヶ崎が張り手の妙用、如何にもおもしろいと思う。打倒双葉山の一念に燃え来った前田山、湯ヶ崎と同じく、事前一日にその妙機に思いついて、確信を以て登場したに相違ない。ただ古今の相違とも思われるのは、湯ヶ崎の智略は一世の称讃を博したるに、前田山のはそれほどでないようなのである。

（三）

張り手は前田山の一癖として有名だった。大関になって結婚した時、漫画家近藤日出造が「東西七癖角力」と題して、読売新聞に連載したうちに、「張り手と縁切り。よくなったヨ」、と題して前田山を描いた。闘志満々たる彼の風格がよく現れていた。闘志と張り手とは、彼につきものである。その文中、

「ニーシー、マエダァヤァマア、マエダァヤーマァ」

呼出しに呼ばれると、控にござる英五郎親分、右手できっと二つか三つポンポンとまわしを叩いて立ち上がる。埃《ほこり》を落としているのではない、緊褌一番《きんこんいちばん》というつもりである。土俵の上の歩き癖は、左手を握って調子取り取り、そうそう手桶の水を運ぶような恰好で、……だがこの手桶、小っちゃな軽い手桶らしく、足の運びは春風駘蕩《たいとう》、ゆらりゆらりと悠揚、迫らざる大関の貫禄を示して、……

貫禄といえば、この人、結婚を契機として、亭主の仕事にすぐパンパンと口を出したがる悪妻みたいな

例の「張り手」と、ふっつり縁を切りなすった。まったく満々たる闘志も、張り手と相成って現れては、大関の座敷にちょっと向き兼ねる。よう修業なさった、よう修業なさった。
張り手といっしょに、張り手の連れ子の怒りっぽさも、いっしょに縁を切ったので、いやもう弟子の評判は頗《すこぶ》るよろしい。

大関前田山に対する世評は、このようであった。そこに、この張り手大勝があったものだから、頗《すこぶ》る世評を刺激したのである。

前田山としては、先場所の不成績で、張出しに追い出されたし、ここは緊褌一番、奇勲をたてずんば、横綱はおろかなこと、大関の地位も危うくなる、ぐずぐずしてはいられないという瀬際になった。そして、黒星二つで、この場所、勝ちっ放しの素晴しい羽黒山の対場となった。世間はほとんど、前田山の勝ちを予想した者はなかった。勝つべき手立てについて想像がつかなかった。ところが双方、必勝の意気すごく、殺気溢れて立ち上がるや、パンパン飛び来った張り手、羽黒がタジタジとなるところを、すかさず突き出し、前田山の勝ちは、満都の血を沸《わ》き立たしめ、次の日の双葉山との取組は、非常の人気を呼んだ。しかし双葉山は、この手ではいくまいと思われた。また双葉としても、十分の覚悟があるべきはずであった。満場熱狂のうちに、張り切った前田山は、時間いっぱいに立ち上がるや、猛烈に上突《うわ》っ張りを連発し、双葉突き返して、四つになったと思うと、また離れて突き合い、この時、前田から、猛然、張り手を試み、双葉、頬を赤くしながら、泰然として突っ返して応戦。アナウンサーが、「双葉山は、もう一歩も退きません」と放送していた時まで、さすがは双葉山と、満場、固唾《かたず》を呑んだ途端、時は今とばかりに、前田山は飛びついてもろ差し、一気に寄らんとするところを、双葉、すかさず右四つに巻きかえて、踏みこたえんとする途端、間髪をいれず、双葉の大兵を横に高々と吊り上げ、横に吊られたため、双葉も残すことができない形勢ではあったが、まだ土俵にはやや遠し、土俵際まで運ぶは、どんな変化が起こらぬとも期せられぬという考えが、電火の如くに前田の頭をかすめ、土俵際まで一尺というところで、そのまま腕を伸ばして、前にうっちゃるようにした臨機応変の妙手に、双葉山は土俵外に転落し、前田に凱歌があがった。その瞬間、国技館は感激、歓呼の坩堝《るつぼ》と化したのである。

この大勝、張り手が敵の鋭鋒を挫いたことはもちろんである。都下の大新聞に、ピシャピシャ張り手の音高くとか、張り手旋風とか書かれた。古来、これほど張り手の大勝の有名なのはないし、いろいろな意味で感興の深い大勝負であるからここに特筆したのである。

（四）

張り手奇談はまだまだある。横綱小錦は可愛いらしい顔をしている好男子で、張り手を嫌った。その頃、前頭に当り矢という禿《は》げで名を得た角力、突っ破りと張り手を十八番としていた。小錦は、どうして当り矢の張り手を防ぐべきかに苦心していた。

歴史的、東西合併大角力、第一回、国技館で挙行。第八日に東京の梅ヶ谷と大阪横綱の大木戸との立合い、立ち上がるや双方猛烈に突き合い、梅ヶ谷が突き進み、大木戸やや突き負けと見えたが、大木戸、とっさに張り手を試み、顎を突き上げ、張り手を交ぜて応酬したが、梅ヶ谷構わず突進して、大木戸を突き出して勝った。張り手旋風も奏功しなかった。前田山の場合は、大成功したから特に有名になったのである。

一九　新時代角技の妙諦及びその原則確立者横綱大錦の研究

（一）

新時代角技というは、智的角力すなわち昔は力で取る角力だったのが、今は頭で取る角力になったということで、その原則の確立者は、第二十六代横綱大錦卯一郎にして、彼はこれらの研究実行によって、横綱の地位を占め、またよくその名誉をやりとげたるものという可く、寛政式の旧角力から昭和式の新角力に推移した動機は、彼によって創始されたものであることは、何人も異議のないところである。この意味において、彼は歴代横綱中の画期的名横綱というべきであろう。

彼は一番角力において、独歩の名人といわれていた。すなわち彼が智的角力研究の大成でなければならない。彼は、如何にして、国技館、一番角力必勝の研究を大成したか。このことは、我が国の角道史上における、きわめて興味ある一大問題でなければならぬ。当時、大錦が空前の急スピードを以て昇進し来り、すでに横綱の栄冠を戴いてからも、ますます豪壮にして精彩ある角力振りを見せて、一番角力の名人、智的角力の開拓者として、名声言いはやされたるうちに、その終わりを全《まっと》うするに至った。その半面には、力士生活に入ってより、早くからひたすら研究、鍛練また鍛練、その志を励ましつつ、智を研《みが》き、行を慎み、涙ぐましいほどの努力を敢《あえ》てしたもので、角道修行上における立志編的の強志力行が、力と技能との合理化、すなわち智的角力開拓の大業を成就したるものである。ここに彼の研究努力の真相を彼自身の告白によって明らかにしたいと思う。

彼は、昔の谷風、雷電の如く、近くは常陸山、太刀山の如く、腕力で一世を圧倒するものがあったのではなく、同時代の諸豪中においては、むしろ非力といいたいくらいであったのが、智的鍛練によって、その力の効果を拡大したるのみならず、実に横綱らしき豪壮なる角力振りをさえ見せたことは、新時代の角力の創始者たる理由にして、主としてそれは土俵上に展開されたる頭脳の働きである。

（二）

大錦は、平生、稽古場での稽古に、いつも本場所の一番角力を目標として研究していた。その心掛けが万人にすぐれ、そうしてその緻密なる研究の結果が、智的角力の開拓者として大成したのである。著者は少壮の時よりの角力ファンで、また角力に関する史的研究に趣味を持っている者であるが、幸いに大錦とは、彼の少年学生時代以来の知己であり、殊に彼の角力及びその稽古については、終始、熱意を以て観察し、その研究について、度々彼と語り合ったこともあった。故に著者は、彼の多くの師友とともに、彼の大成に対して満身から喜びを感じていた者である。ここに、著者の評論はしばらくおいて、彼自身の口からその苦心研究の真相を語らせたい。

大錦は、「稽古の心得」について語って曰く。角力は稽古だからといって、漫然としてやってはならぬ、いつも本場所を目標として研究するを以て、極意とするのである。

大錦は、以下、さらにその極意なるものについて詳説して曰く。自分の力士時代には、やはり今と同じような東西対抗制で、勝星の多い方に優勝旗を与え、次場所の東方とすることになっているから、一場所を終わると、次場所は、東へまわるか西にまわるかが分かるので、稽古の際は、今度自分のまわる方を基準として練習を重ねるのである。すなわち仮りに東方から土俵に上がったとすれば、仕切りの際、自分の左肩先の方向に行司が構えて居り、また西から出て仕切ったとすれば、行司は右肩先の方に居る。この行司というものが、あの狭い土俵で活躍する力士にとっては、常に考慮を払っておく必要がある。平素、稽古の際は、行司を使わぬ例になっているが、自分だけは常に便宜上、稽古の際にも、この行司を使ってその位地に着かしめるか、あるいはもし行司不在の際は、行司がその位置に居るものとして練習していたもので、立ち上がった際には行司が自分の周囲を回わっているものとしてやって居た。

なにしろあの狭い圏内での活躍だから、行司というものがひどく邪魔になる。そこで今仮りに自分が東から出て角力を取るものとして練習する場合、作戦上、立った刹那、左斜前方すなわち行司の構えている方向に突進したいと思う折に、何の考もなく飛び出せば、たちまち行司と衝突してしまう。だからその場合には、行司が体をかわす速度等も考慮してかからねばならぬ。というように、このような大切な点を常に研究しておかなければ実際の役には立たないものである。

それからまた国技館の土俵は、採光の関係上、天井に大きな電燈を数個つけてあるが、稽古場はたいてい朝から昼までの明るい間使用するもので電燈の必要がない。したがって両者の間における光線の具合はおおいに違い、相手方の筋肉の動き、目の色等も、本場所と稽古場では違って見える。そこで自分は、本場所を本位として稽古するという建前から、稽古の際にも特に電燈をつけさせ、本場所と同じ条件の下に練習を続けたのであった。これがためにおおいに得るところがあったように思っている。

次には締込《しめこみ》褌《ふんどし》についてだが、これがまた大切なことで、稽古の際は、普通には、経済上の関係から、帆布または雲斎織等の木綿褌を使用しているのに対し、本場所では千五、六百円もする立派な朱子等の絹地褌を使用しているのである。そうであるのにこの木綿褌と絹地褌とでは、締めた具合が大変違う。仮りに敵から褌を取られた時、その褌を振り放す、つまり褌を切るに当たって、木綿の方は楽であるが、絹の方になると、大変骨が折れる。というのは、褌を引く場合には、自分は体験上、拇指《ぼし》と無名指《なしゆび》とを合わせ、力を入れてぐっと握るのであるが、木綿の褌では布地が硬いからいっぱいに掴みきれない。これがため敵から切られやすいが、絹地褌の方は、地質が軟らかだから、十分掴むことができる上に、布面が滑らかで、引かれれば伸びるから、これを振り切るのは、相当困難を感ずるのである。故に、平素、木綿褌ばかりで稽古していたのでは、本場所の実戦に臨んで、腰の具合が違うから、自分は、稽古の時にも、この高価な絹地褌を特に使用していたのである。

稽古の心得は、「治《ち》に居《い》て乱を忘れぬ」の覚悟が第一であると思う。かくして、各自が目指す最高峰、横綱または大関を勝ち得たとして、これ以上如何に鍛錬するとも、その力も技量も最早《もはや》伸びる余地がないという域に達したという場合においても、稽古は決して忽《ゆるが》せにしてはならぬ。その場合には、もっと力を増し、あるいはもっと巧者になろうと心掛けるよりも、自己の長所を利用して短所を補うように、臨機の処置を取ることを得るように研究するのが大切であろう。自分はこの理由よりして、いつも褌《ふんどしかつ》担ぎ級の小力士を集め、前後左右から飛び付かせては、いろいろ研究したものであるが、それは非常に有効であったし、また往々にして、これ等の褌担ぎから、思いも寄らぬ新手を教えられたことも度々あった。

大錦は、さらに話を進めて曰く。なおまた大切なことは、稽古は自分がやるのはもとより肝要なことだが、他人の稽古を見学するということが、より以上有効であることを忘れてはならぬ。すなわち自分自身で稽古する場合は、こうして勝ち、こうして負けたという自分一人のことしか分からぬが、他人同志の稽古を見ていると、双方の動きや変化を同時に知ることができる。つまり自分でやる時には、一つの知識しか得られないが、他人の稽古を見ていると、二つの研究を一時に積むことを得る故に、自分は力士生活中、たとえ褌担ぎが稽古していても、自分の稽古以上の気持を以て、それを見学したのであった。

さらにまた、角力には一定の教科書とか、軌範とかいうべきものがないから、研究上には、自分がこれぞと思う相手を目標として稽古するのが必要である。すなわち稽古に際しては、常にその目標とする力士に挑戦するはもちろん、その力士と同型同力量の他の力士を稽古台として研究することが、実戦上最も有効なる方法と信じている。

これを要するに、稽古は真剣でなければならぬ。飛行機操縦の練習の如く、命を的にかけての稽古でなければならぬ。飛行機の練習には、自己の頭の先から足の爪先まで細心の注意を払い、また機体に対しては、機械その他各局部々々について万事遺憾なきを期し、そうしてまた天候風力その他の条件にも心を配らなければならぬが、角力の稽古も、これと同じわけで、自己の体力健康はもちろん、飛行機の機体に相当する相手方の体質力量、並《なら》びに天候等の条件に相当する敵手の策戦等に深甚なる注意を払うことが必要である。

（三）

大錦は、相手の力士に対する観察を述べて曰く。相手の力士は稽古熱心か、あるいは怠けているかを、一見知るには、その前髪を見ればよい。稽古熱心者は、絶えず稽古台の胸に額を当てて、ぶつかり稽古を続けていると、前髪が自然に擦り切れて、握り拳大の毛がささらのように突き立っている。髪としての外観ははなはだ醜いが、これこそ力士の生命ともいうべき、ぶつかり稽古を十分やっている名誉の象徴で、おおいに敬意を表すべきである。これについておもしろい挿話がある。それは新弟子時代によくやる敵を欺く幼稚な策戦で、故意に茶碗の糸底《いとぞこ》や、踏鞴《たたら》のようなもので、自分の前髪をささくれ立たせ、さながら猛烈な稽古をやっているように見せかけて敵を脅かす一種の示威を試みる連中が、いくらもいる。無邪気といえば無邪気だが、もちろん、策戦には何の効果もない。

次にこの力士は押し角力か、四つ角力かを識別するには、先ずその耳を見る。力士の耳を見て、そこに耳血腫《じけっしゅ》（瘤《こぶ》）があればその人は四つ角力であり、耳血腫はないが、前髪が切れていれば押し角力だと見ても差支《さしつか》えなかろう。また同じ四つ角力であっても、得意が右か、左であるかを知るには、得意とする方の肩から腕の筋肉が発達しているのを見ても分かるが、耳血腫が右にあるか左にあるかを見れば容易に分かる。すなわち耳血腫は、十中八九まで四つに取り組んだ際、差し手の方の耳が敵の横顔に触れて擦れ合うためにできるのであるから何よりの証拠である。

次に力士を一見して、角力が上手か、下手であるかを知るには、その両手の指を見れば分かる。元来、角力は原則としては、如何なる場合においても、両肘を脇から離してはいけない。自分は、これがため藁を五、六寸に切って、両手の脇の下に挟み、それが落ちないようにして稽古を励んだのである。したがって二本差し（もろ差し）を得意とする力士は、これを称して角力の名人といい、反対に敵に二本差しせられるような力士は、俗に言う角力の無細工な人として評価されるのである。かくの如く角力の巧拙を判別するには、その手の指を調べて、拇指《ぼし》や人差指に突き指の跡があれば、それは角力の下手な人、「小指や薬指に、突き指の跡が残っていれば、角力上手」と見ることができよう。その理由は、実際にやってみれば分かることであるが、稽古や立合いの際、肘を脇に着けて突き掛ければ、自然に、拇指が外側になり、小指が内側になる。この形で、敵を引き受ければ、どうしても小指を突き易い状態になる。反対に、脇から肘を引き離して突き掛ければ、拇指の方が内になって、小指の方が外になる。したがって拇指や人差指を突っ込みがちになる。以上述べたところによって、敵手の前髪、耳血腫の有無並びにその位置、指の形等によって、如何なる力士であるかを識別することを得るが、力士としては、それで平素の状態を如実に物語る有力なる証拠となるものでなければならない。

（四）

大錦は曰く。力士は実戦に臨んで、自己の策戦を固める前に、先ず以て敵方の策戦を読んでおく必要がある。自分独自の体験によると、だいたい相手方の体勢は、同一軌道を奔《はし》っているように考えられるのである。例えば、相手方が差そうという策戦ならば、先ず第一に自分の差さんとする腕を先に土俵に下し、これで一応、体勢を整えた後、他方の腕を下すようである。すなわち右差しならば右腕から、左差しならば左腕から先に土俵に下すのである。その理由は、元来、力士が仕切るということは、相当骨の折れるもので、たとえ数分の間としても、腕によって体を支えなければならないから、だれしも比較的、力の優《ま》さる利腕《ききうで》の方から下していくということは自然の勢いである。殊にこの場合、相手方の体勢は、自分の差そうとする方の腕が、必ず他方の腕よりも前方に下されていて、足もまた同じく差し手の方の足が前に出ている。つまり立ち上がる際、自己の得手を一刻も早く差したいという気持の現れであり、この外にも、相手方の筋肉の動きやその心理状態にも注意する必要がある。

次には相手方が立ち上がる瞬間、体をかわさんとする策戦をもっているとすれば、その体勢は、必ず体をかわそうとする側の手足を前にした半身の構えをもってする。すなわち右にかわそうとする場合には、右半身に、左にいなさんとする場合には、左半身に仕切るものである。

この場合、少し疑問に思われるのは、四つ相撲の差し手の場合も、体をかわさんとする場合も、同じくその目指す側を前にしての半身の仕切りであるとすれば、果たして四つで来るのか、いなしであるか、判断に苦しむものがあるが、この点はただ自分の第六感によって、相手に対する心理的考察とあわせて研究する必要がある。この場合において、最も有効なる判断法は、敵手の眼威、すなわち目の配り方に注意することで、この眼威ばかりはきわめて正直なもので、如何なる場合にも決して偽りを言わぬものである。

以上は、自分の体験上より見た策戦上の原則であって、千変万化の実戦に当たっては、左を差すと見せて左手を前に差し出しながら、その実《じつ》、右を差す策戦を持っている者もあり、意表外に出る場合も時々あるから、これ等のためにも相手方の眼威を読むことは、きわめて大切である。

すなわち「目で角力」を取らなければならないのである。

立合いに、敵手の癖の研究が必要であり、広く言えば短所の逆用である。人々にはそれぞれの癖があり、土俵においても、立ち上がりに、それぞれ特長ある癖を示すものである。例えば目をパチパチする、唇を嘗《な》める、褌に手をかける等種々の癖がある。その中にもいざここ一番で立ち上がるという瞬間の癖に至っては、判に押したように、一定不変であるから、敵手方の癖をそれぞれ研究することは、勝負上に非常な効果をもたらすものである。自分が研究した一例を挙げると、その頃、有名な人気力士某関は、仕切る時に、先ず左の腕を下し、次に右の腕を下し、それから右の握り拳で一の字を土俵に書く癖があった。これを単に一の字を書く癖だと言ってしまえばそれまでのもので、そのような簡単な観察では、勝負の上に何等役に立つところはなかろう。ここが研究の眼目となるところで、非常に大切なところである。この某関が立ち上がる順序は確定的である。すなわち最初に一を引いて、次にまた一を引き、三度目の一を半分引く瞬間、立ち上がるのである。この人の気合は、一の字の半分で「ヤ」と発音し、一の字の終点に相当する瞬間に「ア」を発音するようになるから、「ヤ」を発音した以上、決して「待った」を言うことはできないという原則を利用して、自分は、この相手に対しては、常に気合を一の字の二本半まで待つことにしていた。自分はこの人に対して、立ち上がりの悪癖を再三注意したが、某関は最後までその癖を正すことができなかったので、自分は、この人に対場すると、いつもこの癖の恩恵を受けていた。しかし癖は敵手ばかりではなく、自分にもある。自分の癖は、左手を下してから、右手を徐々に、しかも重々しく三段に分ちて下ろした瞬間に立ち上がる癖を持っていた。もちろん、他人の癖を自分が知るくらいであるから、自分の癖も、必ず相手方に知られているから、自分は自分の癖を逆に利用して大変に効果を得た。自分はこれを「短所の逆用」と言っている。

敵手の策戦を看破《かんぱ》した折には、それに対する自分の技が如何であるかを比較して考え、もし敵手の技に対してこれを受ける力量があれば、あくまでも敵手をしてその策戦を変化せしめずして、しかもそれに乗る風を見せて、敵手の策戦に対する自分の策戦を講じなければならない。もし敵手の作戦が、自己に対して苦手であると見れば、敵手の策戦を看破したということを、動作その他によって敵手に知らしめることが必要である。その時は敵手は必ず第一の策戦を捨てて第二の策戦を計画する、そうすれば、策戦上、自分は敵に勝ったことになる。それで敵手が二度三度と策戦を計画した場合には、前述の手で、幾度でもこれを放棄させ、先方が自分に都合のよい策戦に出るのを待って、猛然として立ち上がるのである。すなわち策戦に対する策戦ということが、立合いにはきわめて大切なのである。

（五）

大錦が一番勝負の研究に最も得意とするのは、「気合法の研究」である。これについては、現役中、及び引退後、度々諸方において講演中に述べたもので、著者が駒澤大学教授として角力部長に推され、発会式の記念講演会に、開会之辞を兼ねて角道の精神について述べ、次に床次《とこなみ》竹二郎氏、酒井忠正伯の演説、最後に大錦の勝負の妙諦《みょうてい》についての研究が発表され、深き感激を与えたことがあった。勝負の妙諦は、すなわち力と技能との合理化で、大錦は技能に科学的説明を与う可く努力していた。自分が吊りを掛けた時、吊られまいとして、すぐ腰を落とす敵手は必ず吊れる。腰を落として体を屈したら、いつまでもそうしてはいられるものではない、必ず伸び上がる時が来る。その伸び上がる体勢にしたがって吊り上げるので、もし吊りを掛けても、腰を落としたりしないで、自然に任かせている敵手は吊りづらい、吊りは反動の理にしたがって行うものであると言った。

気合法については、大錦の新横綱を迎えて、故郷大阪において、大阪毎日新聞社の主催にかかる角力道講演会における大錦の講演中にくわしく述べている。その講演速記によれば、

角力スルニ当リテ、仕切ヲナス時ハ、臍下丹田《せいかたんでん》ニ力ヲ入レ、手足ヘ適度ノ角度ヲ作リテ体勢ヲ整エ、気

合モロトモ立チ上ガルノデアル
気合法ニハ出ス息、引ク息、止メル息ノ三ガ有ル、力士ノ気合ガ合シタト言ウノハ、双方止メル息ノ気合ガ合シタル時ニ立チ上ガルコトガデキルノデアル
今、ココニ私ハ今日マデ研究シテ来マシタ気合法ノ一例ヲ述ベマス、双方、土俵ニ上ガリ、十分ニ体勢ヲ整エテ、「ヤ」ノ気合ヲ以テ立チ上ガルノデアル、コノ「ヤ」ヲ「ヤ」ト「ア」トニ分解致シマス、敵ノ呼吸ガ満チテ、「ヤ」ノ気合ヲ出シテ次ノ「ア」ヲ出ス其瞬間ニ於テ、コチラヨリ「ヤア」ノ気合ヲ以テ突貫スレバ、即チ敵ノ「ア」ヲ出ス瞬間ノ機先ヲ制シタノデアルカラ、コチラノ勝角力トナル、コレハ反対ニ、コチラヨリ「ヤ」ヲ出シテ、次ノ「ア」ヲ出サントスル瞬間ニ、敵ヨリ「ヤア」ノ気合ヲ以テ進マレタ時ハ、コチラノ「ア」ノ瞬間ノ機先ヲ制セラレタノデアルカラ、スデニ立合ニ於テ、コチラノ方ガ負ケテイルノデアル、カクノ如ク立合ニ於テハ互ニ敵ノ機先ヲ制スベク、頭ヲ悩マシテイルノデアル

此の「ヤ」を「ヤ」と「ア」とに分解するというは、大錦独得の研究で、角道史上においては未曾有の新発見である。これは彼が大関の時代までにこの研究を成就したもので、この研究を実行することによって、彼は豪壮なる大関横綱の風格を十分に維持することに成功したのであった。彼の話に自分は、「師匠常陸山のような天稟《てんびん》の体力、力量を持たないから、常陸山のように、如何なる敵も引き受けて取ることはできない。けれども、大関殊に横綱に至っては、全く日下開山《ひのしたかいざん》で、例えば碁においては本因坊の如きもので、何人に対しても白を取らなければならぬ。ここにおいて、自分の体格力量を以て、観衆から見ても、引き受けて立つ立派な大関横綱という品格を

感ぜしめるにはどうしたらよろしきやという問題に直面して、ついに研究し得たので、すなわちこの「ヤ」を「ヤ」と「ア」とに分解することで、敵の「ヤ」を引き受けて、自分は「ヤア」を以て立つ鍛錬をしたのであった。

故に敵からも、観衆からも、自分は引き受けて立つと見えて、実際においては、依然として、自分が先手を取って立っているのであると、これが大錦の知的角力の研究の卒業論文ともいうべきものである。

（六）

大錦は、地方巡業中の花角力においても、きわめて真剣なる態度を以て、研究的角力を取りつつあったということについて左に二つの例を挙げる。

(一)　大錦が大正六年五月、新横綱として登場するに当たり、大剛太刀山《たちやま》峰右衛門の批評に曰く。「出羽海部屋は一騎当千の猛者《もさ》揃いで、実に素晴しい。その中で、大錦、栃木山、九州山、対馬洋《なだ》の四人は、どうしてあんなに、揃いも揃って立派な力士ができたのか不思議に思われる。しかし、四人の中では、やはり大錦関が一番怖ろしい。彼の人は、一番角力に非常な苦心をする。昨年秋の巡業中、彼の組と合同したが、その時、大錦組は、私に対して、こう取らせてくれ、ああして取らせてくれと、いろいろの注文をして、私と角力をしてみて、どうしたら私を負かせるかと、非常の苦心をしていた。角力は、あれでなければ駄目だ。それに近来は非常に体格ができたから、万一、あの勢いで突かけて来るのを受け損じたら、受けとめられるものではありません。」

(二) 大正六年一月場所の好成績によって、大錦は横綱に推選されたが、それより西ノ海とともに鹿児島市に乗り込み、二月十七日、初日の土俵で、大錦は駒泉と顔が合った。双方激しく突き合い、錦が叩《はた》くを、駒危うく残して飛び込み、右足をとって寄り倒し、懸賞を得たのであった。

駒泉が支度部屋に帰って来ると、大錦は明荷《あけに》の前に座して考え込んでいたようだが、直ちに駒泉を招き、「今日の勝負に、君に負けたのは、おおいに教えられるところがあった、誠にありがたい、この五月場所の参考にしておきたい」と語り、次に、「これは誠に些少だが、御礼の印だ、納めてくれ」と言って、金一封(五十円)を駒泉に与えた。

大錦は、巡業中においても、この如き態度で、つまるところ、彼は一年中、本場所を勤めているような、緊張し切った力士生涯を送ったものである。彼は、このように精進努力して以て、知的角力の創始者となったのである。

これは余談であるが、右の駒泉が、以前、著者と語って、大錦、栃木山の両雄を対照批評したことがあった。その要領は、栃木山は脇が固くて、なかなか敵から差させない、両脇のバネが強い、何分、機械が上等だ。しかし栃木山は敵に褌《ふんどし》を渡すと、あの無双の強味が割引されるとはだれもがいうことだが、そこになると大錦はおおいに違う。大錦の脇もよほど固いけれども、大錦は敵からもろ差しをされても驚かない。突嗟に片手で敵の頸《くび》を巻き、片手で褌を取り、腹で刎《は》ね上げて片手吊りに吊り出す。彼に頸を巻かれると、実に苦しい、強いものだと言ったが、これも大錦がもろ差しに対する研究が成功したもので、敵にもろ差しを許さない覚悟をもっていたが、しかし万一もろ差しをさした場合はこうと、かねて片手吊りの練習をしていたのである。

著者は、幾度も大錦の稽古角力を見たが、その一勝負一勝負がすべて研究であることを痛感していたのである。

大錦の出羽海部屋での稽古角力については挿話がある。先輩の宇都宮と大錦とが申し合いを取って、一勝一敗次は決勝という際、見物の中から、「国技館並にやれ」という懸声がかかった。立ち上がると、一瞬、大錦は宇都宮を吊り出してしまった。

大錦、以前著者に語るには、自分は割合に非力だから、勝負を速決する策戦を取り、いつも速角力だ、長くかかると負けですと言ったことがある。如何にも、そのとおりで、彼の角力は、いつも電撃的の快勝であった。

二〇　力士の名称、階級及び横綱の起原

（一）

力士はすなわち角力取りである。力士は、支那《しな》では強力武勇の士か、あるいは禁門警衛の士、あるいは俗に言う用心棒などにも用いたもので、著《いちじる》しい一例を挙げると、張子房《ちょうしぼう》が秦始皇《しんのうこう》を狙撃しようとして、力士を雇うて鉄椎《てっつい》を投げさせた。その力士のことを、李太白の詩には、滄海得㆓壮士㆒、椎《つい》㆑秦博浪沙《はくろうしゃ》と詠じている。力士は壮士と同じようにも用いているが、日本では、そういう種類のものを決して力士とはいわない。正確に角力取りのみを力士と称するのである。

力士すなわち角力取りの上位に在る者を「関取」という。節会角力の昔には、未だ力士という名称はなくて「相撲人」と呼んでいた。さらに古い万葉集の時代では「防人《さきもり》」と呼んでいて、これが転訛《てんか》してセキトリとなったなどという説もあるが、それは牽強付会《けんきょうふかい》であろう。昔、相撲人は、その強勇の故を以て、関所の警備に用いられたことは、相撲人と関との因縁の始まりであると思われる。相撲人の最上位を「関」ということは、室町時代から戦国にかけてあったもので、

それ等、関をはじめ相手方全部に対して優勝することを「関を取る」と言いならわした。「関取」の名称は、それから出て、そして力士に対する美称となったのである。

横綱　これは本来、力士の階級に非ず、大関として殊に優秀なる者が、化粧褌の上に帯びる七五三《しめ》縄《なわ》の称であり、例えば軍部で、元帥という如きであったが、明治以来、横綱という一階級を設けて、大関の上に置くことになった。なおこのことについては、「横綱の起原」の章で詳述することにする。

大関　節会相撲時代の取手《ほて》のことである。相撲人の最上位を関といったから、それに敬称を加えて、大関といったもので、大関、関脇、小結及び前頭の名称は、すべて江戸時代、角力がそろそろ盛んになり始めた頃からのことで、これ等三役に前頭が揃って記されてある最初の年月は分からぬが、先ず元禄頃からと見ていいようである。

大関は最初は東西に各一人ずつであったのが、元禄頃に、すでに「相関」というものがあり、東西併《あわ》せて四大関という事実が見えて居り、なお江戸時代には「裏関」というものがあった。相関と同じようなものであろうと思われるが、これは節会相撲時代の「占手《うらて》」から来たものであろうという説もある。相関、裏関は、現在の「張出大関」に相当するもので、いずれも大関格という意味の名称である。明治年代には、東西双方に、大関、張出大関各一人ずつ、東西合わせて四人の例があり、最近には一方に張出大関二人という事実があり、東西合わせて大関六人という新例が、早晩開かれるかも知れぬ。

関脇　節会時代の最手脇《ほてわき》である。節会時代には、単に脇と言っていたが、「関」という名称ができてから、関脇というようになったのである。

小結　徳川時代の初め、慶安年中からすでに小結の名称があるという説があるが、それに関して、正確な文献をまだ見ない。小結は関脇に次ぐので、大関、関脇、小結を「三役」と称す。

前頭　三役以下の力士は、すべて前頭である。前頭とは、元来、前角力の頭という言葉の略称であるが、広く前角力の美称となったのである。故に番付には、最初の一人に前頭の二字を冠《かん》するだけで、それからは残らず「同」の字を記すだけであるが、しかし前頭の中に左記の如く種々の階級がある。今、普通に前頭というのは、前頭の第一位、すなわち幕内力士を指すのである。

前角力　未だ番付に乗らない、角力になりたての取的《とりてき》を言う。世間に前髪ともいう。

取的　という言葉は、昔、前角力を「取出来《とりでき》」といったのが訛《な》まったのであろうという説もあるけれども、そうではなく、例えば居候《いそうろう》を略してイソテキというと同じく、支那の的字を働らかせた趣味の言葉であろう。

合中《あいちゅう》　前角力の一段上の階級であるが、近来は廃止して、前角力から直ぐに本中《ほんちゅう》に上がるのである。

本中　これまでは、未だ番付に出ない。もう一段出世して序の口となると、初めて番付の最下位に載るのである。

序の口　昔は「上の口」と書いた。番付の五段目である。番付に出ると、初めて給金が貰われることになる。

序の二段　番付では四段目であるが、興行ものは、すべて縁喜《えんぎ》をいうから、四を避けて、下から数えて序の二段という。

三段目　二段目の下位である。

二段目　普通に幕下と称す。幕内の次位の意味である。

十両　二段目の上位に居るもので、もとは十人と定まっていたが、近来、力士の数が夥《おびただ》しく増加するにつれて、幕内力士の定員が先ず増員され、続いて十両力士が十五人に増員された。十両というは、給金十両の意味で、十両以上を関取と称し、十両になれば相撲協会の待遇はすべて一変する。十両になれば、力士としての一人前になったわけである。官界でいえば、幕内前頭は勅任《ちょくにん》、幕下十両は奏任《そうにん》というところであろう。

大頭《おおがしら》　十両の直《す》ぐ次のものをいう。

貧乏神《びんぼうがみ》　昔は十両の筆頭を大頭といったのが、後には貧乏神というようになった。この地位に昇れば、入幕候補の第一人であるから、幕内とも、幕下の強者とも顔が合い、厳重な試錬をされるからこの名称が起こったので、昔の幕内力士の少数だった時代には、貧乏神で横綱とも取り組ませられた。小野川が初めて谷風に対場した時は貧乏神であった。

道中頭　力士仲間では使用されるが、世間では言わない、今の大頭のことである。

幕内　番付の第一段にいる力士をいう。節会の時に、上位の力士は幕を張ってその中にいたからだというが、近世に至っても上級の力士は幕の内にいたのである。

角力年寄　相撲協会は、年寄と行司と力士とで組織し、引退力士が年寄の株を求めて年寄となり、一面には角力興行に従事し、あるいは弟子の養成にも従事するものであるが、年寄の中には力士のみならず、行司もあれば、根岸治右衛門の如く、代々番付印刷を専業としている者もいる。年寄の数は最初、寛政年間の頃は三十二人だったのが、次第に増して明治以後は八十八人となり、その後また増員するに至った。力士にして年寄の株を持つ者もあり、大概は年寄株を手に入れてから廃業するようであるが、いつまでも手に入らずして、年をとるまで土俵に出る者もいる。最近では、横綱は特に年寄に加えることになった。

（二）

横綱の起原については種々の説があり、まだ確然不動の有力資料を発見するに至らないが、試みにその一、二を挙げて、批評を加えてみたいと思う。

「翁草《おきなぐさ》」という書物に、「今回、禁廷より、力士の谷風、小野川というのに、紫の化粧廻しを帯ぶることを許可さる」という意味のことが書いてあるのを根拠として、「朝廷より紫の化粧褌を許可されたのが横綱の起原」であると主張する一説がある。この論者は紫を以て極上の色とし、紫を許しの色と称えるも、その理由あることとし、この紫の化粧廻しは、朝廷より許されたもので神聖のものであるから、これを佩《お》びたる上に七五三《しめ》縄《なわ》を張り、且《か》つ他の力士とともに土俵入りすることを避けて、世間で言う独り土俵入りをするのを例とし、この七五三縄を横綱と呼ぶようになったと唱えている。

この説は一応もっとものようであるが、実は事実が前後、転倒している。紫の化粧廻しを賜わったのは、寛政二年の頃にして、吉田司家《よしだつかさけ》より横綱免許は、その前年、寛政元年のことである。

古来、横綱の起原説についてはいろいろある中で、最も広く言われているのは、嵯峨天皇の弘仁年間に、摂津国住吉神社の神事に、近江の住人ハジカミという力士ありて、これに敵する者なく、神社の七五三縄を取って、ハジカミの腰に纏《まと》わし、対手の力士にてこの縄に手を掛ける者あらば、ハジカミの負とすべしと定めて勝負を決せしめたが、一人として手を掛け得る者がなかった。これが横綱の初めであるという説である。この如きは好事家の付会《ふかい》説で、一笑に付すべきものであるという人もあるが、必ずしも愚説として排斥すべきでもなかろう。

褌は力士の生命であり、日本の角力で、裸体で雌雄を争う以上、褌より外に儀装とすべきものはなく、ここにおいて、力士に敬意を表するためには、褌を神聖にする外に道なく、我が国では、神聖を表すのには、七五三縄を張るのが日本精神の古俗であるから、もともと横綱は何等の故実なくとも、角道上、当然、ここに帰着しなければならぬことで、そこに何等かの故実の拠るべきものがあれば、直ちにこれが権威となるのである。こういう意味で住吉神社の故実は、あるいは横綱の起原になったかとも思われる。

次に横綱は、最初は一人であったが、谷風に続いて小野川が横綱を許されるに及んで、二人の横綱が対立することになった。昔は、大関の中で、特に名誉ある者が横綱を授けられたので、番付の中では、谷風以来初代梅ヶ谷に至るまで、十二代の横綱は、単に大関とのみ書してあった。ところで、初代西ノ海が大関を小錦に譲る時、番付面の張出となって、初めて「横綱」という文字が麗々《れいれい》しく番付に現れたが、しかし、この場合、横綱は最上位であるけれども、張り出されたことによって、実力は正大関に一歩譲ることを示している。これ以後、小錦、実力第一の間、欄内、正大関のまま、横綱の栄称を冠《かむ》らせていて、成績がやや下るに及んで欄外に張出横綱とした。横綱の中では、正大関のまま、横綱を張るを第一位としていたが、最近に横綱を一階級としたので、横綱となれば、大関を捨てることになり、「横綱大関」というものが、番付に見られなくなった。横綱が一方に二人いる時に、成績に甲乙があれば、その順位を定めて、優者を欄内に置くことが容易だが、大錦、栃木山の場合の如く、両者ともに若くて、ともに強いために、いずれを正とし、いずれを張出すべきかについて、協会は苦労したようであった。結局両者併立の時に、勝率が少しよかった大錦を正とした場所数が多かった。

横綱の人数については、当初、吉田司家においても一人を正当とする考えであったようだ。それは常陸山、梅ヶ谷対立の時、初めは常陸連戦連勝の全勝であったが、後に梅が二度続けて勝った。ここにおいて両雄の優劣論沸騰し、梅を以て最後の勝利者と見る説も出た。しかし容易に決すべき問題ではなく、この次すなわち明治三十六年の夏場所、常陸再敗、梅再勝の後を受けての決戦の勝利者を横綱に推選することになっていたというのは、当時は協会もまた横綱一人説であったのだろう。ところが常陸山が勝ち、しかもその勝利が頗《すこぶ》る優勢にして、堂々たるものであったにもかかわらず、協会はこの二人を同時に横綱に推選した。そして司家の許状にも「谷風、小野川の例に倣《なら》い、非常の偉器対立する場合として、特に二人に横綱を允許《いんきょ》する」という意味が書かれてあった。

最近またためずらしく安芸《あき》の海、照国の二人同時に横綱に推選したが、横綱がすでに一人も二人もいるのに、あとまた推選することは、普通のことで、前に東京大阪合わせて四横綱があり、後には東京だけで、「四横綱」対立、一方に大錦、西ノ海と、他方に太刀山、鳳《おおとり》の先例があり、最近、玉錦、武蔵山、男女川《みなのがわ》、双葉山の第二の四横綱対立があり、横綱の数は、現在においては、窮屈ではなく、むしろ自由な問題である。これは力士数の増加、協会の拡張、そして国勢の進展に対応する協会の興行策から見ても、自然の帰結であろう。しかし四横綱を以て先ず極度とすべきである。

二一　前角力から横綱になるまで

（横綱大錦の自叙伝）

（一）

力士生活を客観的に書いたものは多いが、有名無名を問わず、力士の自叙伝というものは古来きわめて稀《まれ》であろう。横綱大錦は、学生から転向して角界に投じた者で、しかも非常なスピード、おそらくは未曾有のスピードを以て、前角力から横綱にまで昇進し、一番角力の名人、インテリ角力の開祖といわれているものである。その大錦が、自己の体験を中心として力士の生涯を記録しておいたものが、今は記念すべき遺稿となっている。その中には、角力に対する種々の研究も述べてある。題して自叙といっていないけれども、事実において、内容充実した横綱自叙伝として、日本角力史上に珍重すべきものでなければならぬ。その文辞に、若干の修正を加えて、次に紹介することにしよう。

力士志願者は、先ず大日本相撲協会の会籍にある角力年寄の部屋に入門しなければならない。力士志願という中には、草角力の大関などで、未来の横綱を夢みてやって来るのもあれば、年寄の方で、世間の評判を聞いて探し出した骨格非凡の怪童を、無理矢理、父兄を口説き落として連れて来るのもある。ともかくも、こんな関係で師弟の縁が結ばれると、師匠はこれを協会に届出《い》で、正規の身体検査を受けることになる。協会の規定によると、力士としての資格は、満二十歳未満は身長五尺五寸、体重十九貫以上、徴兵検査後の者は、身長五尺六寸、体重二十一貫以上となっている。だから、検査を受けるに当たっては、本人はもちろん、師匠もなかなかの心配で、少し体重が軽そうだと思うと、ここに角界独得の体重速増法を行うのである。それは腹一杯、芋を詰め込み、たらふく水を飲むのであって、苦しいには苦しいが、これによって一貫目ぐらいは増すのである。ついでにいうが、力士は盛んに餅を食べる。これは力をつけるためなので、相当に効果があるようだ。世に力餅という。

このような苦心をして、とにかく、見事、検査に合格すれば、ここに協会の人別帳に登録され、前角力として、力士の端くれに加えられる。そもそも前角力というのは、番付の下の隅っこに、「此の外《ほか》、中前角力、東西に御座候《そうろう》」とあるいわゆる御座候力士のことである。もし不幸にして検査不合格の場合は、身体のできるまで、師匠のもとで無駄飯を食っていなければならない。

こうして、やっと前角力になることができると、いよいよ晴れの初土俵、本場所とはいいながら、まだ人っ子一人、見物の来ぬ早暁、（もっとも最近は、前夜からお客が入場しているが）がんばらがんの国技館で同じような連中と前角力というのを取る。前角力というのは、一々仕切りなどはせず、勝った者に対し、代わる代わる飛び出して取り組むので、こうして三日間、毎日続けて三人の敵を倒すと、ここに一段上がって本中《ほんちゅう》に取り立てられる。本中でも同じようなことを繰り返して、三日間勝ち続けると、やっと序の口に出世し、給金大枚一円二十五銭也の一人前の力士となるのである。

力士になって最初の喜びといえば、序の口に出世した時で、部屋の雑用ではあるが、生まれて初めてきれいな化粧褌を着けて、同じ出世仲間とともに土俵に引き出され、正面に向かって平突《へいっ》く張《ば》って頭を下げると、行司から出世披露の口上が述べられる。これが済むと、喜びと希望に燃える胸をときめかし、若者頭に引率されて協会へ挨拶に行くのであるが、その通路たる花道には、先輩や兄弟子たちが、両側に垣を築いて待ち構え、平手や拳骨を振り上げて、「おめでとう、おめでとう」と叫びつつ、ピシャピシャ叩き散らすというおもしろい習慣が昔から今も行われている。これはずいぶん骨身に浸みるお祝いだが、つまり兄弟子や先輩が、その力を打ち込んでくれる親しみのこもった祝意なので、角力はすべて実力本位だという教訓にもなるのである。

こうして、次場所の番付が発表されると、一番下の段に、虫眼鏡で見なければ読めないような字で、自分の力士名が載っている。これが何ともいえぬ嬉しいもので、すぐに巾着銭をはたいて、何枚かの番付を買い込み、国元の親兄弟や友達に送って喜んで貰うのが常である。

さて序の口となると、本場所の角力は一日おきに取ることになり、しかもチャーンと仕切って取るのだから、追々、策戦とか注文とかいうものを考えるようになって来る。それで星を残すと序二段に上がる。序二段までは、いわゆる褌担《ふんどしかつ》ぎと称するもので、先輩からは、野郎野郎と野郎呼ばりをされ、関取衆の従卒として絶対に自由行動は許されない。

序二段を突破すると「三段目の羽織男」、これが力士としては第二の目標である。力士志願者の大部分は、ここまですら上がることができずして、すごすごと帰郷するのであるから、力士としてここまで来れば、先ず以て小さい成功者といい得るから、何としても嬉しくない訳はない。三段目で初めて羽織が許される。同じく関取衆の従卒たる境界を脱出しないけれども、ここまで来れば相当自由も利く、仕事も楽になる。もう一歩進んで番付の二段目、すなわち幕下となれば、待遇がずんとよくなる。関取衆に随従しながらも、大切な用事以外では、後進者を指揮監督していればいいので、身体は大変楽になるが、その代わり気骨が折れることになる。

幕下からさらに一歩躍進すると、十両、すなわち一人前の関取になるので、給金も最低十五円支給される。それからは実力次第で、幕内、三役から横綱まで飛び上がれる。最後の栄冠が日《も》《く》睫《しょう》の間《かん》に迫って来るのである。

（二）

自分（大錦）の力士時代は、今とは違い、先輩後輩の差別が非常にやかましかったもので、「一枚違えば家来の如し、一段違えば虫けら同然」とまでいわれ、番付がタッタ一枚違っても、上位の者には頭は上がらず、まるで家来のように絶対服従をしなければならなかった。言うまでもなく一段違えば、想像に余りあるであろう。

例えば宴会の席順などでも、ちゃんと番付通り並ばなければならない。風呂に入れば、下の者が上の者の背中を流す、道を歩くにもやはりその通りで、万事ことごとく番付通りである。したがって上位の者に対しては、すべてに尊敬を払い、その命令には、絶対に服従しなければならなかったのである。

このように、力士世界はあくまで実力本位であるから、自分の下にいた者が、実力で乗り越して行っても、その技量を称讃こそすれ、嫉妬や怨恨などは毛頭起こらなかったもので、湯に入れば、反対に自分から背中を流し、湯も汲んでやった。「兄弟子という字は、どう書くか、知っているか。よく耳の穴をほじくって聞いておけ。兄弟子という字は、無理篇に拳骨と書くんだぞ」と、よくどなられたものだった。結局、どんな無理でも、兄弟子の言うことには従わなければならない、拳骨の二つや三つは我慢しろという意味である。人間が腕を磨き、魂を練り、真剣に道を究めるためには、こうした厳粛な鍛錬が必要なのではあるまいか。

自分（大錦）はよく人に言うのである。すべて成功するには、何事によらず足型を沢山《たくさん》つけなければいけない。殊に角力は、土俵に足型を沢山残したものでなければ出世はできない。角力のみならず、商売にしろ、何にしろ、皆そうではないかと考える。

（三）

右のように力士の階級及びその待遇はやかましいものであった。もっとも近来は、角界に相当教養のある力士達も多くなってきたが、昔は一般に教養の少ない者が多く、仮に相当の教養があったとしても、角力に勝つということ以外、別に考えることもなかったし、角力に勝つことさえ考えれば、それで力士としての全部を尽くしていたのであった。

これ等の力士を統率指導するためには、いわゆる階級制度を厳にして、自分の進境を一歩々々、現実に知らしめる、すなわち力士仲間でいう「目にものを見せる」という方策を取ったのである。

したがって階級による待遇において、目立って著しい隔たりがある。髪も、三段目以下は栗髷《くりまげ》というものを結い、幕下になって初めて「大銀杏髪《おおいちょう》」が結えるのであるし、三段目以下の者は羽織も着ることはできない。いくら堂々たる体格でも、栗髷に結って居れば、一見して褌担ぎたることが知られ、たとえ男は小さくとも、大銀杏髷を結って羽織を着ていれば、関取たることが知られる。こういう訳で、一見して関取か褌担ぎかが知れるのであるから、力士は皆、早く羽織が着たい、大銀杏髷が結びたいと、そればかりを目当てに一生懸命稽古を励むのである。

次に、食事になると、自分（大錦）達の時代には、三段目以下は板の間でやり、二段目になって薄縁《うすべり》を布《し》くことを許され、十両になってようやく座敷の次の間、幕の内になって初めて座敷の正座に着くことを許されたのである。しかも食事の順序がむつかしい。幕内に対しては十両が給仕をし、十両に対しては幕下が、幕下に対しては三段目といった順序であるから、上位の者の食事が終わるまでは下位の者は食膳に着くことができない。幕内十両辺の力士が六時頃に食事を始めたとしても、褌担ぎが御飯にありつくのは十時過ぎになり、中には上位に花見酒でも始めるような者があると、下位の者はいつまでも空腹を抱えて待っていなければならなかった。

地方巡業の際には、横綱大関は、汽車、汽船、旅館等すべて一等待遇、幕内は二等、十両以下は三等待遇であり、巡業地に到着すると、関取分に対しては、停車場から旅館、旅館から角力場への往復には、送迎があり、今のように自動車が多くなかった頃には、俥《くるま》が提供されたが、それがまたおもしろいことは、幕内には一人曳《びき》、関脇小結には二人曳、大関横綱には三人曳という規定であったから、俥夫《しゃふ》の数を見れば、乗っている力士の階級が一目して分かった。しかしおかしなことには、途方もない偉大な十両角力を、一人曳で老俥夫が喘《あ》えぎ喘えぎ奔《はし》る悲劇もあれば、軽そうな横綱大関を、わざわざ三人掛かりで引っ張って行く喜劇もあった。近来のように自動車が発達してからは、力士の巡業道中は大変助かったが、以前はたいてい、次場所へ行くのには、十両以下は徒歩で行かなければならなかった。たとえ、自分で乗物に乗り得る金を持っていても、絶対に乗ることを許されない。こんなつらい修業をするのも、目前に楽しみが見えているからで、その楽しみというは、「口惜しければ早く強くなれ、強くなれば、お前の無理は、笑顔で通してやる」ということである。

力士の階級並《なら》びに待遇は、だいたい以上の如くであるが、敬称については、十両以上関取格の力士に対しては、何々関と敬称を付け、十両以下の先輩に対しては、何々兄弟子と敬称を付けるのである。力士の境遇を仮りに商店にたとえてみると、二段目力士は番頭で、三段目が小僧頭、三段目以下は小僧で、十両は若旦那《だんな》、幕内は旦那衆、横綱大関は大旦那といった格で、力士も若旦那格たる十両になって、初めて自由に番頭格以下の力士を使うことができるのである。よって

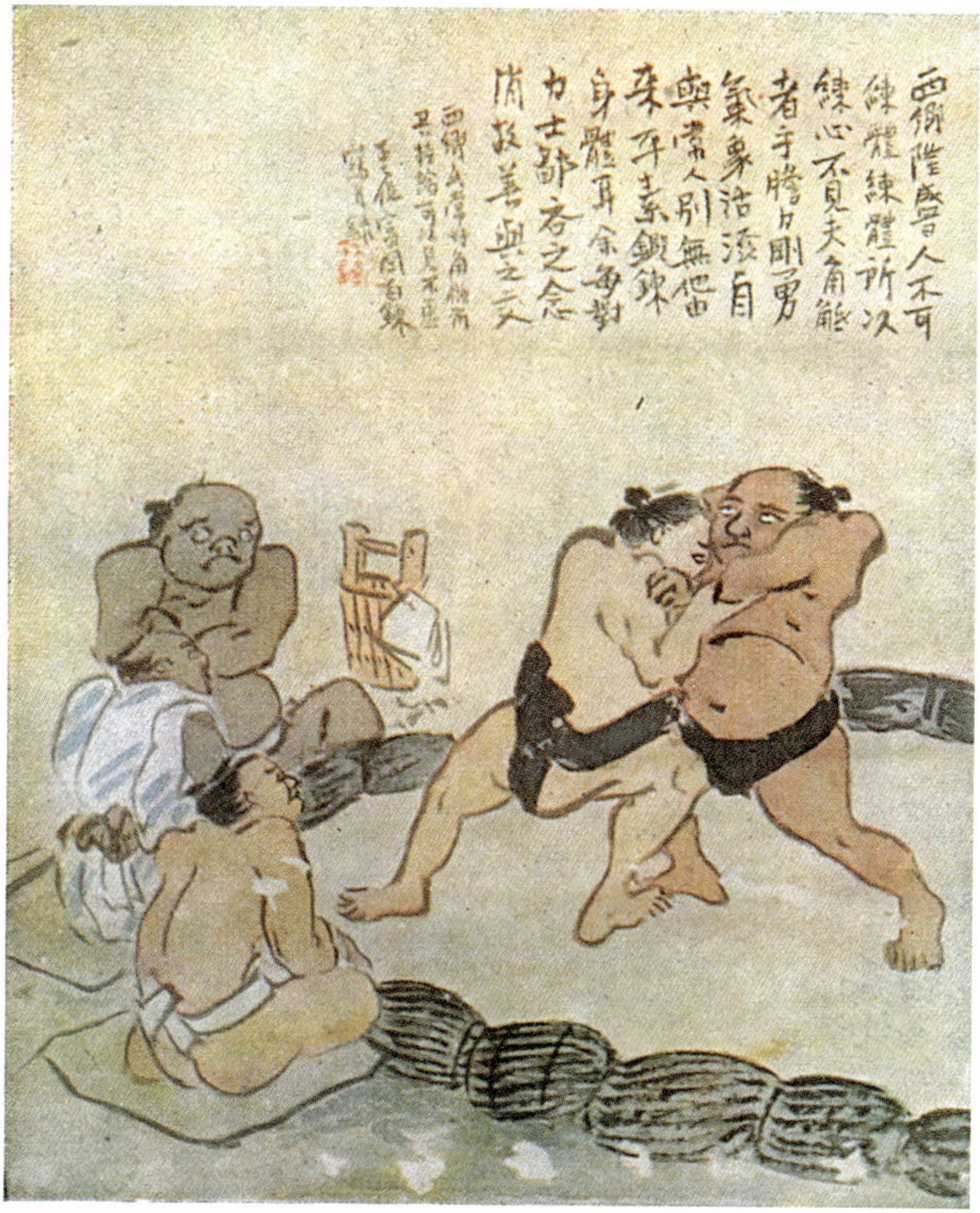

西郷隆盛曰ク、人ハ体ヲ錬ラザル可カラズ。体ヲ錬ルハ心ヲ錬ル所以ナリ。見ズヤ夫ノ角觝スル者ヲ。胆力剛勇、気象括溌、自ラ常人ト別ナルハ他ノ由来無シ。平素身体ヲ鍛錬スルノミ、余力士ニ対スル毎ニ、鄙吝ノ念消ユ。故ニ善ク之ト交ワル。

（原文第二行不字脱ス）

西郷氏常ニ角觝ヲ好ム。而シテ其持論以テ虚ナラザルヲ見ル可シ。

正七位富岡百錬写并録

（本文二九八頁）（中尾方一氏蔵）

江戸相撲の繁栄（本文 336 頁）

（中尾方一氏蔵）

江戸時代の土俵入り

横綱不知火光右衛門土俵入り

幕内力士土俵入り

（本文三三六頁）

（中尾方一氏蔵）

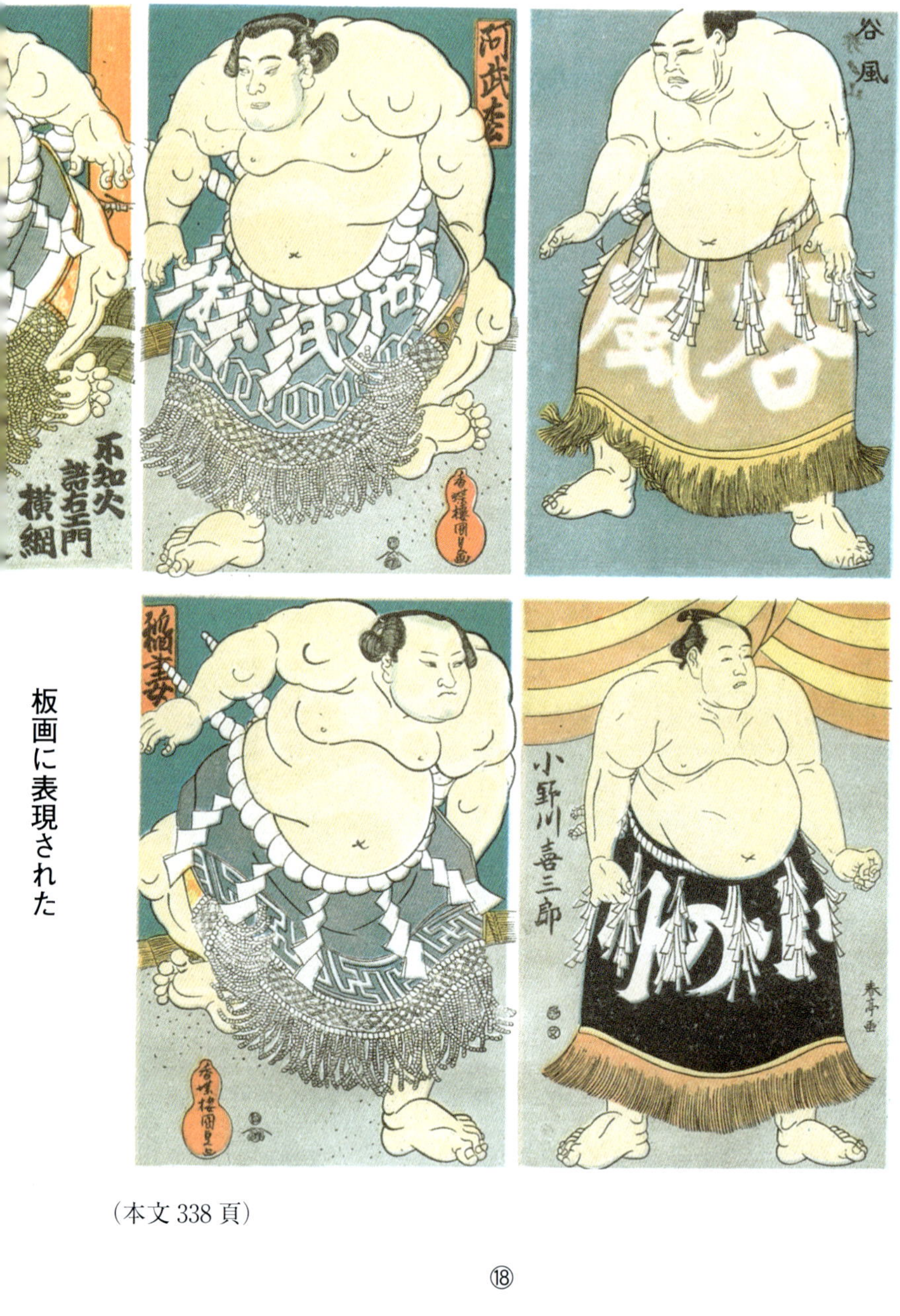

板画に表現された

（本文 338 頁）

江戸時代の横綱姿

（中尾方一氏蔵）

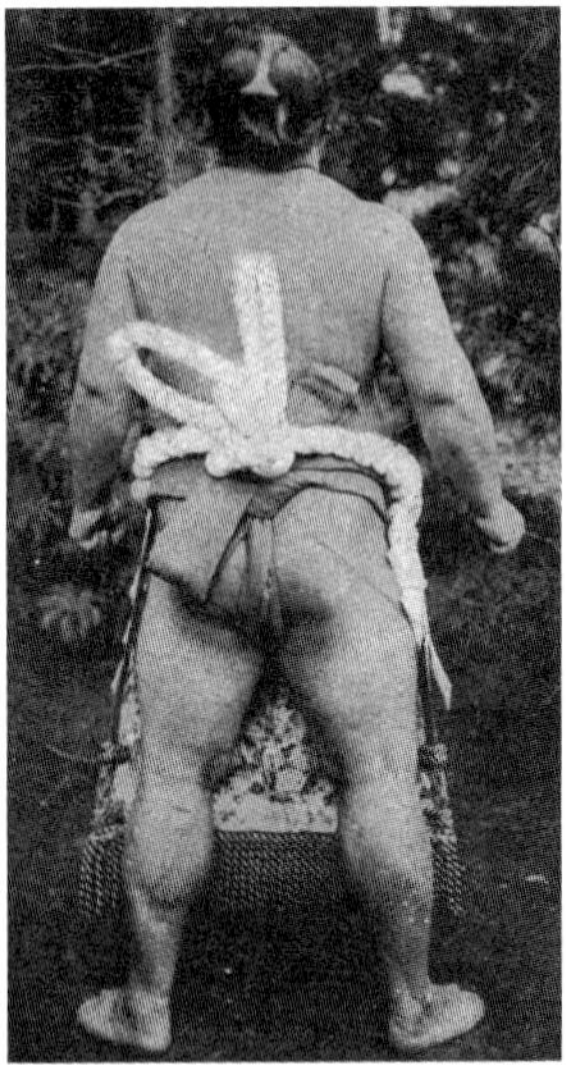
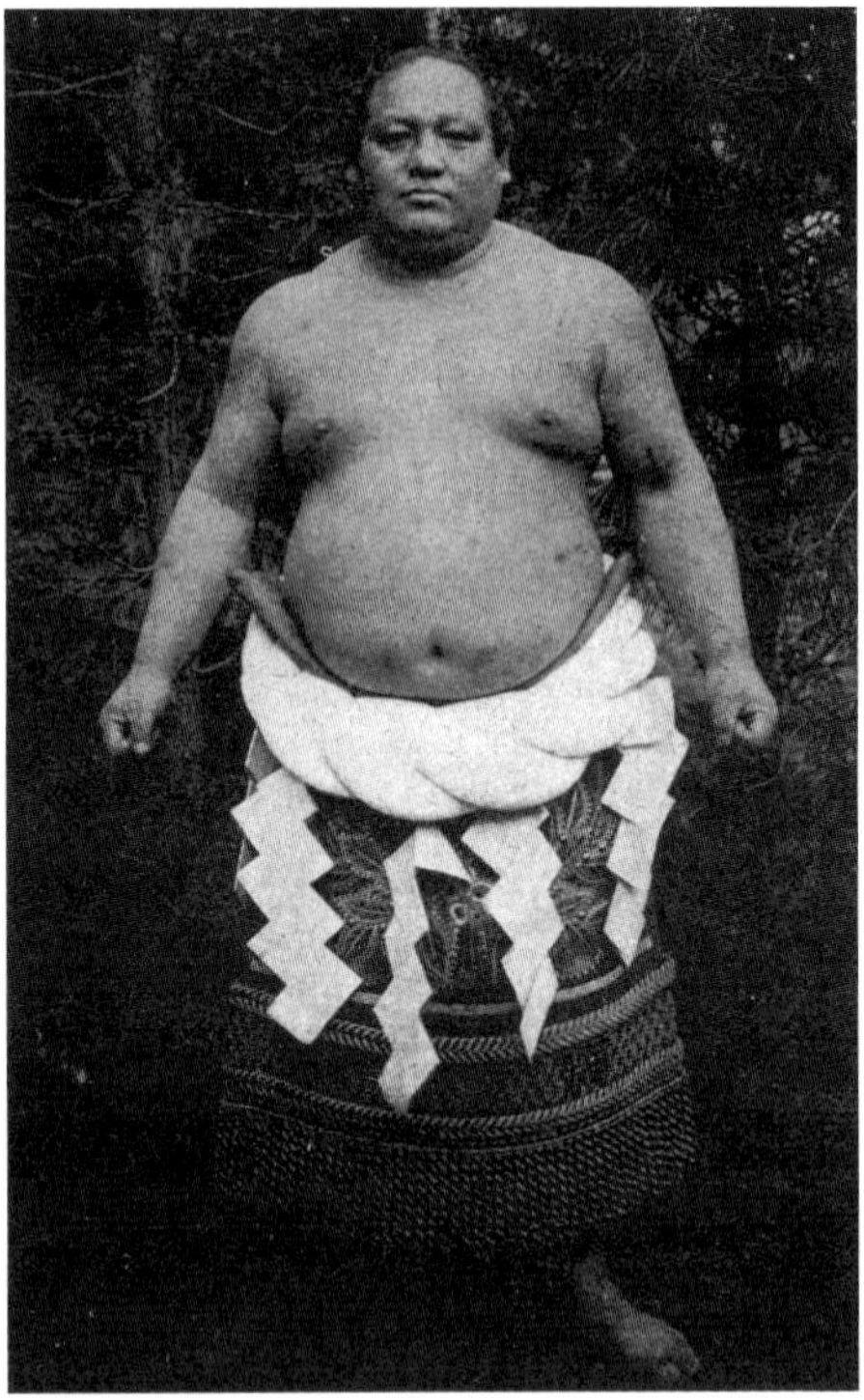

常陸山谷右衛門

（本文三五一頁）

力士たる以上は、せめて若旦那格たる十両にならなければ楽はできない。

力士が妻帯した直ぐの場所を見ていると、おおむね成績が良くないようだ。世人はそれを見て、あれは妻帯したから弱くなったと言っているが、それは世人が考えているような原因で弱くなるのではなく、精神的の一時の衝動に過ぎない。詳言すれば、この場所は是非勝って新妻を喜ばせようという気持から、角力に無理ができるので、子供ができれば、自分が負ければ子供の肩身が狭かろうというような考から、やはり角力に無理ができるのである。家庭を持ち、妻子が有るようになれば、家庭の主人としての責任感が起こるから、もし怪我でもすると、家族に難儀がかかるであろうというような心配があって、踏ん張りがきかなくなり、角力に潑剌《はつらつ》たる気分がなくなる。そうなると角力はもう駄目という外はない。力士が一番強い時期といえば、やはり責任の軽い部屋住み時代ということになるのである。

また一方、力士の家族ほど気の毒なものはないと思う。力士は、本当に東京にいて、家庭に落ち着いているというのは、一年中にわずかの日数しかない。川柳に、

一年を二十日で暮らすよい男

とあるが、それは昔も今も同じで、今は二十日が三十日になっただけのものである。また家族は、その主人が勝っても、後援者が狂喜するほどの嬉しさが湧いて来ないというのは、明日の勝負が

心配になるからだ。連戦連勝を続けている力士の家庭でさえ、他人が考えているような朗らかさを持っていない。それほど力士の家庭は、主人の勝敗に関心を持ち、一番角力に心労をするのである。「関取千両幟《のぼり》」の舞台に現れる稲川の女房のような苦心は、めったにあることではないが、力士の女房が、水垢離《みずごり》を取ったりして、主人の勝利を祈る話は昔も今も始終あることである。

（四）

多年の研究により、力士としての最上の条件、すなわち力士の理想的素質は、すべてに対して融通性のある技能と力量を持っているということである。自己の持つ力量、技能には、それぞれ特徴があり、それを唯一の武器として戦う人は、その半面には短所がある。例えば、右に強い者は左に弱く、前に強ければ後ろに弱いということがある。かかる人は、一場所や二場所は、その特徴を発揮することによって、好成績を占めることもあるけれども、それを敵方から看破され、研究されて、反対にその短所を衝かれるようになれば、それまでのものである。明治以来、その例は多々発見される。

そうであるから力士としては、すべてに平均に力を有し、いわゆる「なまくら四つ」といったように、右からでも左からでも、敵の来る方、どちらでも一様に引き受けられるのがよいと思う。

さらに理想としては、敵をして十分にその得意に入らしめた後、ゆるやかに攻めていける自信があれば、それに越したことはない。元本、角力の策戦というのは、自己の長所を活用して敵の短所を衝くのであるから、このように敵をして十分にその長所を発揮せしめた上で、これを撃破するを得るとすれば、それは確実に敵よりも強いのである。このような敵に対しては策戦の必要はないが、本場所では、双方格段の違いのない力士同志を取り組ませるのだから、十分に敵の長所を発揮せしめた上でというわけにはいかず、敵も味方も、ともに苦心惨憺《さんたん》、互いに策戦を凝らして力戦苦闘するのであって、角力の興味はつまりここに存するのである。

次に、力士としての理想的体格は、上半身と下半身との均衡がよく取れているのを第一義とする。医学上から見た専門的の研究は別として、自分（大錦）が力士として多年観察し、かつ体験したところによると、強力士は以上の外に頸《くび》の周囲が太く、その付け根ががっちりしていて、肩幅広く、俗に一枚胴といって、胸から胴にかけて厚味があり、腰囲が太く、臀部《でんぶ》は丸味を持って垂れ下がらず、膝から下の脛部がつまっていないこと等の条件を具備すれば、力士として最も理想的体格であると思う。しかし実際には、なかなか、理想的にいくものではない。比較的理想に近い体格の持主が、力士として成功するのであるが、人は生まれつきの体質を、そのまま発育せしめるものではなく、如何なる人といっても、環境の支配を受けつつ成長するもので、気候、風土、職業、風習等の影響を受けることが非常に大きい。それ等の影響について、仔細に研究してみよう。

力士側について見ると、従来、大力士を輩出せしめ、また現に輩出せしめつつある地方は、ほとんど系統的の分野を示している。東北地方においては、北海道、青森、秋田、岩手、宮城、新潟、栃木、茨城等が数えられ、東京以西としては、鹿児島、福岡、大分、高知、愛媛、徳島、鳥取、富山等を挙げることができる。これはだいたいにおいて、その土地の気候、風土、人情、風習等の影響によるものであろう。東京以北の人は筋肉質が多く、以西の人には脂肪質が多いように見える。このことを詳細に観察すると、東北方面の人は、寒帯性の力、すなわち堅実的に力があり、一方以西の人は、温帯性の力、すなわち穏健的に力がある。けれども腰の力に至っては、両者の間に著しき相違があり、また同じ東北地方といっても、一概には言えず、多雪地方と、そうでない地方とでは、やはり同一ではない。多雪地方では、幼少の頃から雪の上を歩くということが、自然に腰部の発達を促すから、力士となっても腰が強い。また寒国育ちの者は、厳寒に吹き曝《さ》らされ、これに抵抗するために、全身の筋肉を緊縮させる習性が自然に養われているから、力士となっても、立合いの一瞬、たちまち全力を傾注することができるが、これに反し西国育ちの人々に至っては、自然的にこれ等の鍛錬を受ける機会が乏しいから、力士となってからも、前者に比して相当に趣を異にするものがある。次におろそかにできないものは、人情風俗の影響である。例えば棒押し、綱引、俵担《にな》い、力石《ちからいし》等、いろいろの力的遊戯が、各地方で独特に青少年の間で行われ、それが自然と体質の局部的発達を促し、力士となってからも、その特徴が著しく現れて来る。また度々大力士を出した秋田、高知の両地方の如きは、古来、闘犬が盛んに行われ、地方的風習として一般的に勝負事を好み、自然と闘志が旺盛である。力士となってからこの闘志がおおいに役立つのである。その上に、この地方では素人角力が盛んに行われている。また茨城、福岡、鹿児島その他、その昔、武道の盛んだった地方から大力士が出現するのは、右と同じような理由によるものであろう。なおこれ等の地方の中、鹿児島は一般的に武道に準じて角力が最も盛んだったことは、おそらくは全国無比だったかも知れぬと思う。鹿児島出身の名士中、特に角力を好み、自身に角力に熱中して、相当に強かった者としては、第一に、大西郷をはじめ、黒田清隆伯、続いて日清戦役に海軍の司令長官たりし伊東祐亨元帥、安藤則命、山本権兵衛伯等で、山本伯は青年時代に陣幕に弟子入りして力士たらんと志願されたと伝えられるほどで、山本伯の角力名を花車という。伊東元帥は、左の耳たぶが潰ぶれて力士上がりのような耳になっていた。元帥は、青年の頃、大西郷と時々取り組んで、いつも敵《かな》わなかったが、唯一度、大西郷が押し進んで来るところを、土俵際で、際《きわ》どく叩き込んで勝ったことがあると聞いている。土佐からは好角の大家として板垣退助伯があり、福岡からは頭山《とうやま》満先生があり、先生は力量、技量ともに抜群であったように聞いている。こういうお話はこの辺で省略することとして、最後に、力士と職業との関係について記してみたい。東北地方はおおむね農業地方で、一般に質朴剛健《しつぼくごうけん》の風があり、力士となっても手堅い鈍重さがあるが、これに反して西国はおおむね商業地が多く、鋭敏にして懸引《かけひ》きに富み、力士となってからも頭脳の働きによって、策戦に巧みで、これによって力量の不足を補っている。その昔、強力士は東北に限られた観があったのは、当時相撲が力一杯の力相撲で、近来のような策戦を主とする知的角力でなかったからである。（口絵⑮参照）

このような研究を、今少し具体的にお話してみれば、突っ張りを十八番とした力士、太刀山、その突っ張りは全く古今未曾有のもので、角界の至宝と呼ばれ、これに対抗し得る力士は、一時一人もなかったが、何故にかような強烈な突っ張りができたかというと、彼が力士になる前の家業は製茶業であった。子供の時から、手を以て茶を混圧していたために、自然と手の力が養われていたのである。もっともこの人は生来の強力ではあるが、力士となってからは、製茶で鍛えた要領を応用して下方に用いた力を前方に用いて、ついに彼独特の突っ張りを創造して天下無敵となったものである。これと似た例は、双葉山は漁業の家の生まれで、少年の時から父とともに和舟を漕いで荒海を往来していたのであるが、この命がけの職業から得た腰部の自然的鍛錬は、力士となってからおおいに役立ち、双葉山の二枚腰と言って、角界著名のものとなったのである。このような例は外国にもある。ゴルフの歴史的大家として知られている英国のアベ・ミッチェル氏は、少年時代、垣根師の小僧として、手首を働かす仕事に没頭していたが、その手首の動作や腰の構えが、ゴルファーとなってからも非常に恵まれて、ついに世界的名声を博するに至ったというように、必ずしも角力のみに限ったことではない。

自然的に養われた力が如何に偉大であるかという事実は、外国人と日本人との腰の力の相違がこれを物語っている。日本人の腰の力は、何故、外国人のそれに比して強いかというに、それは結局、日本人の座るという習性が自然的に腰を強くしたものと思う。それにたいそう尾籠《びろう》な話ではあるが、我々が日常行いつつある用便の形態が、知らず知らず腰を強くすることに役立っているのではないかと思う。足腰が達者で強いということは、角力道における第一条件であるから、角力が日本人に適する競技で、日本人の誇りとする国技となったのは、当然のことといわなければならない。

（五）

力士としての要素は、先ず体格と強力《ごうりき》とであるが、それよりもなお大切なものは、「闘志」である。「何糞ッ」という迫力が第一である。体格、力量が如何に優れていても、それだけでは大成できない。六尺何寸、四十幾貫という堂々たる体格力量があっても、うまくいかないというのは、つまりこの闘志に欠けるところがあるからであろう。

「闘志」こそは、力士にとって大切な財産の第一である。力士が同一の敵に対し、二度も同じ手で負けるようでは、その力士には、闘志による研究心が足りない。最初に負けた時に、自分は、どうして負けたのか、どうしたら勝てるのかということを研究しておくべきである。だから、もし同一の敵に対して、二度連敗したとしても、二度目に負けた手が、最初に負けた手と異なっていたとすれば、その力士には闘志があり、研究心があり、将来の進境が約束されるわけである。なお力士は、若いうちは負けるがいいと思う。何となれば、勝った時は、どんな手で勝ったかをたいてい忘れてしまうが、負けた時は口惜しいからよく覚えている。そこで研究心も起こり、将来の進境も約束されるのである。

負けて勝つ手覚える角力術

という格言がある。されば師匠としても、その秘蔵弟子は、なるべく負かすようにして貰わなければならない。もし弟子を可愛さのあまり、いつも勝たせるように仕向けたとすれば、それは大変な間違いであると思う。

自分（大錦）は、力士になるには何歳ぐらいを適当とするかという質問を度々受けるのであるが、これは各人それぞれ発育状態、体質、知能等によって、一定の年齢というものを定め難い。しかし自分の体験によれば、十五、六歳の少年時代から始めた者も、筋骨のやや整った二十歳ぐらいからの者も、行くべきところに行く。すなわち入幕するのは、たいてい同じようである。それならば、その反対の引退期は如何というと、これまた各人の体質、境遇その他によって、一定することはできない。三十代にして引退する者もいれば、鬼ヶ谷のように五十三歳までも、幕の内にいたという老剛もいる。

力士生涯は鍛錬生涯で、一にも鍛錬、二にも鍛錬、あるが上にも鍛錬で、どこまで行っても、鍛錬を忘れることはできない。角力の目的は、強くなりさえすればよいので、「強くなりたい」というのは力士の熱望、「強くしたい」というのは師匠の希望である。「角力の恩は、土俵で返す」というのが、力士たる者の信念で、胸を借りて世話になった先輩や師匠を、土俵の砂に埋めてこそ、恩返しとなるのであって、決して忘恩にならぬのみならず、先輩、師匠においても、これで初めて世話甲斐があったと考えるのであって、これが角界における徳義となっている。このように角力の世界は、実力本位であり、強者の天下であるから、弱者ではどうにもならない。徹頭徹尾、強くならなければならない。

角力の世界には、弱者を保護する何物もないが、強者に対しては、あらゆる輝やかしい特権が用意されているから、力士となった以上は、是が非でも強くならなければならない。嫌でも応でも勝たなければならないというわけで、それには、不断の鍛錬によって、向上の一路に邁進する外はないのである。押せば押し返して来る、引いても押して来る。うっかりしていれば、たちまち人後に落ちる、「押すに手なし」の格言は、土俵上の立合いばかりではない、角力社会全体を象徴する極意ともいうべきであろう。

鍛錬なるもの――。朝から晩まで鍛錬に精進しているのが力士生活であるから、身体の取扱いは、またきわめて積極的で、健康力を増大し、病気に対する抵抗力を強大することに力《つと》めなければならない。自分どもの力士時代には、ずいぶん暴飲暴食もやる無茶な連中も多かったが、その割合に病気にもならず、なることがあっても回復が早やかったというのは、平素の鍛錬によって、身体の抵抗力が養成されていたためであろう。病気の嫌なことは、もとより力士社会のみとは限らないが、体力を唯一の資本とする力士としては、最も怖るべき大敵は病気でなければならない。しかもこの病気という奴は、気に緩《ゆる》みの出た時などに、つけ入って来るもので、偶然起こる怪我でさえも、元気一杯に張り切っている時には起こらぬものである。平素、稽古の際などにも、決して遊び半分にやってはならない。必ず真剣にやらなければいけない。力士として、病気にもならず、怪我をせぬようにと思えば、不断の緊張を欠いてはならない。実に「充実せる鍛錬」こそ、力士にとって病魔退散の御呪符ともいうべきであろう。自分は力士生活中、幸いに病気にも罹《かか》らず、無病息災で押し通すことを得たのは、一に父母の賜《たまもの》であるが、一面には、向上の一路目がけて邁進した不撓不屈の鍛錬の結果であろうと思う。要するに健康保持体力増進の唯一の秘訣は、身体の激しい鍛錬と、同時に不断の緊張による精神修養でなければならない。精神修養というは向上心を意味する。向上心を伴う肉体の鍛錬ならば、病気など決して寄りつくことはできない。

どうすれば力士は、あのように立派な体格ができるかという質問は、自分でも力士生活中に幾度も受けた質問である。それに対して自分の答は、ただ簡単に、「一に運動、二に栄養、三に休養」というのみであった。しかもこの三者はきわめて自然的に行われなければならない。すなわち栄養をとりたい時にとり、休養したい時に休養し、そして運動もまたその通りで、疲れたら休み、続けばいつまでもやるという具合に、絶対自然に任せるのである。

角力の運動の中に、自身が疲れればいつでも休み、また体力が続けば幾らでもやっていられる「ぶつかり稽古《げいこ》」というのがある。これは角力に大切なる出足の練習と、全身運動とにきわめて適切有効なものである。力士になる者は、たいてい、生まれつき人並より骨格も太く、筋肉も逞しくできてはいるが、生まれて来たままでは、ものにはなれない。ひとかどの力士になるには、相当の鍛錬を必要とする、この「ぶつかり稽古」というは、上位の力士が稽古台となって胸を出すと、稽古して貰う下位の力士が、その胸に頭を着けて、全体の力を足、腰、腕等にこめて、必死と押して行くので、敵の金城鉄壁に向かって、一箇の肉弾となってぶつかって行くのである。この「ぶつかり稽古」は、古来、力士仲間で研究されて、いつ頃から始まったかその起原は判然と分からぬが、とにかく昔から伝わっている唯一の力士の身体鍛錬法であり、傍観していると、きわめて単純な方法のようだが、その効果に至っては、頗《すこぶ》る大にして、また解釈の如何によっては、この鍛錬法は、意味深長なものともいえるのである。

この「ぶつかり稽古」は、相手の稽古台に向かって、鉄壁も通れとばかり、必死の意気込みで突撃して行くのでなければ何の役にも立たない。ぶつかる、刎《は》ね返される、またぶつかる。転ばされる。また猛然と突っ掛ける。生命の限りぶつかって行くのが、この「ぶつかり稽古」の極意であり、満身の精力を絞り尽くしてヘトヘトになるまでやらねばならぬのである。人間の精力というものは、洗いざらい絞り切ってしまって、もう何も残るものはないと思われるところまで行くと、不思議にも、そこに新しい力がむくむくと湧いて来るものである。ちょうど一滴も残さず汲み尽くした井戸の底から、新しい清水が浸じみ出て、元のように井戸に溢れて来るのと同じような理由であることを、自分どもは、つくづくと体験したのであった。

「ぶつかり稽古」の場合、誰しもこのような体験をするだろうと思うが、この新しく湧き出る精力こそは、今まで持っていた力に加えて、さらに新しい自己の実力となり、それだけ自身に発達したわけになる。この効果こそ、「ぶつかり稽古」における鍛錬の特色であり、また努力の賜であり、角力というものに存する重大な意義を物語るものであると思う。

（六）

最近は、幕内力士の仕切りが七分間に制限されている。一般観客からは、仕切りがどうしてあんなに長くかかるか、判断に苦しむ者もあり、仕切り時間短縮あるいは全廃説までもあるようだが、力士側から見れば、仕切り時間は決して無意味なものではなく、自分（大錦）としては、仕切り時間制限には反対である。

明治四十五年の夏場所のことであった。あるやんごとなき御方の台覧を仰いだ時、両力士は、その立合いに待ったを繰り返すこと五十四回に及び、立ち上がるまで一時間三十七分という長時間を費した。おそらく古来未曾有の長仕切りであろう。高貴の御前においては、なるべく早く立たねばならぬのに、かかる長時間を要したことは、いかにも畏れ多いことであるが、両力士の心境を忖度《そんたく》すると、どちらもその日の光栄に感激のあまり、今日こそ是非勝ちたい、負けてはならぬという気持一杯で、この邪念に捉われ過ぎたために容易に立てなかったのである。

「待ったの長いのは角力を亡ぼす」などという人もいるが、力士側から言わせれば、角力は一度立ってしまえば、数秒の間に勝負がついてしまう。万事休するのである。されば力士にとっては、立つまでの仕切りの間がきわめて大切なので、その間に敵の策戦を窺《うかが》い、自己からの注文もつけるなどして、慎重を重ねて敵に対するのである。こうして一方ばかり気が充《み》ちて突き掛けても、他方の気が充たなければ立てるものではなく、つまり双方、気が合して同時に突き掛ける時に、初めて立てるのである。

自分（大錦）の体験によれば、立ち上がる際、「今日は是非勝ちたい」などと邪念があっては、決して立てるものではない。本当に立った瞬間においては、勝ちもなく負けもなく、ただ一心、何の邪念もない「無我の境」に入った時でなければならぬと考える。その証拠には、勝負がついた刹那には、どんな力士でも、必ず行司の軍扇の方に目を向けない者はいない。これは取り組んでいる間は、すべてを行司に任せているからなのである。「立ちの汚ない力士」という言葉を耳にすることがあるが、あれはまだ土俵上の精神修養の足らない力士で、この「無我の境」を掴み得ない人である。この「無我の境」こそ人世如何なる仕事をなす上にもきわめて大切なものであるが、力士としては、如何にしてもここまでの精神修養を積まなければ、大成は期し難い。しかし、この体験は求めて得られるものではなく、自然の鍛錬によって得られるのであるから、勝負に勝たんとして、強いて無我の境に入ろうとするのは、勝負の観念と精紳修養とを混同するもので、つまり精神修養が足りないのである。

(七)

稽古についての体験をお話してみたい。

力士の生命は稽古であるから、稽古を怠る力士は、如何に偉大なる体格と強力の持主であっても大成は望まれない。したがっていずこの部屋でも、稽古に対しては厳重な規則が設けられ、上は大関より下は褌担ぎに至るまで、わずかな見落としなく、整然と励行されている。稽古は一般に早朝からで、たいていは朝飯も食べずに稽古場に出る。稽古場は、厳寒の頃には砂が凍っているので、足の裏が切れるように冷たい。そして裸のままで他人の稽古を見ている辛らさといったらない。ようやく自分の番が来て稽古に取かかるのだが、元来力士の稽古というものは、稽古場に下りた時ばかりではなく、平生の起居動作にも力士としての心構えを忘れてはならない。例えば朝、顔を洗う時にしても、両脚を開き、腰を割り、いつ何処から突かれても押されても、びくともしない用意がなくてはならない。

稽古場における力士の稽古には「ぶつかり稽古」と「申し合い」との二つがある。「申し合い」というのは、ほぼ互角程度の力士が、普通に仕切って勝負し、勝ち残りで、勝てば何番でも次の人と申し合うので、だんだん相手が上位の方に進むのだから、稽古熱心の者はぐんぐん強くなっていく。この二通りの稽古を熱心に励むか否かによって、力士の将来は決まっていくのである。この稽古、特に新弟子時代における稽古の辛さというものは、体験者でなければ、とうてい理解することはできまい。朝は未明の頃に起き出で、大急《い》ぎに洗面を済ますや否や稽古場に飛び下りる。ところが稽古場には、土俵は一つしかないから、他の者の稽古中は、見ているより外はない。やむを得ず、「山稽古」と称え、土俵外で稽古するのだが、何しろ稽古という以上、土俵がなければ、本当のことはできるものではない。こうして次々と自分の順番の来るのを待っている。とりわけ塞中などは、裸でブルブル震《ふる》えながら立っているのである。ようやく何十人目かで自分の番が来る。ヤレ嬉しやと飛び出すが、幸い勝てば次の者と続いてやれるが、そこで負けるとすぐに引っ込んで、また何十人目だか、容易に自分の番が来ない。どうかすると、その日は一度切りでおしまいになることもある。だから強い者は、人一倍稽古ができてぐんぐん強くなり、弱い者は、志は有っても、思うように進んでいけない。

同じ稽古でも、幕内とか大関横綱とかになると、朝もだいぶん暖かになった頃、稽古場に下りて来て、下っ端に稽古をつけてやる。それを見ると、新弟子時代には、それが羨ましくて堪らず、自分も早くあんな身分になってみたいと思うのである。そこで自分達は、どうしても沢山稽古をつけて貰わなければならないと思うので、それには先輩の歓心を買う必要があると考える。そこで先輩が風呂に行けば、ついて行って背中や手足までも流す。昼寝をすれば、足腰を揉んだり、夏ならば扇風機の代わりに大きな団扇で煽いでやるなど、こういう風に努力して、先輩の御機嫌を取り結んで、一番でも多く稽古をつけて貰わねばならぬと心掛けたものであった。しかし自分達が、こうして背中を流したり、団扇で煽いだりするのは、自分が偉くなるためであるから、始終「何糞っ！　今に！」という心持がいっぱいに自分の腕にこもっているのである。もしその気《き》迫《はく》なくしてただ先輩に対するお勤めだからとやっていたら、何の甲斐もなかったであろう。こうまでして稽古を十分に積んでいくと、全身の色艶がよくなり、筋肉はむくむくと盛り上がって来て、全身がこちこちに堅く引き締まって来る。そうなると、眼がはっきりと据わって来るのであるが、その反対に稽古不足だと、脂肪で全身ぶわぶわとなり、色艶も悪く、顔面だらりと間延びがして、怠け者のシンボルのようになるのである。

自分（大錦）どもの力士時代には、本場所前から場所中にかけては、横綱から褌担ぎに至るまで、皆残らず部屋に寝泊りして、部屋の厳重な規則及び門限等の束縛を受けねばならなかった。

力士中には、家庭を持っている者も沢山いたが、そうした全部を犠牲にして部屋生活に精進しなければならなかった。したがって家庭を持っている力士としては、年二回の本場所を中心として、場所前一ヶ月と、場所後の十日を通算して、一年間に約三ヶ月ぐらいしか東京に居らず、しかも、右の次第で、その全期間中、家庭の人とはなり得ないのである。こうして力士には、世間に知られない苦労を持っていた。殊に本場所打ち上げ後までの部屋生活中は、家庭のことなど顧みるひまはなく、朝から晩まで角力のことばかりに没頭して、同僚との雑談の間にも、自分の長所短所から敵の得手不得手などの研究討議ばかりで、その他のことは、全然、考えてみる余地すらない。こうして熱意の充実した研究は、他の力士の間にも広く行われたであろうから、各力士の十八番の名手の効力などいうものも、そう長く続くわけにはいかない。ほんの二場所か三場所の間に、相手方からすっかり研究されてしまって用をなさないようになる。

しかるに最近の力士はと見ると、家庭持ちはもちろんのこと、独身者に至っても、番付の地位が上がるにしたがい、自己の信用もしくはその資格を尊重するという意味をとり違えて、部屋住いということを嫌い、部屋の近所の煙草屋の二階を借りなどしても、一本立ちの恰好をするという気分が濃厚になったように見受ける。だから稽古といっても、どうしても朝の出が遅れる。そうして稽古が済めば直ぐに帰ってしまう。こういう風では、自己一人の稽古だけは、どうにかできもしようが、種々の技術上の研究等に至っては、どうしても行き届かぬ勝ちと見なければならない。大力士というものが、次ぎ次ぎと出現して来ないのも、こうした事情が、一つの原因をなすのではなかろうかと思う。

本場所で度々見ることだったが、前場所へ破竹の勢いで優勝した力士が、次場所には散々の負け越しとなることがある。いったい、こんな力士は強いのか、弱いのか、判断に苦しむのであるが、自分は、この種の力士は、力士として未成品であると考えた。何故なれば、わずかに数ヶ月の後、病気でもなくて、そんなに急に弱くなるはずがない。前の優勝は果たして実力の成績か、一時、調子に乗っての勝運か。そもそもこの種の力士は、往々にして彗星の如く本場所に出現し、その成績によって番付の席次は飛躍し、たちまち陥落するが、自分はこういう力士よりも、むしろ毎場所わずかながらも平均して勝ち越して行く力士の方が強味があると考えていたのである。

自分（大錦）が力士になってからでも、角力の変遷は目につくほどであった。昔は四つ角力が奨励されて、稽古の時でも、すべて四つ角力を本位としてやっていたものだが、大正時代になってからは、「押し角力」が著しく盛んになって来た。そのために土俵上は、非常に活気を帯びて来たのである。強者が弱者を負かしたのでは、土俵上の興味は少ないが、弱者が強者を倒せば、活気が湧き立って来るものである。ところが、弱者が強者を倒すのには、押しでなければならないから、押し相撲の流行とともに、番狂わせが時々現れて来る。しかるにその後、また年を経て番狂わせが少なくなったように思われる。これは土俵が十三尺から十五尺に拡張されたことにもよるであろうが、力士の闘志如何によることが多いであろう。もっとも世人は、あるいは、今の方が番狂わせが多くなったように言うかも知れぬが、番狂わせの内容というものは、めったに負けたことのない大力士が、たまに負けるから番狂わせというのである。ところが近来は、以前に比較すれば、横綱、大関に容易になれるようになったから、番付面こそ、横綱、大関、関脇、小結、前頭等と、麗々しく順序づけられてはいるけれども、実力に至っては、番付面に貫禄づけられるほどの差違はないから、横綱、大関が負けることがあっても、世人は、これをたいした番狂わせと思わぬようになったのである。

（八）

一年に二回国技館の本場所は、出世角力ともいわれ、力士の登龍門で、その一勝一敗は、一生の浮沈に関する大切な生命線であるから、わずかの日数の中に、体量も減り、小便も濁るというほどの苦心惨憺を続けるのである。

それなのに地方巡業ということになると、その勝敗は、直接に成績には響かず、ただ年に二回めぐって来る本場所のために、身体を鍛え、技を練る稽古舞台たるに過ぎぬから、本場所とは違い、気持も楽で、そして私生活も呑気なところがある。だから、ついうかうかと旅の気分を満喫して、大切な不断の練習を怠り、いざ本場所となって、急に周章狼狽する者も少なくはない。それほど地方巡業は一般に放縦に流れ易いものである。先ず汽車、旅館をはじめ、何から何まで協会持ちの、いわば官費旅行で、力士はただ角力さえ取っていれば生活に何の心配もない。東京に居れば、部屋の板の間で冷飯を戴いている褌担ぎでも、旅へ出れば、旅館のお座敷で、女中のお給仕で、三度三度温かい御飯がいただける。寝るにも起きるにも、女中が来て布団の上げ下げをしてくれる。小遣銭といっても、煙草銭ぐらいは師匠から貰われるから、褌担ぎにとっても、旅稼業ほど好いことはない。たまに旅館の都合で、褌担ぎだからというので、冷飯でも提供したが最後、彼等はたちまち居直るであろう。「冷飯を食うくらいなら、田舎にいて、嬶《かかあ》の垂れた糞でも担いで居るんだ」とメートルをあげて女中を吹き倒すという有様だ。

褌担ぎすらこの如し、まして十両以上の関取格においてをやだ。汽車から下りれば、駅頭には迎えの車が待っている。のんびりと旅館の一夜を明かして、翌早朝は角力場に出かけて一汗流し、湯に入って座敷に帰れば、もう御膳は待っている。ゆっくりと食事を済ませれば、あとは自由行動、どこか近所を散歩するなり、碁、将棋、玉突き、麻雀、何でもしたい三昧《ざんまい》。時間が来て土俵入りから、自分の出番を待ち、五分か十分で角力が終われば、それで一日の任務は完了するのである。それで翌日、続いて興行するならば、旅館に帰って休息するし、その日限りで他の土地に行く場合、いわゆるはね立ちならば、角力場から駅に行って、指定の列車で次場所へ乗り込むのである。しかし関取以下の力士であれば、それほど無造作にはいかない。関取衆に対する従卒として、身の回りの世話から、帰り支度、明荷《あけに》の荷拵《ごしら》えまでしていかなければならないが、それでも本場所とは違った呑気さがある。

本場所と巡業とでは、何よりも土俵上の気分が違う、ただその勝負が成績に関係ないというばかりではなく、角力は本来、素人好きのする角力と、玄人好きのする角力とがあって、巡業先では、素人好きのする角力がもてるし、力士にとっては、それは気骨が折れない。素人好きのする角力は、両力士が土俵の中央で、四つに渡って、大きな呼吸をして、腹に波をうたせたり、土俵際で危ないところを残したり残されたり、芝居の立回り式の角力なので、またそれを喜ぶ見物は、多くは酒を飲み、煙草を吹かし、桟敷で笑い興じて見ている。ところが玄人の喜ぶ角力というのは、素人が見れば、誠にあっけないもので、行司がハッケヨイの掛け声を一つか二つしか掛けないうちに、勝負が決まってしまう。仕切りにおいても、本場所の真剣勝負となれば、そう無造作に立ち上がれるものでない。仕切り中の待ったも、角力の興味中に入れて見て貰いたいと思うが、巡業角力においては、簡単に立ち上がって、入念に立回り式の角力を取ることが多い。きわめて緊張した瞬間的の勝負はほとんど見られない。角力には妥協角力すなわち、いわゆる八百長《やおちょう》というものはないはずであるが、仮りにそれがあったとすれば、瞬間的の勝負ではなくて、立回り式のものであろう。何となれば、瞬間的のものでは、約束確守が保証しにくいから、八百長を実行するには、立回り式をおもしろおかしくやるのがよかろう。

自分どもが力士生活中、ある時、地方巡業の際でも、本場所同様の緊張した瞬間的角力を取ろう、これまでのようないわゆる花角力を取っていたのでは、角力道の衰微であるという意見が台頭したことがあった。

もちろん、巡業角力といっても、決して八百長というわけのものではない。そもそも地方巡業といえば旅費宿泊料その他の都合から、人員が制限されているのに、そのわずかの制限された人数を以て、一日の長い時間興行しなければならない。そのために、三番勝負とか、番外お好みとか、種々景物的のものを行って時間を延ばしているのであるが、地方人は、昔からこういう角力ばかり観ているから、こういう風にやらなければ、その角力趣味なるものを満足させることができない。彼等においては、角力を観るのは娯楽である。このような際に、本場所式の真剣な角力をやることになって、北海道巡業の初めに、某地でそれを実行したところ、その晩に、勧進元が来て、「どうも今日の角力は誠にあっけない。全部の力士が八百長をやっているのではないか。見物がみんな今度の角力は高いと言っている。是非これまで通りの風にやって貰いたい」と泣きついて来た。北海道は、昔は交通不便だったから、巡業に行くとしても、小角力ばかりであった。そもそも、角力の巡業には三種あって、第一は「大角力」、横綱または大関が多数の力士を引率している。次は「中角力」、三役どころの力士が大関となって行く。次には「小角力」、十両力士が大関となり、人数はわずか五十人くらいしかいない。昔、北海道に行くのは、たいてい、その小角力ばかりであった。五十人くらいでは、番組にして二十五番、一番の取組に平均五分かかるとして、全部終了するのに二時間しか要らない。それでは一日の興行にならないが、見物の方では、早朝から日暮頃まで終日角力を楽しみたいというわけだから、それを満足させるためには、種々の考案を要する。午前中は稽古角力を見せるとしても、五十人では夕刻までは保てない。それで土地の草角力と合併したり、特別番外だの、五人抜きだの、初切《しょっきり》だのと、いろいろなことをして、おもしろおかしく角力を見せるのが昔からの風習となって居り、自然そういうものを角力だと心得ているのである。最近でも、田舎に行けば、こういう風がまだまだ行われている。しかし今では、ラジオの本場所放送があり、一手一手を詳細に現場から放送しているから、本場所の実況、真剣角力の真相は、如何なる山奥にまでも知れ渡るのであるが、当時未だラジオのなかった昔、交通不便の北海道辺りで、右のような有様であったのはむしろ当然のことであったろう。かくて自分たちの一行は、二日目から、元通りの花角力に還元したのであった。

その時、自分（大錦）は、興行と真の国技、すなわち角力道の理想とは、とうてい一致しないことをつくづくと痛感したのであった。何事によらず、その道の真髄を発揮させようとするには、興行ということから離れなければ駄目であると考えた。その後、自分は、時々地方などに行って、青年や学生の前で角力講演を試みたが、その場合、角力は真の国技であると断言するのに、ちょっとキマリが悪いような気がした。他の武道、例えば剣道、柔道、馬術、槍術、水泳術、射撃術その他と対照するに、ひとり角力ばかりが興業化しているのであるから、これを指して国技とうたうることは、何となく、こそばゆいような気持がないわけにいかない。

しかしこれも時勢で、如何ともすることができないから、自分は力士の時、この国技の神聖味を、他の形式において償うために、角力興業の純益中の幾分を割いて、それによって何か有益な社会事業をやったならばと考えてみた。その方法には、いろいろあるだろうが、自分としては、毎日転々として行く巡業先に、名医を同伴して、その地方地方において、巡回病院を開き、地方人に無料奉仕をしたらばというようなことを始終考えていたのである。

（九）

本場所気分というものは、力士のみが味わう深刻な、そして痛烈なものであった。本場所といえば、力士にとっては一年中の非常時だから、各部屋の稽古も猛烈を極めるのであるが、その稽古期限がはなはだ短いために、もし怪我でもしようものなら、それを治す余裕がないので、力士は皆自重して、この最も力を入れるべき大切な時節たるにかかわらず、ただそれのみを気遣って、初日が近づくにしたがって、次第に稽古の度数が減っていく。度数は減っても、頭の中での策戦は、いよいよ緊迫を加えていくのである。いよいよ初日となると触れ太鼓が出る。その音を聞くと、極度の昂奮が全身に湧いて、早くも本場所の人物になってしまうと同時に、相手方に対する策戦が頭に浮かんで来る。ところが、いつも思うことだが、あらかじめ作っておいた策戦が、いざとなると、そう思うとおりにいくものではない。先方も同じく、こちらに対する策戦をやっているのであろう。策戦と策戦とが、がっちり思う壷にはまる道理はない。注文通りにいかないとすれば、土俵に上がってから、新たに考え直さなければならない。結局、如何に策戦をめぐらしても、結局は自分の十八番に落ち着くものであるから、そのことを思うと、何も前日から頭を痛めて策戦に凝らなくてもよい。つまり考え損のくたびれ儲けだと考えたりするが、だからといって、呑気に明日の策戦を考えてみようともせずにはいられない。こうして初日が開く。二日目の番組は、中入の時に発表されるから、そうなると、今日行うべき策戦と、二日目に行うべき策戦とが重なるので、心配の上に心配が募るのである。

本場所、略して場所という。場所中の力士ほどセンチメンタルなものはない。自分達の力士時代には、毎日の勝負が、新聞の号外及び街頭の掲示等で、一々速報されるので気が気でなかった。昔、新聞などの宣伝機関がなかった頃には、場所で見物した人々が、帰宅して近所近辺に、観て来た勝負を宣伝したに過ぎなかったから、勝負の評判が広がる範囲も高が知れたものであった。自分達は、その昔を羨ましくてならなかった。それよりも自分がいつも考えたことは、もし自分達の角力がただ個人と個人との試合で、見物など一人もいないのなら、立ち上がる前に、例の予感で勝負の結果は判るものだから、立たない前にお辞儀をしてしまいたいようなこともあろうと思うが、実際は、多人数の見物が来て見ているのだから、負ける角力であっても、一度は立って形に現して見せねばならないのである。その辛《つら》さも、世人には分かるまいと思う。それほど力士は、自分の負けたのを見られたり吹聴されたりするのが身を斬られるよりも辛いものであるから、今日の力士諸君に対して、同情に堪えないものがある。勝負が済んでから宣伝された自分達の時代と違い、土俵に上がると同時に、ラジオによって、その一挙一動が、津々浦々に放送されるのであるから、どんなに辛いことであろうと思わずにいられないのである。

本場所全体を通じて、力士が無気味な思いを抱いて登場するのは、初日、二日、三日といった最初の三日間ぐらいで、これは土俵が生新しいのと、何となくそれに馴れていないところから、四股を踏むにも、仕切るにも、何となく板につかないような気持がするものだが、だんだん日を重ねて取っていくうちに土俵にも馴れて、角力が板について来る。素人は、角力を観るなら中日過ぎなどと言うけれど、本当におもしろい角力を見るのなら、板につかない最初の二、三日が最もよいと思う。おもしろいことには、中日頃までは、角力の所要時間が長いが、中日以後は、だんだん短くなることで、殊に千秋楽の日などは、著しく打ち出しが早いことである。本場所の中日前に負けると、その黒星が千秋楽まで、長らくの間、星取表に曝《さら》されるから、なるべく負けまいというので、仕切りの時間も要するのであって、中日後、千秋楽が近づくにしたがって、屈辱を忍ぶ期間が少なくなり、千秋楽にもなれば、ただその翌日の新聞に出るだけで、一般の注意は、早くも次場所の角力に移るのだから、その責任も軽いといったわけで、早く経ってしまうのである。力士として見れば、中日の前でも後でも、大切な星たるに変わりはないのであるが、こんな感傷的な気持から、その立合いにも影響を及ぼすなど、とうてい、外部の人には予測し得ない心境に陥るのである。

勝負は時の運、殊に小さい土俵の中で、瞬間的の勝負を争うのであるから、実力が優《まさ》っているとしても、全く油断はならない。いわゆる無我の境に入って勝運を掴まなければならないから、互いに自己の力量に絶対の信頼は払い得ない。ここにおいて、苦しい時の神頼み、人力でいかぬ場合は、神仏に縋《すが》りたいという日本人の特性が赤裸々に現れて来る。力士の如きは、平素はたいてい、神も仏もない連中でありながら、本場所が始まると、各自思い思いに、これぞと思う神社仏閣に参拝したり、お守札をいただいたりして、部屋に祀り、煌々《こうこう》たる燈明を点じて、朝な夕な、柏手《かしわで》を鳴らして祈願する有様は、実に熱烈なる真剣味が溢れ、本場所に対して、力士が如何に心を痛めているかということを如実に知ることを得るのである。試みに登場する力士達の褌を改めて見るがよい。必ずしも全部とはいわぬが、その大部分は、自己の信仰する神仏のお守札をその間に挿《はさ》んでいる。この「お守札」も、勝ち続ける力士の褌にあるものは、大切にされるが、負け続けの力士に持たれたものはさんざんな具合で、誠にお気の毒の至りである。このように、場所中、大多数の力士から尊崇されて、部屋部屋に祀られたお守札は、いつも毎場所新しくなっているが、前場所に大騒ぎされたお札は、どうなったのか、それぞれ元の神社仏閣に納めに行った話も聞かない。また何人もそれを気にする人もないようであった。

場所中、力士達は、神仏に縋っただけでは満足できず、心の不安をさらに縁起によりて解消しようとする。それで、場所中、力士が縁起をかつぐことは非常なもので、それにつての挿話は大変多い。実は自分（大錦）も多分に漏れない一人である。おもしろい実例二、三を挙げてみると、毎日土俵入りの時に締める化粧褌についてかつぐ力士がいる。これなどは、どうかすると、その寄贈者に対して、不都合な結果を起こすことがないとも限らない。というのは、その新調の化粧褌を初めて着けて土俵入りをした日に、運悪く負けた、次の日、同じ化粧褌を着けて、また負けた。こうなると、もはや、自己の弱いために負けたのだとは考えずに、その化粧褌が縁起が悪いのだといって、責任を褌に転嫁する。もう一度我慢して三度締めて出たがまた負けたとなると、その化粧褌は、永久に明荷の下積みとなってしまい、もはや実用には供せられないことになる。その反対に、その化粧褌を締めて出る度に勝ったとなると、とても大変なかつぎようで、多数の化粧褌の中から、これはだれに対場する時の褌、あれはだれの時の褌と、それぞれの縁起がつけられてしまう。人気力士が化粧褌を沢山に所有しているにかかわらず、いつも同じものばかり締めて出るのも、つまりは、こうした縁起を気にするからであろう。その他、食事や来客にも、それぞれ縁起がついてしまう。「敵に勝つ」などいって、登場前、ビフテキとカツレツを食って出る力士もいる。来客等に縁起をつけられた場合、その客こそ能《よ》い面の皮でなければならぬ。何も知らずに訪問して、いつも不愉快な目にあわされているのである。

こういう自分（大錦）も、やはり他の力士と同様、迷信の持主たることを免れなかった。それは、いつも相生町の部屋から場所入りの際、どういうものか曲り角の鰹節屋の店先が気になって仕方がない。もし通りがかりに、店にその家の妻君がいると、その日の角力がおもしろくないので、場所入りの前には、先ず弟子どもをして、鰹節屋の店先を偵察せしめ、妻女がいないと聞くや、大急ぎでその店先を通り過ぎるのであった。

（十）

自分（大錦）が力士修業中、心の底から深く感謝に堪えなかったことがある。それは自分一人のための話ではない、角道の美談として伝えておきたいと思う。

自分が幕下時代、故郷大阪で巡業があった時のこと、まだ幕下だから、某関の番頭として付き添っていた。某関は稽古が済むとすぐ入浴に行くのだが、その銭湯というのが、自分の生家の直ぐ近所にあったので、そこへ行けば、いやでも昔の幼馴染や近所の人とも顔を合わせなければならない。ところが現在、自分の地位は幕下とはいいながら、あと一ヶ月後に帰京すれば、新番付には、十両に昇進することになっている。十両になれば、前に述べたように、若旦那となって他の幕下力士に、すべての面倒を見さすことができるのだが、たった一月《ひとつき》の違いで、今は、その某関のお供をして風呂に行けば、旧知の人々から、自分が関取の背中を流している憐《あわ》れな姿を見られてしまう。それが辛さに、最初二、三日は、関取についてその風呂へ行かずにいた。しかしそれはあまり悪いから、四日目に初めて関取のお供をして行くと、某関は自分に対して、

「お前は実に怪《け》しからん。今まで風呂へついて来なかったが、使う者と使われる者であるから、たとえ一ヶ月後に十両に入る身であっても、番付が出るまでは、やはり人に使われる身分として働かなければいかん」

と、近所合壁《がっぺき》の知人の面前でひどく面罵《めんば》されたのである。

このことがあって以来、自分は、この「使う身分と使われる身分」という金言が深く脳裡に浸み込んだため、より以上に勉強した。それからちょうど三年半の後、自分が横綱を許されて、初めて晴の横綱土俵入りを勤めることとなった際、前の某関が自分を訪れて、「今度の君の土俵入りには、是非私に露払《つゆはらい》を勤めさせてくれ。今こそ言うが、三年半前に、大阪の風呂屋で君を面罵したのは、大変悪かったが、あれは君の今日あるを期待して、わざと激励の心持でやったもので、その時の私の微意が、今になって届いたのを見ると、私は嬉しくてたまらない」と、自分の手を取って嬉し泣きに泣いてくれた。

こうして、自分の記念すべき横綱の初土俵入りには、三年前まで私を顎《あご》で追いまわしていた某

関が、心から喜んで露払いの役を勤めてくれたのである。優勝劣敗は力士社会の常とはいえ、かくまで自分を感激させたことはない。軽薄に流れ易い角界への清涼剤として、この美談を残しておきたい。

二二　歴代の横綱略伝

横綱の初代を推《お》すについては二説がある。一つは谷風を推し、一つは明石志賀之助を推すのである。後説に従えば、明石初代で、綾川五郎次、または両国梶之助を二代とし、丸山権太左衛門を第三代に数えるから、谷風は横綱第四代ということになる。明石初代説については、種々の議論もあるが、今仮りにこれを認めるとしても、明石、綾川、丸山三代のことは、文献の上に確たる証拠がないから、ここには四代谷風以下について評述することにする。

四代　谷風梶之助

角力といえば谷風、古今独歩の名力士として人口に膾炙《かいしゃ》している谷風は、寛延三年（一七五〇）八月奥州宮城野に生まれた。「わしが国さで見せたいものは、むかしゃ谷風、今伊達模様《だてもよう》」と民謡に唄う国自慢の仙台角力である。十八歳の時、江戸に出て力士となり、秀の山また達《だて》ヶ関と呼び、谷風梶之助となったのは二十七歳の時である。寛政元年（一七八九）四十歳にして横綱免許を受け、十一代将軍の上覧角力を勤めたが、同七年正月九日、流行感冒のために病没した。享年四十六。法名を釋性響了風という。

谷風、身長六尺三寸、体重四十三貫、肩の厚さ三尺、色白く眼涼《すず》しく、柔和にして上品な風格、技術の円熟、古今にすぐれ、腰低くして寄り身の速く鋭きこと電火の如くといわれ、ほとんどこれに対する者がいなかった。その性格、高潔にして仁侠の風あり、世間の人望を負うことまた古今独歩といわれ、逸話美談きわめて多い。谷風の名は、角力史上最も神聖視され、後来傑出する大力士ありといえども、あえて襲名するを得る者なく、明治以来、仙台角力に大砲《おおづつ》、駒ヶ岳の如き傑物が出たがついに問題にならなかった。

五代　小野川喜三郎

谷風に対立した大力士小野川は、宝暦八年（一七五八）江州大津に生まれ、谷風よりも八歳若かった。十五歳の時、大坂角力小野川才助の弟子になり、後年その養子となった。二十一歳の頃、江戸に下って久留米の藩主有馬家の抱力士となり、東大関に進み、谷風に次いで横綱を免許され、谷風没後は、その後継者たる雷電と対峙すること二、三年にして四十歳に及び、寛政九年十月、芝神明の場所を終わると大坂に帰り、片原町に小野川という水茶屋を出し、非常に繁昌した。

小野川は身長五尺八寸五分、体重三十八貫と称され、まるで常陸山の体格と似て少し高かったようである。角力上手は言うまでもなく、商才もあったようであるが、風采気品、谷風に及ばなかった。しかしその出身が西方であるだけに、上方においてはたいした人気であった。

谷風に次いで西大関になった雷電為右衛門は、信州小県郡大石村の出身にして、身長六尺五寸、体重四十七貫、桶胴一枚助と称せられ、谷風、小野川を凌ぐばかりの剛力士にして、大関の地位を占むること十有六年間の長きに及び、その強味は古今に絶しているようだが、何故か横綱を張るに至らなかった。雷電のことは別に書く。かかる大豪の厳存するにもかかわらず、小野川去って後、第三代阿武松《おうのまつ》の出現に至るまで、横綱の空位が三十年ばかり続いた。初代横綱以来、このような長期の空位はこの時だけである。

六代　阿武松《おうのまつ》緑《みどり》之助《のすけ》

阿武松は寛政三年（一七九一）、すなわち谷風、小野川大取組の上覧角力の年に、能登国鳳至郡七海村に生まれた。もとよりこの地方は力士の国であるが、彼は北国角力の最初の豪雄である。十五歳で江戸に出て力士となり、初め小車、小緑、後に小柳長吉と改め、文政九年十月、三十六歳にして東大関に進み、翌年、長州侯の抱力士となりて、阿武松緑之助と改め、三十九歳にして第六代横綱となった。天保六年、四十五歳まで土俵を勤め、嘉永四年六十一歳にして江戸に病没す。墓は深川浄心寺にある。明治年代、日本橋茅場町の有名な寄席宮松亭は阿武松の遺族が経営したことは世間に知られている。

阿武松は歴代横綱中、特に強剛というほどでもないらしいが、谷風、小野川に次いで栄冠を戴いたのを見れば、人物、力量ともに相当に好評を博していたものであろう。土俵を退いてから、引き続き阿武松の名を以て、新たに年寄一家を創立したことでも、その声望のほどが知られる。彼の腕力については、厚さ一寸の強弓を、左右両手を伸ばして持ちながら、満月に引き絞ぼったと、阿武松を見た老人の実話を聞いたことがある。一寸の強弓は厚過ぎるようであるが、思うにその力量もまた非凡であったことは疑いない。

彼は力量はともかくとして力士としては非常に頭脳明敏であった。松浦静山侯の「甲子夜話」のうちに、駕輿夫《がよふ》が、「度々待った待ったと阿武松ではあるまい」と言った咄《はなし》を載せているが、これは文政十三年の将軍上覧角力に、阿武松は相手の稲妻に勝ちは勝ったが、初め待ったと言い、後ち稲妻の立ち後れであったという評判が伝わって、その待ったが非常に有名になったもので、そもそも昔の角力は「待った」が少なかった。殊に上位の力士は、「待った」をするのを潔《いさぎよ》しとしなかった。しかも当時、阿武松は横綱であった。今ならば、阿武松の待ったは決して評判にはならなかったであろう。

角道関係の書物のうちで、阿武松は横綱になってから長州侯の抱力士になったと書いたのもあるが、それは誤りで、阿武松は長州侯の抱力士になってから阿武松と改名したものである。阿武松というは、長州侯の抱力士として最も名誉ある名である。長州侯の萩城は海岸で、城に続く東の海岸を菊ヶ浜という。この萩の海岸一帯は、中古まで阿武松原と称えていたことは、細川幽斎の紀行にも見えている。長州で強い力士は菊ヶ浜と称し、最上を阿武松と名乗るのが理想である。長州には古来強力士はいない。よって抱力士に阿武松の栄称を与えたのである。緑之助は阿武松に因《ちな》んでつけたことはもちろんである。

阿武松を抱えた長州侯は、毛利家六十五代で斉元《なりもと》といい、名君であった。阿武松が年寄になった翌年、萩で薨去《こうきょ》されたが、年は阿武松よりも三歳若かった。大名に不似合の体格剛力で、そして多趣味で、狂歌をよくし、洒落《しゃらく》な通人でもあった。角力は非常に好きで、自分でも稽古し、阿武松を国元に呼び寄せて藩士の角力を奨励したこともあった。それについて、阿武松に関する逸話が残っている。これは著者が若い頃、故老から聞いた話である。それはこうだ。

ある日、阿武松が弟子を連れて江戸屋敷にお伺いに来た。ちょうど庭前の土俵では角力の稽古が始まっている。阿武松が早速、土俵に降り立ったが、さすが横綱、強力自慢の侍達も敵はない。殿様が出るという。危ないと近習《きんじゅ》達がとめるのも聴かずに、いきなり取り組んだが、殿様も相当の体格だ。阿武松もすぐ勝つわけにはいかず、じっと四つに組んでいると、殿様は耳元で、百両百両と囁いた。阿武松心得たりと、離れては組み、組んでは離れ、おもしろく渡り合っているうち、踏み越しあって阿武松の負。殿様は、どんなものだと鼻高々。

その後、阿武松が数度伺候《しこう》したが殿様は何とも言わない。阿武松もどかしがり、ついにある人を以て内々百両のことを御願に及ぶと、殿様は「あれも手の中《うち》」と仰せられたというのである。

この話、真偽のほどは知らぬが、伝えられたままに記しておく。阿武松の体格は、小野川とほぼ似か寄ったものであったという。

七代　稲妻雷五郎

稲妻は、歴代横綱中でも特にすぐれた大力士として著名であるが、何よりも角道史上に独歩と称すべきは、八十二歳の長寿を保ったことである。従来、我が国の各方面の人物では、諸大名と力士とが最も短命で、七十歳を越える者は稀《まれ》であるにもかかわらず、三十五歳にして横綱となってから五十年近く健全であったのは、全く角力史士の驚異である。その上に、長子金太郎は近世の大剣客千葉周作の高弟となり、選ばれて養子となり、維新後復籍して実業に従事し、子孫、家道ますます盛んなるのも、また名力士として得難いものであろう。恵まれたという意味においては、稲妻はたしかに古来稀な者である。

稲妻は阿武松よりも四歳若く、寛政七年（一七九五）常陸国河内郡阿波崎に生まれた。東京で病没して青山墓地に葬り、山岡鉄舟の揮毫を以て、「稲妻雷五郎之墓」と刻してあるが、大正十一年、遺族は、その郷里に記念碑を立て、墓表は、同国出身の常陸山の揮毫で、碑文は角通三木愛花の撰文である。碑文によって見ると、力士になった年は分からぬが、幕下筆頭になったのは文政七年三十歳の時で、雲州侯の抱力士となり、槙ノ島を改めて、稲妻雷五郎と称す。その年冬、入幕し、三十四歳で大関となる。その翌年、京都において天覧角力執行に際し、二條家より横綱を免許された。身長六尺二寸、力量技術ともに兼備わる。明治十年三月二十九日病没、享年八十二。晩年殊に風雅を愛し、最も俳句を好み、世に伝わるものも少からずという。

稲妻の体格力量に関する逸話はいろいろ残っているが、その中に遺伝に関する話をここに採録したい。稲妻の先代に強力な者があったろうと思われるが分からない。その兄も強力の話が伝わらないが、一人の姉がいて、その女子もまた大力であった。阿波崎から下総の佐原まで三、四里の道を、いつも米三俵を背負うて運搬した。馬ならば二俵しか負えない上に、食物をやらねばならないなどの不便があるが、自分が持って行く方が世話がなくてよいといっていたそうだ。稲妻は、土俵を退いてから雲州侯に従って松江にいき、維新前後まで住んでいたが、そこで後妻を娶《めと》り一女を設けた。その女子十七、八歳の頃、大力の名声高く、雲州侯に召されて、左右の手に米一俵ずつを提げ、足駄穿きで歩行したとのことである。その外、稲妻の子孫に未だ大力の者は出現しないが、このような大力女が度々生まれるなど、とにかく大力の血統であることは知られる。

稲妻の俳句として伝わるものには、

　　腕押しにならでや涼し雲の峯

　　雲を抜く力見せけり時鳥

辞世の句には、

　　稲妻の消え行く空や秋の風

まさしく稲妻は、古来大力士中、唯一の俳人である。

八代　不知火《しらぬい》諾右衛門《だくえもん》

不知火という横綱は、八代と十一代と前後二人あり、ともに肥後の出身であり、十一代は八代の弟子であるから、角道の歴史上では、仮りに前者を初代不知火、後者を二代不知火と呼ぶことにしたい。

初代不知火諾右衛門は、稲妻よも六歳年下で、享和元年（一八〇一）肥後国宇土郡轟村字栗崎に生まれた。少壮にして角力に志したが、家庭の事情により、妻を娶り、二男を設けてから、二十三歳、ついに意を決して大坂に出て力士となり、湊《みなと》由良《ゆら》右衛門の弟子になり、初め戸立野《とだての》、後、白川と改め、天保四年、三十三歳にして江戸に出て、雲州侯の抱力士となり、黒雲龍五郎と改め、評判一時に轟き、天保八年、三十七歳にして初めて入幕し、出雲の地名乃木に因《ちな》みて、濃錦里諾右衛門《のぎのさと》と改め、三十九歳にして大関に進み、郷国の肥後侯細川家の抱力士となり、筑紫の名物不知火に因んで、さらに不知火と改め、天保十一年十一月、四十歳にして横綱になったという。古今稀に見る遅蒔《おそまき》にして大器晩成というべき名力士である。

不知火は後に大坂に帰り、旧師湊由良右衛門の名跡を継ぎ、角力頭取となり、嘉永七年七月二十七日、大坂に病没す。享年五十四。不知火の横綱片屋《かたや》入りの型は立派で、後来の横綱、太刀山を除く外は、ほとんど皆この人の型である。

九代　秀の山雷五郎

秀の山は南部角力の巨擘《きょはく》である。文化五年（一八〇八）、陸中国気仙郡の生まれで、江戸に出て、立神《たつがみ》雲右衛門と呼び、領主南部侯の抱力士となる。天保十二年、大関に進み、翌年、岩見潟丈右衛門と改め、弘化二年に横綱を免許され、師匠を襲名して秀の山雷五郎と改称し、その婿養子となる。年寄となって中改め《なかあらた》（検査役）を勤め、五十六歳にして病没した。

秀の山と対立した東大関は、劔山《つるぎやま》谷右衛門といい、秀の山の肥大なるに対して、劔山は小兵ながら、勇猛で引けを取らず、おおいに名声を上げ、錦絵にも盛んに描かれ、秀の山、劔山と並称して、今なお好角家の伝称するところである。秀の山の事蹟は多く伝わらないが、嘉永年中検査役の頃、自分の弟子をひいきして、そのため本中以上の力士に対して横暴の態度があり、嘉永事件として有名な本中力士百人の反抗騒ぎを勃発せしむるに至ったのは、今なお昔話の一つとして伝えられている。

十代　雲龍久吉

歴代横綱中で、事蹟の伝わるもの最も少ないのは雲龍である。その出生没年ともに詳《つまびら》かならず。筑後国山門《やまと》郡木開《きひらき》村の産というのみで、江戸角力の幕下になるまでのことは全く分からない。これも大器晩成ともいうべきか、幕下にいたのはかなり長かったが、入幕してからは、メキメキと発達し、三場所にして前頭筆頭に進み、六年目には横綱を免許され、柳川侯の抱力士となった。年寄名は迫手風である。関東大震火災で焼失した両国回向《えこう》院の表門は、雲龍が生前に寄付した記念のものであったと伝えられている。

十一代　不知火光右衛門

歴代横綱中の美男子第一といわれるのはこの第二代不知火である。不知火が初代不知火の弟子となって殿《しんがり》と名乗った時が、天保十四年で、歳十九であったというから、彼は文政八年（一八二五）の生まれで、初代不知火より二十四の年下であった。

第二代不知火は、肥後国菊池郡陣内村の産で、祖父儀太右衛門は荒牧と名乗り、近郷に隠れもなき宮角力の剛の者であった。父は角力を取らず、隔世遺伝で、彼は少年の頃から田舎角力の群に加わり、国中には敵する者なきまでになったので、天下の力士たらんと志を起こして、江戸に出たのである。初代不知火を襲名し、細川侯の抱力士となり、四十歳にして横綱を免許され、四十五歳まで土俵を勤め、引退して大坂に往き、湊由良右衛門を継ぎ、角力頭取となって時めいている初代不知火を頼って、第二代不知火は大坂に留まり、後に一家を立て、不知火の名で頭取を勤め、明治十一年二月二十四日、大坂に病没した、享年五十五。

不知火は美男の上に姿態見事にして、その土俵入りは古今に稀な立派なものであったので、不知火の土俵入りと称して人気を呼び、錦絵などに売り出され、今なお人口に膾炙《かいしゃ》している。太刀山の横綱片屋入りは、この不知火の型である。不知火が盛りを過ぎてまで、長く土俵に残されていたのは、一つには、その華麗無比な土俵入りのためではなかったかと思われる。その体格は、身長五尺九寸五分、体重三十六貫であった。(口絵⑯⑰参照)

十二代　陣幕久五郎

野見宿禰《のみのすくね》を生んだ出雲国が、久しぶりに生んだ金剛力士が陣幕であった。歴代横綱中、屈指の強者といわれている。

陣幕は、文政十二年(一八二九)、出雲国意宇郡下意東村に生まれ、第二代不知火よりも四歳の年少である。本姓は石倉、幼名槙太郎、少年にして備後に出で田舎《い》角力となり、黒緘《くろおどし》と呼んでいたが、二十歳の頃、大坂角力となり、二十二歳の頃、江戸角力となり、秀の山の弟子となって、安政三年、二十八歳にして幕下に進み、阿州侯の抱力士となり、陣幕久五郎と改む。慶應二年、三十八歳にして大関に進み、次いで横綱を免許され、勇名、斯界を圧倒した。しかし陣幕ほどの強力士としては、今から見ると、横綱になるのは遅過ぎるように思われるが、昔は皆遅く、一、二年間の成績ではなく、貫禄が定まってから、横綱にするという風であった。

陣幕は郷国の雲州侯の抱力士となったが、やがて島津侯から懇望されて、その抱えとなり、幕末維新の際には、薩軍のために尽くすところがあったが、後、大坂に行って角力年寄となり、大坂角力の革新を図り、角力頭取総長という珍しい名義を以て、幅を利かせていた。その後、また東京に帰り、深川八幡宮の社地に横綱記念碑を建立し、また谷風以前に綾川五郎次の横綱説を主張し、下野国にその記念碑を建てたりした。土俵に強かった彼は社交にも活躍したが、明治三十六年十月二十一日、東京に病没した。享年七十五。力士としては稀に見る才物であり、名誉心が強かった。「陣幕久五郎高通」という自叙伝の小冊子がある。久五郎という通称の外に高通という名乗を持った者も、自叙伝を著した者も、歴代横綱中に陣幕一人であった。

陣幕伝のくわしいことは、その自叙伝に譲ることとして、彼の全盛時の強豪振りを示す実話を一つ紹介したい。その頃、幕下筆頭に菊ヶ浜という長州出身の力士がいた。当時は幕内が三役と前頭五人を併せての八人だから、貧乏神といっても、今なら幕内の中堅以上というところだ。さて頃は文久年中、江戸の長州屋敷に御伺いに来た菊ヶ浜を取り囲んで、若侍たちが、角力話を聞いた。だれだれとは勝負はどうだと、一々尋ねると、

「勝てないという相手はありません、横綱不知火にも、三番に一番は、きっと勝ってみせます」

という。菊ヶ浜も油の乗った盛りだ。

「それでは、陣幕にはどうだ」

菊ヶ浜は急に座り直して、

「陣幕さまは、突いても引いてもお動きなされません」

陣幕を神様扱いだ。本人は真剣な顔をしているから、一同思わず噴き出したということだが、この一事を以ても、如何に陣幕の強味が凄かったかがよく分かる。私は、当時の若侍の一人からこの話を聞いた。陣幕は五尺八寸三十七貫ということだから、歴代横綱の中であまり大きい方ではない。（口絵⑱参照）

十三代　鬼面山谷五郎

大坂角力から江戸に進出して成功した者は数え切れないほどだが、京都角力から出て天下の横

綱になった者は鬼面山がただ一人である。

鬼面山は文政九年（一八二六）美濃国多芸郡多度村に生まれ、前代横綱陣幕よりも三歳の年長である。京都では浜碇と呼び、江戸に出ては弥高山と称し、入幕して阿波侯の抱力士となるに及んで、同侯の抱えで大関に進んだ縁起の好い鬼面山を襲名したのである。かくて慶應元年、四十歳にして大関に進み、陣幕と対立して勇名を馳せ、明治初年、陣幕が大坂に去った後、横綱を免許され、不知火と対立し、谷風、小野川以来、初めて両横綱が土俵を勤めたのである。鬼面山は、間もなく、明治三年引退して、翌四年七月二十三日、東京に病没、享年四十六。四十歳の坂を越して初めて横綱を張った者は、角道の歴史上鬼面山が最初である。

鬼面山が横綱になった時、実際には不知火と両横綱だが、陣幕の名は、まだ番付には残っていたから、番付面では、開闢《かいびゃく》以来の三横綱、一時に鼎立《ていりつ》という形であった。後の大砲、常陸山、梅ヶ谷の同時三横綱はおそらく鬼面山の前例によるのである。

十四代　境川浪右衛門

境川は大関を勤めること十数年という雷電以来の名誉ある記録を留めている。身長は五尺六七寸、力士としてはむしろ小さい方に属するが、腹が出て恰好がよく、四つに組んで持出《もちだし》を得意とし、その長期大関は腹櫓《やぐら》の威力によるものである。

明治、大正にかけて、千葉閥と称えられたほど、千葉県は多くの名力士を輩出せしめたが、その先鋒が境川である。境川は天保十四年（一八四三）下総国東葛飾郡高野《こうや》村に生まれ、少年の頃から力業を好み、江戸新川の有名な酒問屋小西屋の小僧になり、酒樽を軽々と扱うのを楽しみにしていた。小西屋は角力好きで、力士をひいきしていたが、ある時、先代の境川が来て、この強力の小僧に目をつけ、貰い受けて弟子にしたのが、横綱境川が角力に入った由来である。初めは主家の名に因んで小西川、また四方という酒の名に因んで四方山ともいった。四方というは、江戸で流行った酒で、それを取って狂歌名にしたのが蜀山人の四方赤良で、角力名にしたのは、この境川であった。初めは姫路侯の抱角力となり、後に尾州侯に抱えられて増位山と改名した。明治元年、二十六歳で東の小結、翌二年、関脇、同三年、大関に進み、先代境川を襲名して、境川浪右衛門と称し、不知火、鬼面山など四十代の老横綱に対峙して青年のような二十代の新大関。明治維新の際、天下の人物一新するに当たり角界の気分を若くしたのは境川の功である。

境川は明治十年、横綱となり、十四年引退して角力年寄となり、二十二年、東京に病没した。享年四十七。長年の大関として、鬼面山、象ヶ鼻、綾瀬川、朝日島、梅ヶ谷の五大関に対立し、その強勇もさることながら、その人物の寛厚にして衆望を得たことが、名声を留め得た所以であろう。著者は幼少の頃、地方巡業中の境川を見たが、角力振りは記憶せず、ただその土俵入りの雄姿が夢幻のように心頭に往来しているだけである。

十五代　梅ヶ谷藤太郎

角力道中興の偉勲者で、他日、角力神に配祀《はいし》すべき一人はこの梅ヶ谷である。

梅ヶ谷は、筑前国上座郡志波村字梅ヶ谷の農家小江藤左衛門の次男として弘化二年（一八四五）に生まれ、境川より若きことわずかに二歳である。少年の頃より宮角力に出場し、地方にては敵する者なきに至り、志を起こして大坂に出で、湊由良右衛門の弟子となり、郷里の地名をそのまま取って梅ヶ谷と呼んだのは、文久三年、その十八歳の時である。それ以来、連戦連勝破竹の勢いを以て、力士になってわずか三年にして大坂の大関に進んだのは二十四歳。もちろん、前例のない急速の昇進であった。けれども梅ヶ谷は小成に安んぜず、大関を抛《なげう》って江戸に出て、玉垣額之助の弟子になり、翌年の冬、本中《ほんちゅう》格を以て、初めて回向院の土俵を踏んだが、もとより本中の類ではないから、次場所には、抜擢されて、幕下に付出された。はるかに後年のことではあるが、大坂から放駒《はなれごま》が東京に来て、幕内格を以て登場し、次場所には関脇に据えられたのとあわせ考えると、梅ヶ谷は誠に気の毒なものであった。大坂の大関を本中格で待遇するほど、江戸角力は自負していたものであった。しかも成績はよくても容易に入幕させない当時の風習だったので、梅ヶ谷は無敵の好成績なるにもかかわらず、七年間も幕下に据え置かれて、ようやく幕尻の二枚目に入幕するを得た。今ならとっくに横綱を張っている年数である。もっともこれは梅ヶ谷一人に対する特別の虐待というわけではなく、従来の強力士は、皆この苦杯を嘗《な》めざるを得なく、横綱の年がことごとく老けている事実はこうして諒解されるのである。

かくて梅ヶ谷ほどの強力士が、明治七年入幕した時は既に三十歳であった。彼が不世出の偉器を抱いて、少しも不平を現さず、長らくの間、悪しき風習の圧迫に耐えた忍苦のほどは、その大志寛量を見るべきものであろう。梅ヶ谷は、初めに明治角界の巨漢、武蔵潟に敗れたが、入幕後は一回も敗戦せず、十年に小結、十一年に関脇、十二年に西大関と、トントン拍子に進み、十七年に横綱を免許され、彼の大願はついに成就したのであった。この年三月、延遼館において、畏《かしこ》くも、天覧角力を挙行せらるるに際し、梅ヶ谷は横綱として奉仕するを得たのは、角道史上、最初にして、またもとより不滅の大光栄である。この天覧角力は、梅ヶ谷の英名、四海に遍《あまね》く谷風の再生とまで称揚されることが天聴に達し、この御催があったことは、拝察するに余りあるのである。実に、横綱梅ヶ谷の風貌、体格、技量の円熟といい、温厚な徳性といい、谷風の面影を髣髴《ほうふつ》させるものがあった。谷風に小野川があったように、この時、大達という雷電以来の活金剛が台頭していて、しかも気鋭年壮、梅ヶ谷に肉薄した。この年の一月、梅ヶ谷と初顔合で、梅ヶ谷は勝ったが、延遼館において、御好により二度目の顔が合い、古今の名誉を賭けて、この二大豪の生命がけの力闘、二度、水が入ってついに引分けという未曾有の激戦を演出し、大帝の御感、浅からず拝せられた。

大達羽左衛門は、庄内の名物、大山酒の本場で、酒造家の仲仕《なかし》を振り出しに、上京して高砂に入門した者で、強敵に対しても、中仕切り、すなわち両拳を地に着けずに仕切って立ち向かう剛の者で、技量は梅ヶ谷の比に非ず、ただ無闇に強いのであった。梅ヶ谷と対場すること四度、最初の十七年一月は梅ヶ谷の勝、三月の延遼館は引分け、その五月土俵においては、大達ついに梅ヶ谷を破り、まるで小野川が初めて谷風を破った時のような人気で、角力を好むと好まざるとにかかわらず、二人集れば必ず話題になったとまでいわれた。翌年の一月は両雄再び引分け、つまり両雄は四度顔が合って一勝一敗に終わっているけれども、梅ヶ谷は寄る年波を悟ってその五月、断然、勇退して角力年寄となり、雷《いかづち》権太夫を襲名し、二十年には角力協会の取締役に推選され、斯道に重きをなしていたが、大正四年、養子の二世梅ヶ谷に譲って引退し、世に「大雷」と称せられ、昭和三年、病没に至るまで八十三歳の長寿を保ち稲妻以来の寿福者である。

梅ヶ谷は、身長約六尺、体重約四十貫、堂々たる風格であった。その逸話美談、伝うべきものが非常に多い。その人物性行、全く斯界の模範とすべきである。身を以て天下の角力熱を煽り、取締としては、その徳望を以て、十分に年寄及び力士一同を統制し、その在任中に国技館の設立を全《まっと》うし、角道の黄金時代を現出する基礎を確かにした功績は偉なりというべきである。そのこと及び人物ともに諸説あるだろうけれど、高砂浦五郎とこの梅ヶ谷とは、明治以来、角道の二大功労者と推賞するは、何人も異議ないところであろう。

梅ヶ谷は百戦百勝の威望を以て大関に進んだが、さらに西大関を勤めること八場所に及んで、初めて東に廻され、四十歳にして横綱大関となり、六場所勤めて引退したのは四十二歳である。力士として、戦歴の豊富にして、さらに稀《まれ》に見る盛時の長く続いた方であろう。

大達が梅ヶ谷に勝ったのは、小結になった初場所で、梅ヶ谷引退後に初めて大関に進んだくらいであるから、それより六場所、大関を続けていたが、あれほど強くても、当時の慣例としては、戦歴不足として、横綱を張らせなかったのであろう。その中に、図らずも彼は黄疸《おうだん》に罹って急に弱くなり、健康回復の後も、昔の剛勇を取り戻すことはできず、次第に幕内の中軸まで下って、二十八年五月限りで引退して、年寄千賀浦となった。終わりの頃にも剛気なお存し、引分けのつもりでやればだれにでも負けぬと豪語していたが、事実もそのとおりであった。大達は体格剛壮にして、容貌緊張し、絶代の勇力を鼻にかけてしばしば傲慢という世評を受けた。後に常陸山が傍若無人の勢いを以て現れて来た時、「大達の再来」といわれたくらいである。大達は、かつて「猛虎を張り殺してみたい」と述懐したことがある。彼は正しく「明治の雷電」である。

十六代　西ノ海嘉次郎

角力の国として知られた薩摩の国が初めて生んだ横綱が初代西ノ海である。歴代横綱の中に、西ノ海は弟子から弟子と三代続いて、いずれも隼人《はやと》角力である。

西ノ海は安政二年（一八五五）鹿児島に生まれ、少年の頃より田舎角力の雄となり、上洛して京都角力に加わり、高砂浦五郎の改正組を助けて、ともに各地を巡業し、ようやく頭角を現すに至った。高砂が東京角力の取締となるや、因縁を辿って上京したのが明治十四年、破格の待遇を受けて幕内に付出され、十六年五月小結に、十七年一月関脇に、十八年一月西の大関に進む。その昇進の速なる、古来ほとんど稀なるものであったが、この時には同門の大達、一ノ矢等が次々と台頭して来たので、西ノ海は関脇から小結まで雌伏《しふく》すること八場所の久しきに及び、大達、一ノ矢の衰えるのを待って、明治二十三年一月、大関を取り返し、さらにその間、連綿として東大関を占めている剱山《つるぎやま》を凌いで、次場所に三十四歳にして横綱を免許され、その悠揚として迫らざる態度、豪快な取口、得意の泉川《いずみがわ》の一手を以て横綱の地位を維持すること十二場所に及び、二十九年一月、四十一歳にして引退して年寄井筒を襲名し、検査役となった。明治四十一年十一月三十日、東京に病没す、享年五十三。門下に逆鉾《さかほこ》、駒ヶ岳、二世西ノ海等多数の好力士を養成した。西ノ海三代の中、横綱として風格の最も勝《すぐ》れているのはこの初代西ノ海である。

十七代　小錦八十吉

小錦は歴代横綱中、最も当代に人気のあった者の一人であり、また屈指の美男子で、身長は横綱としては一番小さかった。上総国武財《むざ》郡横芝村の人、前代西ノ海より若きこと十二歳、慶応三年（一八六七）に生まれる。明治十三年、高砂浦五郎の弟子となり、十八歳にして初めてその名を番付に出し、幕下十両に進むまでは四年を要したが、十両はただ一場所で入幕し、二十二年五月小結に、二十三年五月、小結より一躍、東大関に昇る。入幕してわずか二年にして大関となったのは、前代未聞の昇進である。この時、小錦歳わずかに二十四。上背は高からず、五尺五寸五分くらいであるが体重は三十四貫に達し、上腕は一尺六寸を越えた。肌は白く、容貌は非常に温和、可憐にして、錦絵の美力士を見るようであり、しかもその性質の温厚無邪気なるを以て、一代の人気を博したが、見掛けの優美なるに似ず、土俵上は勇敢敏捷にして変化に富み、離れてよく、組んでよく、得意の突っ張りは非常に鋭く、たいていの場合は突っ張り通し、突っ張っては叩き、組んでは投げも捻りもあり、その盛時には、白象の狂うが如しといわれた。大関に居ること九年、この間、敗戦せることわずかに十余度に過ぎず。二十九年、二十九歳にして横綱を免許され、可憐なる横綱として人気はますます高まり、東京に小錦織という新織物が売り出されるに至った。さすがの小錦も、荒岩が躍進して来るに及んで、その蹴手繰《けたぐ》りのために鋭鋒を挫かれ、三十四年一月、三十五歳にして引退し、年寄二十山《はたちやま》を襲名し、直ちに検査役に推され、次いで取締にも当選し、徳望があった。まさしく強くて愛嬌のある横綱は、古来、小錦を以て第一とするであろう。小錦は大正三年、中国九州巡業中、急病を以て博多で没した。享年四十八。

小錦大関の時、関脇に昇って来た名力士朝汐がいたが、小錦より年長で、そして若き小錦が長くその地位を維持したため、朝汐、大関に進んだ時は、ややその全盛時を過ぐるの感があった。またこの時、「滅法強い鳳凰《ほうおう》」といわれた鳳凰、その敵方に出現し、その輪廓、常陸山より一層大きく、鳳凰といえば強い者の代名詞のようであり、常陸山が初顔合わせに鳳凰を破った時、歓喜の余り、双手を挙げて満場の歓呼に答えつつ、土俵を一回りしたことがあった。如何に鳳凰が強かったかが分かるが、鳳凰は技量としては、泉川の外に見るべきもの少なく、小錦と常陸山との間に挟まって充分に伸びることを得なかったのは不運であった。

十八代　大砲《おおづつ》万右衛門

大砲という新文化的の名は、角力の新時代を代表する名でなければならぬ。この力士は、その名にふさわしい巨漢であった。身長六尺五寸余、体重三十七八貫に達し、肥満せず、腹は出ていないが、そのズバ抜けた長面、長脚と肩幅の広さとは、人を驚かした。その肩幅は、電車に乗れば窓二つに跨るほどであり、下駄は爼《まないた》の如くであった。腰以下は割合に細長く、その強味は絶大な腕力にあるといわれた。肺量計でも、握力計でも、彼の肺活量と握力とを測定することはできなかった。明治以来の角力としては武蔵潟以後の巨漢であった。

大砲は、小錦よりわずかに二歳の年下であるが、その出世は十年以上も後れ、小錦が大関になった時、大砲はようやく二段目であったほど、その進境ははなはだ遅々たるものであったが、大器晩成というのは、この人のために設けたかと思われるほどで、大関、横綱となった頃には、ますます無類の強味を発揮し、何人も彼に向かってあえて正面攻撃を試みることを得る者はなく、常陸山といえども、相四つに組んでは、いつも引分けに終わるばかりであった。もっとも常陸山は、叩きその他の手を以て、数回勝ってはいるが、多くの場合、奇手を弄することなく、互いにまともに組むを常としたから、大砲は「相手が谷右衛門と聞けば、安心だ」と言っていた。大関横綱としての大砲は敏捷ではないが実に堂々たる大力士であった。

大砲は明治二年(一八六九)、磐城の国、苅田郡三澤村に生まれ、十五歳にして上京して、尾車文五郎の弟子となりて、三沢滝と呼び、序二段の時、大砲と改名した。大砲の勇名は早くから世間に喧伝されたが、新入幕は二十四歳、一たび小結に進んだものの、病気のためにまた下り、三十一歳、入幕以来八年目で、明治三十二年五月、初めて西大関となり、三十四年五月、小錦引退の後をうけて、横綱を免許された。大関横綱を勤むること十八場所に及び、その魁躯と腕力とを以てたいがいの相手を子供扱いするかの観があり、「凄《すご》き存在」として、長く国技館の名物であったが、四十一年、引退して年寄待乳山《まつちやま》を襲名し、直ちに検査役に推され、大正七年五月二十七日、瘍《よう》を病んで東京に没す。享年四十八。その墓は回向院にある。同向院は、古来、角力道の檜《ひのき》舞台たる名所であるが、回向院に葬った横綱は大砲が最初である。

大砲を憶《おも》えば、土俵上のマンモスを連想する。明治末期以来、マンモスらしい大力士が、大砲、出羽ヶ嶽と今の横綱男女川《みなのがわ》の三人がいるが、その強味に、凄いという感じを与えたのは、大砲が一番である。大砲と同時に、「角力道の摩利支天《まりしてん》」とまでうたわれた荒岩のスピード第一のキビキビした角力があり、大砲の大きくてスローなのと好対照であった。大砲に対して世人は時々「大男、総身に智慧がまわりかね」の俚諺《りげん》を連想する者もあったが、大砲は土俵でこそノソノソしていたが、思いの外《ほか》、頭脳明晰、算盤《そろばん》は荒岩とは比較にならぬほど上手で、また平生はムッツリしているようだが、当代の力士中、稀に見る論客であった。大砲は言うならば仙台角力の雄なるものであるから、一時、谷風襲名の議が起こったくらいである。

十九代　常陸山《ひたちやま》谷右衛門

「谷風以後の谷風」ともいうべき人気を得た大力士は常陸山であった。著者は「名人達人大文豪」の一書に、常陸山の評伝を書いて「花は桜に、角力は常陸山」の一語を似て、彼を礼讃したのであった。全く常陸山は何人の目にも永久に残る立派な角力であり、明治以来、角力の花であった。常陸山はただだに本人が抜群に立派だったのみならず、力士として弟子を養成することには未曾有の成功を示し、自分の外には一人の幕内もいないごく貧弱な部屋を引き受けて、力士時代から出羽海襲名の後の者を加えて、弟子二百数十人に達し、横綱大関を出すこと各三人、幕内力士を出すこと数十人に及び、火山とも思われざりし山が爆発して有名なる火山となったかのように、突如として角界空前の大部屋を現出した。一方の幕内力士の大部分は、以来、今日に至るまで出羽海部屋を以て占むるに至り、今後の繁栄もまた期待すべきものあり、角界において絶対多数を占める実情であって、天下を二分してその一方を保つものにして、すべての他の部屋の連合軍を以て出羽海部屋に当たるの観がある。誠に江戸勧進《かんじん》角力あって以来、その隆盛は比類すべきものなく、世に「角力王」と称せられ、土俵を勤めし頃より早くに、その勢望は角界を圧倒するかに見え、年寄襲名して取締に当選してよりは、断然、東京相撲協会の覇者となった。このような多数の有力門下を擁して、実力、勢望、斯界を風靡《ふうび》するに至っては、谷風であってもまた追いつけないところであった。しかもその部屋の隆々たる繁栄を来たしたのは、ほんの数年間のことであるのを見れば、その偉大なる教育力と、社交の成功とを想像すべきである。常陸山は活達豪放にして、交際場裡に活躍し、本業の角技に精励するとともに、部屋の経営に邁進して、またよく紅灯緑酒《こうとうりょくしゅ》の間に出没し、各方面に精力の濫費を惜まずといわれるほどであった。彼が新入幕の頃には、味方にはほとんど他に新鋭の力士なく、敵方には大砲、梅ヶ谷、荒岩、海山、国見山、鳳凰等超弩級艦《どきゅうかん》を以て目せられる巨豪群の競い進むに対し、彼がそのいずれと対場するに当たっても、満都の好角家を熱狂せしめ、前日よりして予約の観客は四方の桟敷に溢れ、当日、後れて来た者は入場することを得ずして、空しく帰る者、日に数千人に達するほどであったという。彼に肉薄する好取組が多かったが、彼はまるで夜叉《やしゃ》王が荒れたる如く、孤軍奮闘、以て残らず巨豪群を撃破する壮観は古今独歩としか思われず、木戸御免の丸上老人をして、常陸の前に常陸なく、常陸の後に常陸なしとさえ絶讃せしめたほどの大力士だったのである。常陸山は身長約五尺八寸、その全盛時代の体重は約三十八貫ぐらいで、四十貫に達した時は、実はやや峠を下った時であった。常陸山の全盛時代の面影はといえば、強力巨躯の大蛇潟《おろちがた》を泉川《いずみがわ》に撓《たわ》めて振り飛ばして、はるか後方に至って倒れ、また太刀山の鉄砲は、これをまともに受け得る者一人もなかりしに、常陸山は胸を張ってこれを受け止めるや、飛び込んで左を差し、捻って太刀山の体、横さまに転んだ。全くその全盛時は土俵上の英雄という外はなかった。入幕より引退まで、約十六年間の本場所星取表中、黒星わずかに十四を算するのみ。その勝率の高きこと、まことに不世出の大力士というべきで、常陸山以後、未だその塁《るい》を摩《ま》する者は出現するに至らない。（口絵⑲参照）

常陸山の伝記は、優に一冊子をなすに足ると思う。それほど伝記の材料の多い点においても前代未聞であろう。常陸山は、大正三年、横綱の時、自分の名を以て、「相撲大鑑」の一書を著した。この書中の付録に、その略伝を載せている。「四肢の過不及なく発達したる点において、腕力技量のこれに伴う点において、さらに、志気抱負のはるかに他を抜く点において、これ等の諸点を一身に集めたるを、現代の横綱大関常陸山谷右衛門とす」と書き起こしてあるのは、先ず、常陸山の風格を描き得たものであろう。彼は水戸市上市三の丸の剣道家市毛高成の長男にして、明治七年（一八七四）一月、代々水戸の藩士たる家に生まれる。当代の錚々たる剣豪内藤高治及び田中厚の二人は、その叔父に当たる。彼の剛強なる性格は、その家系及び血統によるところが多いと思う。少年の頃より腕力抜群なりしを以て、明治二十三年十二月、十七歳にして先代常陸山に入門し、水戸の地名を取って御西山と呼び、翌年一月、前角力、次いで序の口に進み、二十一歳にして師名常陸山を襲名し、三段目に進んだが、故あって東京を脱走して、名古屋角力の群に投じ、後に大阪角力中村芝高の部屋に入りなどして数年を送ったが、到るところに敵なく、ほとんど一年中、角力を取らせられること稀《まれ》なるを以て、雄心勃々たる彼は物憂《ものう》いの感に堪えず。三十年秋、二十四歳にして東京に復帰し、当時東京角力には、二代梅ヶ谷、まだ十両ながら稀代の大剛として、満都の人気を独占するの風あるに際し、彼は帝国ホテル及び九段の花角力の二場所において、続けて梅ヶ谷を破り、英名、たちまち満都を圧し、翌三十一年一月、東方幕下大頭に付出され、同年五月、幕下筆頭に進み、幕内の選ばれたる諸豪と対して全勝し、英姿さっそう、観衆より「二段目の横綱」の呼び声を送る者あり。この時、実力、すでに大関に値したであろう。かくて翌三十二年一月入幕して、前頭四枚にその名を署し、次に一躍、関脇に進んだが、病気のため休場し、三十四年五月、二十八歳にして大関となり、梅ヶ谷と両々対立して、谷風、小野川以来の偉観と称せられ、三十七年一月、両雄相並んで横綱を免許せられた。

当時、「思うに人情、古を尊び今を卑しむより、谷風、小野川といえば、鬼神の如く尊崇すれども、今の常陸山、梅ヶ谷の、さらに雄偉なるものに過ぎず」と言った評は、世論を代表したものといわれよう。谷風、小野川は、ともに体格一層魁偉にして、常陸山、梅ヶ谷よりも規模さらに雄大なるものがあったかと思われるが、その伎倆、風格等に至っては、伯仲したものといってもよかろう。

常陸山は、「梅ヶ谷は、もっと強くならなければならぬに、どうしたことだろう」と言ったことがあるが、彼は土俵上の稽古に精進するとともに、新設同様の部屋を拡張するために、財政上の経営が、日夜、彼の頭を悩ましたのである。借金ほど頭を苦しめて、その精力を殺《そ》ぐものはない。それにもかかわらず彼はあれほど強かったが、梅ヶ谷はその養父先代梅ヶ谷の保護の下に、何の苦労もなかった。しかし常陸山が、あれ以上に強くなれなかったのは、財政上の苦労のためであったことは疑いない。次に彼は、明治四十一年、日本の国技を世界に紹介するために、弟子の近江富士を伴って、欧米を遊歴し、その十一月、白亜館《ホワイトハウス》において時の大統領テオドール・ルーズヴェルト氏に謁見して名刀を献じた。クロニクル紙上に「日本角力の白亜館訪問」と題して、巴奈馬《パナマ》地峡、第三期大統領、財政恐慌等々、ル氏のための難問題、常陸山の太っ腹を押し上げるよりも、より以上に苦しいというポンチ絵を掲載した。欧米旅行の間、長らく稽古を休んだのは、土俵生活にはたしかに不利であった。かくて世人は、常陸山の天稟《てんぴん》の強味、その体質の完備せる、相手の肥満して便々《べんべん》たる布袋腹の梅ヶ谷よりも、その土俵生活は、よほど長かるべしとの期待に反し、案外、早く三十九歳にして、大正三年、引退するに至り、取締として東京角力協会の全権を掌握し、動《やや》もすれば専恣《せんし》を鳴らす者あるほど、完全に斯界の覇者振りを発揮すること十年にして、大正十二年六月十八日、急病を以て東京にて病没し、郷里に帰葬す。享年四十九。

如何なる強力士も、一度苦手《にがて》という者が現れると、その苦手に対してのみならず、全体的に衰えて来る。苦手ができたというは、その弱点が発見されたことを意味する。「荒岩出て小錦衰え、黒岩出て鳳凰衰う」といわれた。梅ヶ谷も、大見崎には四戦三敗した。たいていの強力士には、長い間に苦手が現れるのを常とするが、常陸山には、一生、苦手という者が一人も現れなかったのは、斯界で古今きわめて稀である。駒ヶ嶽の腰、太刀山の腕、ともに天下無敵だが、常陸山は、腕も腰も揃っている。その体格がこのように完備して、その気性の強剛、闘志の旺盛なるは、まゆの辺りに溢れ、敵を睨殺《げいさつ》するようなそぶりがあり、しかも如何なる敵に対しても、必ず受けて立つ。碁でいえば、だれに向かっても白を持つという自信があり、その体格、力量が、その自信を実行するに十分であった。しかも堂々として豪壮を極めたその取口のうちに、実は技術として堅実なものを含んでいた。常陸山、梅ヶ谷と併称されたが、世人は皆、常陸山は強く、梅ヶ谷は上手だといったが、常陸山は自ら、「角力上手は梅ヶ谷よりも自分の方だ」と言っていたが、その意味は、梅ヶ谷の技術は細かいが、作戦は自分が上手ということであった。話は違うが、常陸山、梅ヶ谷を評論するは、団十郎、菊五郎を評論するような趣味を覚ゆるのである。

二十代　梅ヶ谷音松

常陸山の好敵手とうたわれた二世梅ヶ谷は、常陸山より若きこと約四歳。明治十一年（一八七八）に、越中国中新川郡西水橋の売薬業押田喜平の次男として生まれ、十三歳にして先代梅ヶ谷に入門し、後、その一女に配して婿養子となり、初めは梅の谷と称し、大関となるに及んで、梅ヶ谷を襲名す。

二代梅ヶ谷は、少年以来の角力として、最も早熟し、かつ成功したる点において、古来ほとんど無類のものというべく、十九歳幕下、二十歳の一月、十両に進み、その夏は貧乏神（十両の筆頭）に進み、二十一歳の正月、新入幕に、全盛時代の横綱小錦を破り、直ちにその夏前頭二枚に進み、二十二歳の春、小結、その夏、関脇に、翌明治三十二年五月、二十三歳にして大関となり、三十六年十月、二十六歳にして、常陸山と同時に横綱を免許さる。二十三の大関、二十六の横綱というは、角力あって以来の破天荒であった。かくて常陸山と対立して、東西の両雄、角界の至宝として、天下の人気を呼び、角力熱を煽り、角力中興の功績者に次ぐべきものであろう。大正四年五月、三十七歳にして引退し、直ちに検査役に推され、十一年一月、取締となり在職五年、昭和二年、越後路を巡業中、急病を以て与坂町に没す。享年五十歳。

梅ヶ谷は、身長約五尺六寸、しかもその体重は四十二貫に達し、乳はかますのようで、肥えたる腹は二段に垂れ、彼以来、彼のように肥満したる者を見ざるほどなるも、土俵上の動作は敏捷にして、技は特に、肥満者に稀なる巧者であった。明治以後の横綱力士中にあっては、屈指の大力士と称すべきである。

角界に一時、越中閥の称があったのは梅ヶ谷に始まる。梅ヶ谷一度出でて、続いて緑島、玉椿、黒瀬川、太刀山等の名力士、輩出して越中角力の壮観を現出せしめたのであった。

二十一代　若島権四郎

光輝ある大阪初代の横綱である。東京が常陸梅対立の燦爛《さんらん》たる時代を現出せしめたるに際し、大阪で、遥かにその精彩を照映せしめつつあったは、すなわち若島である。大阪角力としては、空前絶後の名力士であろう。

若島は本名加藤権四郎、明治九年（一八七六）一月、東京京橋区八丁堀に生まれ、生粋《きっすい》の江戸っ子である。江戸っ子が大阪の初代横綱になったのもおもしろいが、若島は、明治十五年まだ七歳の幼童にして、当時、東京角力の東大関若島に入門したのである。こんなに幼年にして角力部屋に入った者も、古今東西ほとんど稀であろう。若島は、十四年から十七年まで、初代梅ヶ谷に対立して一方の大関だったもので、改めて楯山と称し、明治天皇、延遼館の天覧大角力に、梅ヶ谷と東西両大関を勤めた。横綱若島は、この旧師の名を襲いだのである。初代梅ヶ谷は大阪角力から来て、東京の雄となり、その最も長く相手の大関たりし若島の弟子は、入れ代わって大阪の雄となったのも、因縁の深い話である。

若島の初土俵は明治二十三年、十五歳の時、初めは松若、明治二十九年一月、入幕して楯甲《たてかぶと》と改名、翌三十年五月、さらに若島と改名、新進花形として非常に著名であったが、人気に引きずられて放蕩者となり、番付は急降下するし、なお泣き面に蜂で、天然痘に感染して、後までも薄痘を留め、一時茫然として全く元気を失い、髷《まげ》を斬って坊主となったりしたが、明治三十一年、二十三歳にして若島部屋を去って、前触れなく大阪に往き、大阪相撲協会頭取中村松五郎の部屋を頼って、そのまま、若島権四郎の名を似て、更生の第一歩を踏み出し、努力精進の結果、天性の才華おおいに発揚し、わずか二年足らずの間に、三十四年一月を以て、二十六歳にして、大阪角力の大関となり、続いて同三十八年四月、大阪相撲協会より横綱に推薦され、東京大相撲協会加判の下に、司家に申請して、横綱を免許されるに至った。歳三十。当時の身長五尺九寸、体重三十八貫得意は上手投である。

若島は、東京で続けていたとしても、もちろん、横綱たるべきであろう。東京大阪の合併角力は、常陸山、梅ヶ谷を敵手とする若島の巴戦が満天下の人気を呼んだ。東京には、その外に、朝汐、逆鉾、荒岩、駒ヶ岳、太刀山、国見山、大江山等、錚々たる者がいて、いずれも若島一人を目指して競いかかったのであった。待望の若島は、初日に東京の緑島に押されたので、高名の若島もたいしたものではなかったなどと、東京方は言っていたが、常陸山と怪しげな預り角力を取り、次に梅ヶ谷と対場するに及んで、若島の真価は、にわかに東京方の脅威となった。事前に、若島は、「常陸山は豪放だから、間隙《かんげき》の乗ずべきものがある、必ずしも恐れるに足らず。ただ梅ヶ谷は緻密だから、これに対しては成算は立たない」と、しばしば豪語していた。しかし、これは実は逆宣伝で、彼は常陸山が大阪、名古屋に流浪していた時に因縁があり、情意投合しているから、勝負には暗黙のうちに互いの意思がある。梅ヶ谷とは真剣で、そして胸中に成算があったのだ。さて若島と梅ヶ谷は、互いに必勝の意気を以て立ち上がるや、突き合って、土俵の真ん中で、手四つ、睨み合って突っ立ったが、若島は突如、激しく組み合わせた両手を右に引くと同時に、右足を飛ばして電撃的の蹴返し、余りにも見事にきわまって、梅ヶ谷は、蛙をつぶしたように、土俵に四つん這いとなって、満口に砂を噛み、両眼は涙一杯であった。続いて名古屋でも、梅ヶ谷は若島に破られた。天下無敵と誇称した若島も、常陸山には引けを取ったが、梅ヶ谷とは真の互角であり、東京方の各力士、ほとんど若島を破る者なく、この合併大角力におけるこの三雄の勝負は、一代の人気を呼び、大阪の新聞は、そのために号外を発行するに至った。著者は先きに東京で楯甲を見て、久しぶりに大阪の横綱としての若島を見たが、出足が速く、前捌《さば》きもよくて、姿勢の見事なる、全く東京にも得難き好力士であった。

その頃、しだいに力士仲間に自転車が非常に流行し、若島も関西地方巡業中、自転車を飛ばして新しがっていた。山口県に来て、萩から数里の峻坂を下って山口の宮野村に着くところで、誤って転落して頭部を打ち、四股を踏めば、頭に響くので、明治四十年、三十歳の元気盛りを、人々から惜しまれつつ、角界を引退したのであった。かくて若島は、大阪を去って鳥取市に移り、社会事業に没頭して、市会議員となりしこともあり、天下の横綱としての晩年を辱かしめず、後さらに米子市に移って静かに老後を養いつつあると聞く。

二十二代　太刀山峰右衛門

太刀山は明治十年（一八七七）に生まれ、常陸山より若きことわずかに三歳であるが、角力としては遥かに後輩であり、常陸山が大関になった時、太刀山は初めて力士となり、常陸山横綱の時、彼は新入幕というわけで、その経歴、非常の相違があり、したがってその全盛時代に前後があるために、常陸山、太刀山いずれか強きかの問題は、好角家の間に、常に絶好話題の一つになっているけれども、その即決は容易ではない。しかし、それほど問題になるほど、太刀山の強味は常陸山の塁を摩しているのである。好角家として有名な柳澤保恵伯が実力番付を発表し、常陸山を東大関、太刀山を西大関に据えているのは、穏当な評とすべきであろう。太刀山の体格美は、素晴しいものであった。著者は大角力を見ること約五十年の間、彼に髣髴《ほうふつ》たるものを見出さないくらいで、おそらくは古来、稀なるものであろう。誠に雲慶名作の仁王尊の活けるが如く、身長は六尺二寸ばかり、手足の釣合、見事にして、四肢胸肩の硬張は、満身、力瘤《ちからこぶ》の塊かと見え、その動作ごとに、力瘤隆々として動き、さながら金城鉄壁の人間、一見してその無双の強剛を想像するに余りあるものであった。彼の強味は、その鉄砲の一手に現れ、そのひと突きに、たいていの敵手は土俵を飛び出し、彼のふた突きを受けて土俵に残る者は、ほとんど稀であった。

しかもその歳四十一に及んで、鉄砲の威力の旺盛にして、これを凌《しの》ぐ者なき全盛時代の、大正七年一月を以て土俵を退き、年寄東《あずま》関を襲名したが、翌年、検査役総選挙の際、その選に漏れたのを憤《いきどお》り、門弟を残らず高砂に譲って、全く角界を脱退し、一介の老本《おいもと》弥次郎として書画囲碁を楽しみ、力士の時から有名な蓄財家で、早くから資産を成し、悠々として閑日月を送っていた。画は、力士の時から富士山を描くことを専ら学んで、ほとんどその堂に入《い》ったが、碁は笊《ざる》碁である。

太刀山は、越中国婦負《ねい》郡西呉羽村字吉作《よしつくり》、すなわち富山市の郊外、呉羽邸陵の公園、立山の雄姿を望む絶好な地点の農家に生まれた。少壮にして筋骨逞しく、強力の評判、遠近に聞こえたるを以て、東京の年寄友綱、懇望したが、「角力は嫌」と言って応じないので、板垣退助伯、西郷従道侯及び県知事等を煩《わずら》わし、稀に見る大掛りの運動の結果、明治三十二年二月十日、ついにこれをその門下に招致するを得たのである。郷里の風景をそのままに、文字を択《えら》んで太刀山という。時に歳二十三、力士としてはやや晩学の方で、一つ年下で、しかも大先輩たる二代梅ヶ谷はこの年、同じく二十三歳にしてすでに大関となっている。太刀山のようにおそく角力になって、あれほど強くなったということも特筆すべきである。

素人から角力になって、幕下に付出された者が稀にあるが、太刀山のように大成した者はない。太刀山は初めから強かった。二十四歳にして幕下に付出されて全勝し、三年を経て、三十六年一月入幕し、翌年五月、二十八歳にして前頭筆頭に進み、敵方の駒ヶ嶽と対峙し、この頃よりこの両雄は、将来の横綱を見立てて、常陸、梅の後継者として喧伝せられ、世間、広く三たび谷風、小野川の黄金時代の出現を期待したが、不幸にして駒ヶ嶽、病気のために早世し、太刀山の独《ひと》り舞台となるに至った。全くこの両雄は、その体格、力量、匹敵して、離れて太刀山、組んで駒ヶ嶽といわれ、旗鼓堂々《きこどうどう》相当たるの壮観は、この両雄以後には未だ見られない。大錦、栃木山の両剛、同時に出たが、これは一方に並峙していて雌雄を決しない。駒ヶ嶽の早世は、角道のために誠に惜しいことであった。

太刀山は、大剛の評判が大変高いのに似ず、入幕以来、その発達が期待に添わなかったのは、十二指腸虫病に罹ったためであったが、その根治とともに、俄然として、その体格は目覚しき発達を遂げ、その後は、その地位はともかくも、その強味は、一路、大成に向かって邁進した。三十八年五月、二十九歳にして関脇に進み、四十二年五月、三十三歳にして大関となり、関脇に居ること、満四年八場所の久しきに及んだ。これは国見山が同じ友綱《ともづな》部屋の先輩にして久しく大関の地位を維持し、それに並んで名力士荒岩が張出大関を占むること五場所に及び、当時、未だ一方に数人の大関の慣例が開かれなかったので、太刀山は大関になることができなかったのである。荒岩引退し、国見山を代わって張出すに及んで、太刀山が初めて正大関に進み、敵方、駒ヶ嶽、西ノ海の二大関と対峙すること四場所にして、明治四十四年五月、三十五歳にして横綱となり、梅ヶ谷を張出横綱とし、正横綱として常陸山と対峙することとなり、三大横綱の鼎立《ていりつ》すること七場所であった。その頃より角道空前の興隆は、横綱の増加を来たし、大正七年、太刀山が引退の前は、太刀山、大錦、鳳、西ノ海四横綱の群立を見、その五月、太刀山引退の直後には、番付に新たに栃木山を加えての四横綱、九州山、千葉ヶ崎、朝潮、伊勢ノ浜四大関という盛観を呈するに至ったのである。

太刀山が初めて常陸山を破った場所の人気は、谷風の小野川、梅ヶ谷の大達以来、角力道始まって三度目の沸騰点であった。この時、太刀山は例によって激しく突っ張るのを、常陸山が突き返して進み来る瞬間、左にかわして叩き込み、常陸山、双膝を土俵の真中に着いた時、国技館は破れるばかりであった。この突いて叩く注文は、板垣退助伯が太刀山に示唆したものだと伝えられる。その後、常陸山はようやく衰境に入り、太刀山は大成の域に進んだ。太刀山は四十を超えても衰えず、老いて盛んなりしは、歴代の横綱中にほとんど稀に見るところであった。この強味の持久について著者は太刀山を研究して発表したことがある。その詳細は紙面に余裕がないのでその一部を記すと、我が国の力士は、一般的に不養生の風習があるのを免《まぬが》れない。勝てば祝盃、負けるもまた挙杯、場所中、顧客に引張凧《ひっぱりだこ》にされて、夜々、酒宴を重ね、酒色において謹慎を欠くのみならず、飲食もまた節制に乏しき感がある。体力を以て生命とする職業としては、矛盾の生活といわざるを得ない。力士の早衰ということの最大の原因はここに存するであろう。かつて米国人の名士にして、角力のファンとなった者が、日本の力士と、米国の国技ともいうべき野球の選手とを対照して、彼等の養生が、禁酒、禁煙をはじめとし、はなはだしく規律的粛清を主とするに、日本の力士の放漫なるは、早衰する原因であると発表したものがあった。今や、角界の知識、生活ともに向上して旧日の比ではないが、なおこの上にも、早衰を防ぎ、強味の持続を図る点については、実際にますます研究、励行すべきであろう。

太刀山は、以前からこれに注意し、酒食を慎み、力士としては珍しいほど規律的な平静な生活を続けていた。一切の間食をせず、三度の食事の間には、ただタバコの敷島を吹かすばかりで、それも大喫煙家ではない。その食量の少いこと、ほとんど驚嘆に値するほどであった。まだ故郷で農事に従事していた頃は、一日一升米では足りなかったのが、力士となって、だんだんに少食になり、横綱の頃、一日、四合の米にて足りると言っていた。あの魁躯にして、その節制は、このようであった。古来、力士の牛飲馬食の話柄は多々ある。太刀山の如く節食なのは、おそらくは未曾有であろう。昭和十七年病没、享年六十六。

二十三代　大木戸森右衛門

大木戸は大阪二代目の横綱、明治九年（一八七六）、兵庫県菟原郡魚崎に生まれ、本名内田光蔵。明治三十年、大阪年寄湊由良右衛門に入門し、翌年四月、二十二歳で初土俵、二十七歳で入幕、三十歳で大関に進む、身長六尺、体重三十五貫、得意は押し角力。明治四十三年横綱推選問題起こり、角力史上に波瀾万丈の一場面を点出した。熊本の吉田司家においては、大阪相撲協会の大木戸横綱免許の申請を拒絶したので、協会は単独に大木戸に対して横綱授与式を挙行し、住吉神社に参拝し、神前に奉告式を行った。大阪の地元では、この問題に対して非常に同情し、大阪株式取引所はじめ諸方から盛んに援助したが、司家では、これを本邦角力行事の権威を冒瀆《ぼうとく》するものとして、直ちに大阪相撲協会に対して破門を言い渡した。司家が力士並びに力士の団体に対して破門を申し渡したのは、全く前代未聞の珍事である。同時に、東京相撲協会でも協議の結果、自分たちは司家の門弟であるから、司家から破門された大阪の相撲協会とは、提携できないという理由の下に、絶縁を声明したので、東西の相撲協会は全く離れ離れのものになった。

かくて大木戸は、自分免許の横綱を張ること三年間の久しきに及び、東西融和の機運到来し、大阪方の代表者朝日山、上京して、明治四十五年五月二十七日、東京方の代表者常陸山と会合し、双方の了解を得るべき妥協条件を議決し、その後、大阪方は、司家への謝罪準備を整え、同年十一月十三日、熊本に到り、東京方代表及び京都方の代表を付添いとして吉田家を訪問して、会見の末、めでたく三年間の紛擾《ふんじょう》を解決し、改めて正式に、大木戸に横綱を免許した。かくて東西の両協会は、この機会において、ますます融和を固くするため、盛大なる手打式を行うこととなり、大正二年一月二十五日、大阪より朝日山が上京協議の結果、二月十八日、午前九時、大阪方力士乗り込み、同月二十日より十日間、国技館において、三月七日より十日間、大阪において、各東西合併大角力を行うことを決定した。

この頃は、東京の始発駅は新橋駅であったが、予定通り、大阪方乗込みの取締朝日山、横綱大木戸以下全部到着、東京方の雷、友綱、尾車、根岸等はじめ幹部以下出迎え、かねて用意の自動車、馬車、人力車に、各力士の名を記した小旗を立て、順路を練って国技館に乗込むに、行列約十町に余り、先頭はすでに日本橋に達しているに、後列はまだ京橋を渡らぬという素晴しい様子。沿道の両側は見物人が人垣を築き、電車はしばしば立往生をする始末。十時にめでたく国技館に着き、一同、万歳を唱えて乗込みを終了。東京力士はこの出迎えに加わらずして、各自部屋で稽古を励んでいた。この盛大なる乗込みは、誠に本邦角力史上に初めて見る壮観であった。国技館の初日は二十日の予定だったが、その前夜、神田に大火災があったので、遠慮して、二十一日に華々しく初日を出した。

さてこの歴史的、東西合併角力は、国技館の大鉄傘下に催された東京方の常陸山、梅ヶ谷、太刀山の三横綱に、大阪方の大木戸を加えて、四横綱の登場といい、東西の精鋭が一騎打の真剣勝負を争うのであるから、土俵上の熱戦の凄さは、想像に余りあり、土俵入りにも東西両幕下が四組、幕内が四組、それに四横綱と、合計土俵入りが十二組行われるという破天荒の豪華版で、毎日、館内は割れんばかりの大入りであった。横綱大木戸の成績は芳しくはなかった。

初○鶴　渡
二●伊勢浜
三休
四分朝　潮
五分西ノ海
六○　鳳
七預駒ヶ嶽
八●梅ヶ谷
九●太刀山
十休

常陸山とはついに顔が合わなかった。東西殊に大阪方の面子問題は重く取り扱われ、大木戸の土俵入りの恰好が、マンマと首尾よく宝蔵に忍び入った形だということを書いた新聞記事が、取消しを要求されたことがあった。しかし著者の見たところでは、この記事は、実際に、真に迫るものがあった。大木戸の一生の戦績の中《うち》、特筆すべきものは、太刀山を二度破ったことがあるという一事である。大阪においても、同じく若島を破ったことが二度あった。

この合併大角力に付記すべき一事は、この際、東京の雷、大阪の朝日山と、両代表の名を以て、お互いに、力士の引抜き戦を行わぬという契約書を作成したことであった。大木戸は、合併角力打上げ後、間もなく、同年五月上旬、呉市において巡業中、脳溢血に罹り、ついに半身不随の身となり、再び起《た》つ能《あた》わず、東西両協会の支援の下に療養に努めていたが、大正五年十一月七日、享年五十四歳を以て、病没したのであった。

二十四代　鳳《おおとり》　谷五郎

鳳は彗星の如くに出現した快力士であった。太刀山より若きこと十歳。明治二十年（一八八七）、下総国印旛郡大杜村に生まれ、本名は瀧田明である。同郷の先輩たる年寄宮城野の弟子になり、師匠の力士名、鳳凰の一字をとって鳳という。明治四十一年の春、小常陸が貧乏神にて好成績を以て入幕と決している最後の土俵に、鳳は十両よりずっと下ながら、特に選ばれて対場して、小常陸を破り、飛んで十両となり、翌年、一月、破竹の勢を以て入幕し、一挙、大名を成した。大正二年、二十七歳にして大関に進み、常陸山、駒ヶ嶽、朝潮、西ノ海等の諸豪を連破して全勝を博し、好成績を続けて、大正四年夏、二十九歳にして横綱となった。鳳は、身幹五尺七寸に足らず、魁躯ではなかったが、精悍敏捷にして出足早く、その取口は変化に富み、小手投げ、掬《すく》い投げ、肩透かし、頭捻り等を連発し、殊に小手投げを最も得意とし、小手投げを以て横綱を勝ち得たということが、世間に広く喧伝して、その掛け投げにして、「鳳のケンケン」と称して、独得の技とされた。かく記すと、鳳は如何にも角力上手のようであるが、その実は必ずしもそうではなく、鳳の角力は、得意の小手投げをはじめ常に強引の気味があり、彼が白皙《はくせき》美貌にして、性質大胆なるを以て、その角力が、たいそう豪華なる印象を与えたのである。身長わずかに五尺二寸五分の短躯を以てして、よく関脇を保ちたる玉椿が、「角力上手は私で、鳳は上手ではありません、強いのです」と言っていた。鳳は、大錦、栃木山の両雄大成するに及び、大正九年、三十四歳にして引退して年寄となり、検査役、理事等を勤めた。昭和五十六年病死。享年六十九。

二十五代　二世西ノ海嘉次郎

二代目西ノ海は、鹿児島県熊毛郡北種子村大字西の表、牧瀬千代之助の弟子で、本名休八。明治十三年（一八八〇）の生まれである。明治三十一年十八歳の時、鹿児島県に巡業に来た小錦、朝汐一行中の同じく薩摩出身の名力士逆鉾《さかほこ》がこれを発見して、種々、手を尽くして両親を説得し、同門の先代西ノ海の部屋に入門させたのである。かくして彼は十八歳にして上京して、十九歳の春から前角力として土俵に現れた。初めは故郷の地名そのままに種子ヶ島と名乗り、後に星甲《ほしかぶと》と改め、三段目に進んで錦洋《にしきなだ》となり、二十五歳にして十両、明治三十九年五月、二十六歳にして入幕早々、横綱大関と対場し、成績は負越しであったが、その大器を認められ、番付の順位は進み、二十七歳、一躍して関脇に進み、関脇三場所で、先代西ノ海の病没に際し、改めて西ノ海を襲名した。明治四十三年一月、三十歳にして大関に進み、次の三場所ほど駒ヶ嶽に正位を譲り、張出大関となったが、大正二年春場所に再び正大関となり、大関の栄位を辱めぬこと前後七年に渉《わた》り、その間、優勝額を掲げること一回、その全盛期は、身長六尺一寸、体重三十二貫に達し、腹も出て、温厚な風貌、強味と貫禄とともに備わり、大正五年五月、三十七歳にして、第二十五代横綱となったが、時すでに高年の域に達していたので横綱としての寿命ははなはだ短かく、わずか三場所にして大正七年五月引退、先代井筒を襲名して年寄となり、検査役よりさらに取締の重職につき、あるいは角界相談役に推された。

しかし彼の晩年は失意の境遇に立ち、昭和六年一月、取締の辞表を提出し、引籠り中、同二月突然急逝した。享年五十歳。あるいは自殺説も伝えられている。土俵上における悠々として迫らざる、円満なる彼の風格を追想すると、その最後は誠に哀愁を催すのである。彼は大関になってから太刀山とは九度顔が合って一度勝っているだけだが、鳳とは同じく九度合って、負はただ一度である。さすが俊敏なる鳳も、この悠々としたような西ノ海に乗じ難かったと見える。彼自身にも、「私は、どういうものか鳳とは取りやすい」と言った。彼の強味もおおよそ想像される。その勝率は約六割未満である。

二十六代　大錦卯一郎

大錦は、頭で取る角力の創造者ともいうべく、力と技能とを合理化した画期的名力士たるは、斯道の内外ともに衆評の一致するところであるが、彼が如何にしてこの大業を成就したかについては、改めて別に説くこととして、ここにはその経歴の大略を述べる。

大錦、本名細川卯一郎、晩年、姓名判断により雄市と称していた。明治二十四年（一八九一）、大阪市南区島の内鍛冶屋町、細川松次郎の長男として生まれ、天王寺中学在学中は、水泳選手として、大阪毎日新聞主催、本邦初めての遠距離競泳、大阪浜寺間の十浬《かいり》競泳に出場、他日外交界の大立物となった当時帝大学生の杉村陽太郎等と覇権を争った外《ほか》に、弓術、野球等、多くのスポーツに興味を持っていた。最初は肋骨付の騎兵服の華やかさに憧れ、騎兵将校たらんとして、幼年学校の入学試験に応じたが、体重二十一貫、脂肪肥満のため不合格となり、後にまた海軍兵学校に志願したこともあったが、旧師大池菅根氏の忠告に従い中止した。三年生の時、常陸山一行が大阪に巡業して来た時、艶々した大銀杏髷《おおいちょうまげ》に大きな紋付羽織を着た関取姿の偉容を見て、急に力士志望に転向し、角界第一人者、日下開山《ひのしたかいざん》横綱たらんと、大志を立て、父の了解を得て中学を中途退学して、近所の漆商衣川観吉の紹介によって、当時大阪角力の雄、放駒《はなれごま》と新町の料亭駒屋で会見したところ、放駒の鑑識に叶い、将来の偉器なりと推称し、その世話によって、明治四十二年九月、常陸山をその巡業先、広島に訪ねて、所志を述べ、入門することを得たのである。力士名を選定するとき、彼自ら、常陸山以上の常陸山という意味を似て「大常陸」と命名したいと言い、常陸山は、さすがに快然として呵々《かか》大笑《たいしょう》したという挿話が残っている。褌担ぎに大常陸は、あまりに偉すぎるので、結局、大錦ということに落ち着いたが、これは大阪に錦を飾るという意味にもとれるけれども、必ずしも大阪ということに執着しているのではなく、偉大の大の一字が、彼に対し強い魅力であった。彼は初めから天下第一人を志してその目的を達したものである。

彼が前角力になってから横綱に進むまでの成績は、ほとんど古来未曾有ともいうべきほどの快スピードで、驚くべき快記録である。記録は左の如し。

明治四十三年一月　前角力
明治四十三年五月　(序ノ口二十五)
明治四十四年一月　(序二段四十六)
明治四十四年五月　(序二段二十五)
明治四十五年一月　(三段目四十)
明治四十五年五月　(三段目四十三)
大 正 二 年 一 月　(三段目二)
大 正 二 年 五 月　(幕下四十五)

大正三年一月　（十両十五）
大正三年五月　（十両三）
大正四年一月　（幕内、前頭十二）
大正四年五月　（小結）
大正五年一月　（張出大関）
大正五年五月　（正大関）
大正六年一月　（正大関）
大正六年五月　（横綱）

この表に示す如く、大錦は前角力になってからわずか七年目にして、所期の目的を達し、横綱に進んだのである。

大錦の最盛時代は、身長五尺八寸、体重三十八貫、上下体、均衡よくとれて、長き脚、立ち上がるや肉弾のような高速度の突撃から、弾力に富む太鼓腹を使っての寄り切り、吊り出し、敵が踏ん張れば、長脚を飛ばしての外掛け、浴びせ倒し、得意は左差しなれど、敵がもろ差しに成功するとも慌てず、直ぐに片手を首に巻き、腹に乗せての片手吊り、その見事なる体勢と相まって、豪壮な角力振りであった。しかもその最盛時に、突如として引退したのだから、颯爽《さっそう》たる雄姿が、いつまでも人目《じんもく》に残るのである。

大錦の戦績は、入幕以来横綱になるまで、取組四十九の中《うち》、勝星四十二、負星七、勝率八割五分七厘の高率を示しているが、これに対して、入幕以来引退までの成績は、出場数十四場所、取組数百三十八の中、勝百十九、負十六、引分預三、その勝率は八割六分二厘となり、横綱になってから以後に、強味を増したことが知られるのである。なお大錦の優勝額は五枚で、その中、大関として一枚、あと四枚は横綱になってからのものである。その引退は非常に若かったから、もう少し続けていたら、彼の優勝額は更に幾枚かを加えたことは疑いないと思う。

大錦の人物については、記すべきことがいろいろある。先ず彼の力士生活中、第一に豪華版というべきは、大正六年、横綱免許披露の角力を故郷大阪で行った時であろう。彼が生来の理想を実現して、故郷大阪に錦を飾る得意と愉快とは、想像するに余りあるが、大阪においても、土地っ子が東京の横綱になったのは、これを以て初めとするから、この凱旋将軍に対する白熱的歓迎は凄まじい光景であった。北浜、堂島両市場をはじめ花柳界、演芸界、雑魚場をはじめ、全市を挙げての大騒ぎで、大錦の乗込み当日は、出迎えの馬車、人力車は梅田の大阪駅から心斎橋まで続き、沿道は人出のため、電車も一時運転を中止したくらいで、松岡外相のベルリン乗込みもかくやと思われるばかりだったそうで、実に大阪空前の人気を湧かしたと伝えられている。大錦の生涯には、劇的シーンの顕著なるものが幾回かあるがこれがその第一である。

大錦の親孝行は、彼を知る人々がそろって感心していたところで、彼としては、大名を成して親を喜ばせたことは、第一の本懐であり、親の望みに任かせて、大阪において快心の生活を楽しませるようにと心掛けていた。大正九年六月、布哇《ハワイ》巡業の際、老父を同伴して南洋見物をさせたのも特筆すべきことであったが、帰朝して、また老父を奉じて、伊勢参宮をした。老父の大病の時、昼夜、その側に付き切っての看護ぶりのいたいたしさは、見舞人の涙を誘うくらいであったが、老父が逝去《せいきょ》するや、あの眼光の鋭い巨躯の大錦が、遺骸に抱きついて、声を放って慟哭《どうこく》した。彼はこのような人物であった。

大錦が学生の時の挿話は多い。素足で底の破れた靴を穿いて、豪然として闊歩していたことや、夏の日、行き馴れた某教師の宅を訪問し、直ちに昼寝をして、目が覚めるとすぐ黙って帰ってしまったことなど、豪快な逸話がいろいろある。その半面、非常に冷静で、緻密な、合理的な思考を持っていて、何事によらず少しも無駄をしない人であった。タバコを吹かすくらいで、力士としては珍しい下戸であった。酒は三合飲んだことがタッタ一度あると言っていた。彼が十両で優勝して入幕する時であった。著者は力士としての彼に控部屋で初めて面会した。彼が大きな赤い座布団から降りて、鄭重《ていちょう》に、著者を招《しょう》じる光景を、居合わせた新聞記者の群がおもしろがって、翌日の方々《ほうぼう》の新聞に、小さい著者と十倍もありそうな偉大な大錦と相対したポンチ絵が掲載されて、友人間の話題となった。大錦は、そもそも寡言《かげん》の方で、不言実行という方であるが、しかしなかなかの弁士であった。力士の演説家としては、おそらく古来稀な人であろう。登壇して真っ先に、不肖大錦卯一郎と言う癖があった。大関に躍進した披露宴を築地精養軒で催した時、各方面の代表者の祝辞演説があり、著者も師友代表として登壇し、最後に大錦の答辞があったが、この日のすべての演説の中で、大錦が一番の上出来であった。この時が、彼の晴れの演説としては最初のものであったろう。その後は、角道についてのみならず、引退後は、知人の選挙戦に時々応援演説を頼まれ、喝采を博していた。演説は卒直な態度で簡単明瞭であった。

大錦の土俵で、書いておきたいのは、立行司を辞めさせた大勝負である。大正十年五月場所、五日目の事、横綱大錦と新進花形鞍ヶ岳との一番は、満都好角家の期待を似て迎えられたが、立ち上がるや大錦、例により出足早、左を差し、煽《あ》おって息もつかせず寄り進み、寄り切る瞬間、鞍ヶ岳、棄鉢《すてばち》的にうっちゃりを試み、立行司木村庄之助の軍配は、鞍ヶ岳に上がったが、物言いがつき、立会検査役の四人とも、鞍がうっちゃる前に踏み切っていたことを認め、大錦に軍配を上げ直させたのであった。庄之助は立行司として誤審した責任を引いて、即日、辞表を提出した。

このことは、角界の引責美談として伝えられているが、この勝負の当事者たる大錦が、他日、三河島事件、横綱としての面目が立たぬとして、直ちに引責して角界を去ったのも宿縁のように思われる。

いわゆる三河島事件は、協会対力士の紛争として有名なものであるのみならず、このことに関して、大錦が若くて引退するに至ったもので、大錦一生中の最も大なる出来事であるから、事件の大要を説明したい。時は大正十二年、春場所の番付はすでに発表され、明日は初日という一月十一日、大錦、栃木山の両横綱、常ノ花、源氏山、千葉ヶ崎の三大関、並びに立行司木村庄之助、式守伊之助、都合七人を除いて、十両以上の東西全力士、並びに足袋以上の行司一同、突如として部屋を引き上げて、上野駅前旅館上野館に参集し、去九日、力士会において決議したる、

一、協会上り高の一割分配を一割五分とする事

二、力士の引退養老金を倍額とし、一度でも十両に入りたる者には、何分の処置をなすべき事

の二案に対する協会の回答を要求した。協会においては、直ちに年寄会議を開いて、擬議の結果、「現下の財政状態では、何分の即答はできかねるから、春場所打上げ後五日まで保留し、ともかくも明日から角力を取ってくれ」

と答えたが、力士側は、これを以て協会の常套手段として承知せず、太鼓を出す前に是非明答を

と迫り、「我々の要求が通らねば、角力を取らぬ」と、最後通牒を送った。

ここにおいて、この争議はいよいよ大きくなり、各年寄は、各自、その部屋力士の説得に努むるとともに、協会側は、代表者を送って、記者団立会の上で、力士団に対し、「場所後、きっと顔を立てるから、初日を出してくれ」と懇談したが、力士側これに応じないだけでなく、さらに協会に対し、改めて、

一、会同巡業の件
二、現在の協会幹部改革の件
三、役員選挙権の自由及拡張の件
四、力士及行司生活難の件
五、養老金倍額及一割五分配当要求の件
六、行司独立の件
七、平年寄優遇の件
八、決算報告の件
九、角力茶屋改革の件
十、角力道宣伝の件

等、都合十ヶ条の要求を提出した。

協会では、解決容易ならずと認めて、咄嗟に対応策を講じ、ともかく予定通り、十二日に初日を出し、幕下大頭以下の力士だけで角力を取らせ、それと横綱の土俵入りを加え、木戸五十銭の安興行を断行した。国技館としては、前後未曾有のことである。これに対して力士団でも、持久戦の覚悟を固め、三河島の堀口金太郎経営日本電解工業工場を借り受け、ここに土俵を築いて力士一同籠城することとなった。かくして事態は、一瞬の間に最悪の場合に進み、十二日午後三時、両者間の交渉は正式断絶となり、十三日午前十一時に至り、力士団全部に対し、各師匠からそれぞれ破門を申し渡した。所轄相生署長をはじめ、角道懇談会、常陸山会その他の好角団体の斡旋も力及ばず、ついに警視総監赤池濃氏に仲裁を依頼することとなった。

これより先、板挟みの立場にあって、事態の推移を静観していた大錦、栃木山以下横綱大関の七人組は、内部の紛争は内部で纏《まと》めるべきであるとの信念から、いよいよ調停に乗り出すこととなり、協会並びに力士側の双方に対して、「双方無条件で、我々横綱大関に任してくれ」と申し込んだが、双方ともに横綱大関組の申込みを謝絶した。七人組は、もはや、手を引いて静観する外《ほか》はないとまで悲観したが、大錦のみは、「我々仮令《たとえ》面目を潰《つぶ》されたとても、今は決して怒るべき時ではない、隠忍自重して大局を収拾しようではないか」と一同を激励し、さらに力士団に対して「我々は場所後、死を以て必ず解決する覚悟だから、力士側においても、今一応熟考されたい」と重ねて考慮を促した。力士側では我々の要求全部を容れるか、協会幹部が総辞職せぬ限り、解決の道はないとして、その申し出を謝絶した。協会では、七人組の調停を断るとともに、十六日午前十一時、出羽海、雷、井筒、春日野の各幹部、警視庁に出頭し、赤池総監に面会して、調停を依頼した。警視庁では、同日午後二時、力士団より代表者として、太刀光、芦田川、鶴ヶ浜、矢筈山、勘太夫等を招き、「一切白紙で任かせてくれ」と申し出た。力士団では、同じく七人組の調停を断りながら、翌十七日午前十時、警視庁に代表者を出頭せしめて、総監等に対し、白紙調停委任を答申した。事ここに到って、横綱大関七人組の面目は丸潰れとなったのである。こうして警視庁の調停は順当に進捗し、七人組の顔も立てられ、十八日午前零時十五分、事件は円満解決を告げ、関係者一同、同零時半、直ちに日比谷の京都料理平野家に参集して、盛大なる手打式が行われた。先ず総監の挨拶に次いで協会側の謝辞に移った時、突如として意外の光景が勃発した。席を外して別室に赴いた大錦が、艶々しく結び上げた大髷《まげ》を根元から切り、その髷を三宝《さんぽう》に捧げて、席上に現れたことである。満場愕然としていると、大錦は起《た》って、おもむろに決別の辞を述べた。

「私は角界に今度の紛擾《ふんじょう》の起こったことを、非常に遺憾に思い、これが調停のため死を賭して当たったものであるが、微力にして及ばず。かえって角力道内輪の問題を解決するために、総監閣下の手を煩わしたことは実に遺憾である。しかし幸いに総監のお骨折りで、双方ともめでたく手を打ったことは、角界のため誠に喜びに堪えぬ次第であります。私は総監に対し、満《まん》腔《こう》の謝意を表し、また角道将来の隆盛を祈るものであります。

しかし、私としては、初《はじ》めから死を期して居《お》った者でありますから、ここに潔《いさぎよ》く髷を切って、今日限り角界を引退することに致しました。このめでたい席を汚すことは、誠に忍びないのですが、これも自分の微意のあるところを御汲み取りの上、宜しく御諒察を願う次第であります。」（歴代横綱物語による）

その後、彼はその引退理由を声明した。

一、故師常陸山の墳墓の土の未だ乾かぬ間に、かかる未曾有の紛擾を角界に起こして、決して揺がせじと誓った出羽海部屋力士までが、この運動に加わったことは、部屋の頭たる自分として誠に申し訳がない。

二、角力道の最高権威たる横綱の権威を遺憾なく蹂躙《じゅうりん》され、横綱の栄位を辱めたる責任を感じた。

こうしてこの悲壮なる劇的シーンを以て、大錦の力士生涯の幕は下りたのである。

横綱大錦は、大正十二年一月十八日、突然、角界と決別し、本来の面目に立ち返り、一箇の細川卯一郎となった。この時、彼は歳わずかに三十三。年壮気鋭、それに資産もあり、京橋区築地一丁目に広壮なる細川旅館を経営し、従来の閲歴上よりして、報知新聞角力部の顧問となり、陰ながら角道の向上発展を祈っていたが、これだけでは、彼が満腔の覇気を満足せしめるわけにはいかない。彼は、若くして成功が早過ぎたため、その後半生の身の振り方について苦心惨憺《さんたん》であった。むかし三東京伝《さんとうきょうでん》の黄表紙「かたき討後祭」の着想が、ひしひしと彼の境涯に迫って来た。この小説の筋書は、親が殺されて、仇討発足と覚悟した即夜、仇が自ら尋ねて来て、首を授けたので、仇討の目的を達したが、あまりに早過ぎたために、それから改めて仇討の修行を始め、難行苦行してみるというので、大錦の身上には、よく当て嵌まっている。彼が引退して年寄になっていたら、その道でなすべきことは、おおいに有ったろうが、実に一箇の細川卯一郎としては、なすべき事を考えなければならない。彼は、意味もなく巨万の富を擁して、無為に終わるべきではなかった。そこで彼は、早稲田大学に入学し、選科を卒業して、後れ馳せながら、インテリ角力としての彼に学術的資格を追加し、さらに健体術を創案したりしたが、彼の邁進すべき向上一路は別に求めなければならなかった。早大に体育科が新設され、角道講師として招聘さるべきやの記事が新聞にあったが、ついに実現するに至らなかった。角道を含む体育に関する「大学講師」として世に立たんことは、彼が最後の希望であったらしく、幸いにして天命が許すならば、その志望は、実現したであらうと思われ、その暁《あかつき》には、力士出身の大学講師として最初の人であったのに、糖尿病に罹って静養数年に及び、次いで神経痛を起こし、昭和十六年五月十三日、心臓麻痺を起こして、忽然として逝去した。齢《よわい》五十一。大錦の旺盛なる熱意、明敏なる頭脳、そして不断の努力を似てして、不幸病のために、新生面を開拓する壮図を齎《もた》らして、中道にして早世したのは、誠に痛惜すべきである。

二十七代　栃木山守也

「大錦、栃木山」と併称して、角力史上に一時代を画した稀に見る両雄で、また永遠に伝称さるべき斯界の双璧《そうへき》である。

栃木山は、温厚の人物、天性の強く健やかなる骨格、力量を備えて、そして典型的努力の人であった。角力を止めてから後まで、その絶世の強味が長く続いたという意味においては、また雷電以来ほとんど匹敵する者はいないであろう。栃木山は、明治二十五年（一八九二）、栃木県下都賀郡赤麻村大字大前、横田長八の長男として生まれ、本名守也、後に年寄入間川の養子となり、中田姓に改む。太刀山とともに、国技館に優勝額九枚を掲げ、掲額の最高記録の保持者である。

栃木山の得意たる、左差し、右筈《はず》が天下無敵の強味だったことは、太刀山の鉄砲におけると同じである。彼は大正十四年五月、年三十四にして、強い全盛時代に引退したので、斯道の内外の皆から惜まれた。どうして、このように早く引退しなければならなかったか。不可解の引退という者も少なくないが、頭髪が早くから薄くなって、禿々《はげ》とひやかされ、大銀杏《おおいちょう》髷が結えなくなり、禿頭で土俵が勤まらぬというのが、引退の真因であろう。もし彼の実力が許す限り、続いて多年、土俵に働いたとしたら、掲額はずいぶんの多数に達したであろうと思われる。太刀山、栃木山は、ともに引退が早かったのだから、将来、掲額の数において、この二人を凌駕する者が出現したとしても、その強味が太刀山、栃木山を凌駕したとは容易に言えないであろう。

栃木山は少年の頃から強く、草相撲の覇者となったので、進んで天下の力士たらんと志し、明治四十三年九月、十六歳の時、書面を小常陸に送って入門を申し込み、出羽海の門下となったのである。翌年、明治四十四年の夏場所、二十歳にして序の口に出世し、それ以来、連戦連勝、大正三年一月、二十三歳にして十両になるまで、ただ一度、千葉ヶ崎に負けたのみで、翌年一月、入幕して幕尻四枚に列し、翌大正五年一月、二十五歳にして前頭筆頭、同五月、小結となり、翌年一月関脇、同五月、二十六歳にして大関となり、それより二場所目の翌大正七年五月、二十七歳にして横綱に進んだ、当時の身長五尺七寸、体重二十八貫であった。

栃木山の直ぐ前を大錦が歩いていることが、栃木山が大錦に比して、入幕後横綱になるまで二場所ほど長くかかったという主因になる。栃木山は大正四年一月に入幕、同十四年一月の引退に至るまで、十一年間、二十一場所の戦績は、取組数二百一、勝百六十七、負二十三、引分け預十一で、勝率は八割三分、これを入幕後横綱になるまでの勝率七割五分に比すれば、横綱になってから、著しく勝率を増進せしめたことが分かる。その優勝額九枚はすべて大関以後のもので、大関の時二枚、横綱の時七枚である。

大錦、栃木山の両雄は、対立に非《あら》ずして並立であった。同じ味方で同じ部屋の兄弟弟子であったから、両雄が、国技館の土俵に雌雄を争うたことはない。両雄の人物、体格、力量その技量と、ともに著しくその趣《おもむき》を異にして、その特色から生まれ出る壮観を、燦然《さんぜん》として互いに映射し合っていた。両雄は対抗ではないが、競争ではあった。この両雄がもし土俵上で対立していたら、その強味の対照は、如何であろうということは、角道上、大変感興的の話題であるが、具体的にこの疑問を解決することはできない。とにかく土俵上において、敵方で、たまたま栃木山を破った者といっても、次に大錦にあうと、必ず破られている。例えば阿久津川の如く、大潮の如く、朝潮の如く、幸いにして栃木山には勝ったといっても、同一場所において必ず大錦には負けている。それでは栃木山の強味は大錦に及ばないのかというと、必ずしも容易に断言はできない。著者は、出羽海部屋の稽古場において、大錦と栃木山と互いに勝ったり負けたり、鎬《しのぎ》を削って激しい稽古を励んでいた実際を見ている。大錦がかつて著者に語るには、「私は稽古においては、栃木山に三番の中《うち》二番は負ける。けれども本場所の一番とならば何とも言うことはできない」。これが大錦の抱負であり、また実力である。栃木山が無敵の筈押《はずお》しでも、国技館の本場所において、果たして大錦に対して如何ということは、永遠に興味ある謎として残るであろう。

栃木山の力士生活中、特筆すべき三つの大勝負がある。左に略述することにしよう。

㈠ 太刀山を寄り切る

太刀山の全盛時代、その鉄砲は古今未曾有で、たいていの敵手はひと突半といわれている頃、太刀山の褌に初めて手をかける者はだれぞ、初めて太刀山を破る者は果たしてだれぞということが角界の最も興味ある問題となっていた時、栃木山、躍進して小結となり、時は大正五年五月場所、八日目に太刀山と対場することとなった、これぞ角界の待望した大勝負であるが、如何に新鋭の栃木山といっても、この大剛にはとてもというのが、一般の世評であった。しかるに立ち上がるや、太刀山、例の如く鉄砲の威力を見せず、軽く突き合って、栃木山の右を引っ張り込んだ。栃木山が咄嗟に思い切って右から掬《すく》い投げを打つと、太刀山の体がゆるんで栃木山の左もズブリと入った。二本差しとなった瞬間、ここぞとばかり無我夢中で寄った栃木山の勢いに、さすが難攻不落の大剛太刀山も堪え得ずして寄り倒され、凱歌が栃木山に挙がった瞬間、国技館は歓呼、狂乱の坩堝《るつぼ》と化した。栃木山が怒濤の人浪を掻き分けて仕度部屋に帰って来ると、その背中にだれが貼ったか、百円札が二枚ぺったり着いて居り、群衆喝采の包囲に栃木山は支度部屋から出ることを得ず、隙《すき》を窺い、窓から飛び下り、逃げて、部屋に走り帰った。その夜、ひいきから贈られた祝儀が一万二千円と、夢のような話が当時の新聞に見えた。

当日の栃木山の勝利は堂々たるものであったが、その前日、太刀山は宇都宮と取って、互いに突き合い、土俵を一巡りして、とうとう宇都宮が突き出されたが、この時代、太刀山と突き合うことは、事実において、土俵における一つの空想に過ぎなかった。著者も、全盛の太刀山と突き合って土俵を一周した大勝負を、この一勝負以外に見たことはなく、なるほど、蛮君宇都宮の勇力はたいしたものだと感嘆した。この時、太刀山は突き指をして、翌日、栃木山との時に、例の鉄砲を利かせなかったのは、そのためかとも思われる、栃木山はそのことを指摘して、怪我の功名ですと謙遜している。このような風格が彼の徳望ある理由である。

㈡　大潮との初対面

九段、招魂社境内に、本場所があった時、栃木山と大潮とが初顔合せだったと思う。大潮は長身怪力、その傍若無人の強剛振りは、大達の面影を偲ぶに足るものがあった。互いに入念の仕切り、容易に立たず、大潮が突っ掛けて、栃木山の髷《まげ》に触れ、髷が解けて乱髪になった瞬間、さっと栃木山の顔に殺気が迸《ほとばし》った。藁《わら》でぐるぐると髷を結い付け、勢い込んで立ち上がり、左差しの右筈、押して押して押しまくり、悪戦力闘する大潮を、遮二無二《しゃにむに》押し切ったのは、凄くもまた勇ましかった。大潮は退場してから、

「ナンテ恐ろしい力だ、鬼だ、鬼だ」

と言った。このように栃木山が憤然として立ち上がったのを見たことがない。

㈢ 鳳をうっちゃる

鳳が大正四年夏場所、横綱になってから同九年一月に至るまで、五年間の戦績は、八勝二敗の一場所の外は、おおむね成績は良くなかった。元来、鳳が大関になって五場所目に、最初の全勝一場所を得て、横綱に推選された際、新入幕の強剛、大錦、栃木山という評判の両雄がいるのに、その一人にも顔を合わせずして横綱にするのはどうかという議論が、当時の新聞にも散見した。やがて新横綱の初土俵に、三日目栃木山、四日目に大錦と対場して、栃木山には切り返され、大錦には突き落とされて、ともに敗戦し、五日目から休場した。その時以来、鳳は両雄と幾度も対場したが、両雄は旭日昇天《きょくじつしょうてん》の勢いであった。大正八年五月、鳳は四勝四敗休一で最後の日に栃

木山に敗れ、次の大正九年春場所には、三勝三敗休三で、千秋楽に栃木山との対場である。鳳が不成績にもかかわらず、しかも三日の休場後に、再び出場して来たのには深く期するところがあるのだろうと、新聞に書き立てた九日目に大錦に敗れて、次の最終日が栃木山である。ただこの一番に勝ちさえすれば、鳳の声価は保たれるのである。鳳、決死の一戦、立ち上がるや、ヨウと出て来る栃木山の左を取って、激しくトッタリを打ち、栃木山が危うく残す一瞬間、鳳、さっと左を差し、かぶって寄り進み、あわや寄り切るというその時、腰を落とし弓のように反《かえ》って剣の峰に耐えた栃木山が乾坤一擲《けんこんいってき》、見事のうっちゃり、鳳は遠く土俵外に飛び、栃木山は際どく土俵に残った。九分九厘、勝と見えた鳳が、勝敗地を転じて一瞬に敗れ去った鮮やかなうっちゃりの光景は、外国人の観客には殊に驚異に値するものであった。かくて鳳は一生一代の大勝負を失い、この一番を最後として、間もなく引退したのであった。

さて栃木山は、引退と共に、その年の三月、ただ一人、欧米漫遊の途に上り、約一年ほどして帰朝し、直ちに協会の最高幹部に列することになった。この漫遊は、角力道のために何ものか掴むところあるがための目的だったらしく、ニューヨークでは、拳闘王タニーと数時間に渉《わた》り、会談したりしている。

栃木山は年寄春日野となってから、散髪頭で毎日、稽古場に降り立ち、横綱大関以下のために稽古台となり、後進を指導するところがあった。武蔵山及び大の里は、最もその鍛錬を受けたもので、自分では健康のためで、またみんなが喜んで相手になってくれるので、いつまでも止められないのだと言っているが、彼の強味は、依然として衰えず、散髪頭の大剛横綱の武威を、いつまでも稽古場に見せていた。

ここに、角力史上に特筆すべき一大事実は、昭和六年六月、相撲協会の主催により、大日本相撲選士権大会、第一回が神宮外苑において挙行された時、彼は春日野として、藤島（常ノ花）及び他の年寄数人とともに参加したが、当たるを幸い、現役力士の第一流を残らず薙《な》ぎ倒して、最初の選士権を獲得し、天下の力士をして顔色無からしめた。年寄が晴れの土俵に、大関以下をすべて投げたというは、角力道始まって以来の珍事である。この角力は三日間であったが、初日に、春日野は、寄り進む玉錦を土俵際で捻ねって勝ったが、玉錦は、再び資格を得て出場し、最後の三日目に、またも春日野と対場した。三日間、全勝者同志の選士権争奪戦の成績は、左のようであった。

準決勝

玉　錦（出し投げ）鏡　岩

天　龍（上手投げ）信夫《しのぶ》山

春日野（押し切り）能代潟

決勝戦

玉　錦（寄り切り）天　龍

春日野（掬い投げ）玉　錦

春日野（下手投げ）天　龍

成績は春日野第一、玉錦第二、天龍第三であった。この時春日野すなわち栃木山、年まさに四十、しかも現役を退いてより六年余りになる。玉錦は歳二十九の血気盛り。それで特に優れた大力士たちが、この老雄に総嘗《そうな》めにされたことは、角界の驚異で、放送で聞いていた全国の角力ファン達、ことごとく呆然としたということである。しかも決勝戦に、春日野対玉錦の一番、春日野は左に褌を取り、右を差して寄り、玉錦の堪えるところを右からの掬い投げ、巨躯の玉錦はモンドリ打って投げ出され、もののはずみというは恐ろしいもので、一度転だら止まらず、ころころと二回転した。素晴しい栃木山の掬い投げは、いつまでも、その威力を逞しかったのである。

大錦は、この勝負を評して、春日野の老雄振りは、角道奨励のためには、無上の模範であったが、一面、現役大関が散髪頭に投げられたということは、協会の興行政策のためには得策でなかったと言った。

しかしこの事実は、角力史研究上には部類の好資料を提供したものである。従来、常陸山が強い、太刀山が強いなどと言っても、碁、将棋と違い、角力道には譜というものがないから、現在の力士に比較して、的確にその強味を測るべき標準というものはなかった。ところで栃木山は、引退後、稽古を続けていたとは言え、現役以後六年有余を経て、現役のような緊張した勝負もせず、かつ年齢も四十という頽齢《たいれい》に達しているから、現役時代の血気な栃木山よりも強味は下がっているものと見るが至当であろう。それにもかかわらず、現役の大関以下を総嘗めにして、汗を出すような勝負は一つもなかったということだから、六年前、現役時代の横綱栃木山の強味というものは、おおかた想像されるであろう。

したがって大錦、栃木山の強味、またその上に一段と強かった常陸山、太刀山の強味というものが、どんなに古今に傑出《けっしゅつ》しているかということに想到《そうとう》することができるだろう。

二十八代　大錦大五郎

明治三十六年の秋だったと記憶する。著者は淡路島の洲本町に二、三日滞在中、偶然に熊ノ音、盛山等大阪の中角力一行の花角力を観た時、三段目ながら、大錦の角力振りに注目し、必ず将来の大関になると推賞したが、それがすなわちこの大錦大五郎だったので、二度目に著者が見た時は果たして大阪の大関であった。明治十六年（一八八三）、愛知県海部郡鍋田村に生まれ、本名は鳥井大五郎といい、温厚の好人物、身長六尺一寸、体重三十三貫、大阪第三代の横綱である。

大錦は十九歳の時、京都角力、年寄伊呂波幸太郎に入門して、三段目まで進んだが、伊呂波は、同人を京都角力で終わらせるのは惜しいと思い、明治三十五年夏、自ら大錦に勧めて、大阪相撲協会の取締朝日山に紹介、入門させて、トントン拍子に出世し、明治三十九年一月には、前場所全勝の故を似て、十両の十枚目から一躍して入幕、幕尻四枚に昇進の番付が発表されたが、この入幕に対して、異論が起こり、前例なき破格の昇進、不公平の行為である、今一場所、貧乏神の資格で取らせろと言い出し、朝日山の横暴として攻撃する者さえあったので、ついに大錦を貧乏神の資格を以て、初日に小結岩友と対場して、これを吊り出し、八勝二敗の好成績を似て、改めて堂々と入幕した。番付発表後に力士の地位を変更したというのは、全く角界に珍しいことであった。かくて大錦は、明治四十三年一月、二十八歳にして大関に進み、前後九年、その地位を辱しめず、大正七年、横綱に推選され、東京相撲協会加判の下に、同年四月、熊本において、吉田司家より免状を授与されたのは三十六歳の時である。

大錦は、大正十五年一月、東京大阪両相撲協会合併を機として、角力界を去り、大阪、曽根崎新地に京糸という茶屋を経営し、同花街の取締として声望を占めているという。

二十九代　宮城山福松

大阪第四代の横綱宮城山は、大正十五年、東西相撲協会合併して、大日本相撲協会となった時、資格対等の条件で、そのまま、東京に来て、横綱の栄位に就いたのである。

宮城山は、明治二十八年（一八九五）二月、岩手県西磐井郡山の目村小坂、佐藤丑蔵の四男として生まれ、本名福松。少年時代には父の手伝をして乗合馬車の馭者《ぎよしや》などをしていたそうだが、出羽海一行の大角力が巡業に来た時、自ら進んで出羽海部屋に入門したのは、明治四十三年、十六歳の時であった。角力になってからは、相当進歩も早く、三段目に進み、有望であったが、病気のためにやむを得ず土俵を退いたが、大正二年二月、病気全快とともに再び角力に志し、今度は大阪の高田川部屋に入って、宮城山と名乗り、幕下と三段目との間に付出され、累進して同五年一月、二十二歳にして入幕し、翌年夏場所には早くも大関に昇進、同十一年五月、二十八歳にして横綱を免許され、ついに東京に復帰するに至ったが、東京の横綱としては、昭和二年春場所に横綱常ノ花に敗れたのみで、十勝二敗の好成績を以て掲額した外、昭和六年一月に至るまで、出場数十一場所、休場二十日、取組番数百一番の中《うち》、勝五十四、負四十七、勝率五割三分四厘で

あった。ただ「角力の神様」とうたわれた小男の大関大の里に対し、対場九回、七勝二敗してい
るのは、特筆すべきことである。身長五尺八寸、体重三十貫、左り四つで角力は上手であった。

三十代　三代目西ノ海嘉次郎

明治、大正、昭和の三代に渉《わた》り、同じ西ノ海嘉次郎の名を以て、横綱の栄冠を戴くこと三人に及んだのは、角力史上の話題とするに足るであろう。三人とも同じ薩摩の角力たることは言うまでもない。歴代横綱中、同じ部屋から多くの横綱を出したのは、出羽海部屋の六人を最高記録とするが、同名の横綱に至っては、井筒部屋の西ノ海三人に匹敵するものはない。

西ノ海は、鹿児島県、姶良郡国分町、松山伊左衛門の次男、本名伊勢助、明治二十三年（一八九〇）十一月の出生、明治四十三年五月、井筒部屋に入門、身長六尺一寸、体重三十二貫、初名源氏山で久しく知られている。大正五年二十七歳で入幕、三役と前頭とを浮沈すること六年に及び、大正十一年一月、三十三歳にして大関の栄位に上がり、翌十二年五月、ついに横綱となり、翌年春場所、師名を襲いで西ノ海となったのである。

三代目西ノ海は、立合いが下手なのと、二本差しとが有名で、もし立合いが上手だったら、あの体格力量で、相当な武勇の評判を馳せたであろう。二本差しを得意とする横綱も珍しい。入幕後、引退までの勝率は六割八分六厘。昭和三年五月、引退して年寄浅香山を襲名したが、検査役

にもならずに、平年寄として昭和八年寂しく病没した。

三十一代　常ノ花寛市

櫓《やぐら》投げをはじめ、その絢爛《けんらん》たる角力振りが今なお角力ファンの目に残る横綱常ノ花は、明治二十九年（一八九六）、岡山市上西川町に生まれ、本名山野辺寛一。明治四十二年秋、当時、第十七師団長一戸兵衛《いちのへひょうえ》将軍に見出され、その紹介を以て、常陸山の部屋に入門したのが歳十四、将軍の命名で、常ノ花と名乗り、明治四十三年春場所、十五歳の初土俵。部屋では師匠の常陸山をはじめ兄弟子たちから、可憐なる少年として愛せられた。

常ノ花は、三段目頃から、早くから櫓《やぐら》投げと上手投げの奥義を体得して、斯界の寵児となり、その昇進も早く、初土俵より十一年目の大正九年五月、大関となり、翌々大正十三年五月、横綱となり、昭和五年に至るまで、その栄位を辱めず、優勝六回、すべて大関以後であり、入幕後引退までの勝率七割二分七厘である。それなのにこの時、九日目に五勝四敗、初めて不振の成績を示すに及び、直ちに休場、次いで声明書を発して引退した。時に歳三十五。力士生活二十二年であった。年寄藤島としては、検査役に挙げられ、引続き協会の総務取締となり、昭和七年一月、いわゆる天龍騒動勃発して、当面の責任者たる出羽海、入間川、高砂の三取締辞職し、協会の前途、ほとんど予測できないような難局を担当して、臥薪嘗胆《がしんしょうたん》、寝食を忘れて努力し、ついに角界未曾有の非常時を乗り切り、次いで四横綱の対立、名力士の続出よりして、角界空前の黄金時代を現出させるに至った功績は、斯道に永久に記念さるべきであろう。

常ノ花の力士生活中、最大の光栄は、昭和五年四月二十九日、天長節の佳日を選んで、宮中において催された天覧角力の盛儀において、常ノ花は、同じく横綱宮城山とともに土俵入り、及び古儀に従った横綱三段構えを勤め、取組には宮城山を寄り切り、東軍の総帥《そうすい》として無二の光栄に浴したことである。

常ノ花は、その最盛時には、身長五尺九寸、体重三十三貫、余り肥満に過ぎず、力士として秀麗なる風貌、角力ファンに一見、好感を以て迎えられ、その風格と相俟って華やかなる取口が、多年、斯界の人気を博していた。常ノ花の角力は、変化百出、敵をして休む間のない身のこなしで、その全盛時には、その登場は颯爽《さっそう》としていた。著者と座談会で会った時、「自分は元来非力であるから、始終、働きかけて、敵に休みを与えないようにしなければならないという信念の上に、鍛練を積んだものである」と言ったのは、彼の角力の本領を説明したもので、彼の角力に現れた頭の冴えは、協会の経営者として成功している理由であろう。

力士として土俵に成功したと同じように、年寄として協会の経営に大成功を示したものは、初代梅ヶ谷及び常陸山に次いで、常ノ花を併《あわ》せて明治以来の三人者とすべきであろう。

三十二代　玉錦三右衛門

玉錦は、当時、名横綱として持てはやされた一人で、出足が早く、寄り身の鋭いことが、その特色であった。しかも男女《みな》の川、武蔵山の両横綱ともにはかばかしくなかったことが、一層、玉錦を引き立てたようである。

玉錦は、明治三十六年（一九〇三）、高知市下知埋立新地、西内喜彌太の長男として生まれる。本名、西内彌寿喜。古来、角力の国として知られた土佐の角力の雄なる者の一人である。角力になった動機は、太刀山一行の東京角力が巡業に来た時、同郷出身の上州山の雄姿に見とれて力士たらんの志を立て、同じく同郷の先輩、有名な海山、当時年寄二所ヶ関の部屋に入門したのが、大正六年、十四歳の時であった。こういう風に、角力の国からは、次々に力士が出て、いよいよ角力の国としての伝統を確保することになるのである。

玉錦は、後年は評判に残るほどの肥満であったが、少年の時は、それほどの怪童でもなくて、入門当時は、規定の体重に足らず、しばらく親方の無駄飯を喰っていた。十六歳にして初土俵、十七歳で番付に出され、その後、一場所も休んだことなく、躍進また躍進で、昭和五年五月初めて張出大関、続いて正大関、昭和八年五月、十六歳で角力になってから十六年目、歳三十一にして横綱に進んだ。身長五尺七寸、体重三十四貫、立合いの巧妙さにおいては、昭和の角力として最も傑出した一人であり、出足が早いのを特色の第一とし、離れてよく、組んでよく、四つは左でも右でもよく、いわゆるなまくら四つであり、泉川《いずみがわ》もあるが、腹を使って寄るのがその身上であろう。入幕以来、昭和十三年五月、横綱現役中に病死するに至るまでの成績は、出場数三十二、取組番数四百五、勝三百十三、負八十九、引分け三で、勝率は七割七分三厘である。苦手といわれた敵手はほとんどなく、清水川に分《ぶ》が悪いといわれたくらいのものだが、昭和十一年、初めて双葉山に負けて以来、最後まで対場四度、ついに勝たず、最後には水入りの大勝負を演ずるに至ったが、双葉山との対場は、いつも非常なる期待を以て迎えられたのを見れば、彼の人気の素晴しかったことは知られる。彼の風貌は大錦に似ているといった人もあるが、だいたいその肥満しているところが似ていて、風格は、むしろおおいに違う。大錦の方がずっと上背があり、殊に脚が長く、体勢が伸び伸びしていて、胸を張って土俵上に闊歩《かっぽ》するが、玉錦の方は、腹がすっと出て、脚が短く、土俵上では、上半身を前に傾け、脚を重そうに引きずるようにして、水を飲みに行く恰好は、また彼、独特の風格であった。その角力振りに至っては、その巨躯に似合わず、引き受ける角力ではなくて、必ず先手に出て行く角力であった。それで、彼の最後の強敵双葉山と対照すると、玉錦は、闘志満々としていて、強いことは強いが、双葉山のように落ち着いた気分は彼には見られなかった。

玉錦という名は、彼を子供のように愛した師匠二所ヶ関の妻の名を貰って、それに錦の一字を添えたのであるという。彼は昭和十三年十一月二十八日、宮崎県の巡業先より大阪に乗込む船中に於て盲腸炎を起し、大阪市の日生病院に入院、手術の上、療養に努めたが、感冒の上、肺炎を起こし、十二月四日、遂に逝去した。彼が如何に肥満して腹が大きかったかは、仰臥することができず、盲腸炎の手術を行うに当たり、右を下に横臥せしめ、手術台の横に突出しを作って、腹を置いたというのでも知られる。歴代横綱中、現役で逝去した者は玉錦が最初である。

三十三代　武蔵山　武

武蔵山は、神奈川県橘樹郡日吉村駒林、横山仁平の弟で、本名は武、明治四十二年（一九〇九）の生まれ。十四歳の頃、早や五尺七寸の偉丈夫となりて、世間の目を引き、早くから草角力の覇権を握り、横綱の頃には、六尺一寸五分、体重二十二貫、見事な体格となった。出羽海から懇望されて入門したのは、十八歳の時である。武蔵山というのは、部屋の大先輩、常陸山、栃木山等の巨豪の吉例に倣《なら》って、郷国を名乗ることにしたのである。

武蔵山が初めて番付に現れたのは、大正十五年五月、十八歳で序ノ口に載せられ、稀有のスピードを以て昇進し、昭和四年五月、二十一歳にして入幕、同七年、小結より部屋の先輩たる関脇天龍を飛び越えて大関に進み、同十年六月、力士となってから十年目、二十六歳にして横綱を免許された。

武蔵山は、非常な重望を負うて入幕したものだったが、多年、胃病のために悩まされ、横綱となってからは、右腕挫傷のために頓挫し、ついにその鋼鉄のような強躯を持ちながら、おおいに働くを得ずして若くして引退するに至ったのは惜しいことである。入幕以来九年間、出場二十三場所の戦績を見てみれば、取組番数二百四十二番の中、勝星百七十四、負星六十六、分け預二で、勝率七割二分である。武蔵山は、その身長に比して、脚が長くないという足りないところはあるが、その逞しき筋骨といい、男性美の風貌といい、世間の人気を集めた理由でもあろう。昭和十四年引退。

三十四代　男女《みな》の川《がわ》登三《とうぞう》

男女の川は、茨城県筑波郡菅間村、坂田五十吉の次男として、明治三十六年（一九〇三）の生まれ、本名は供二郎。男女の川の名は、小学時代の旧師で、後に筑波神社社掌たる駒井忠成氏の命名で、筑波山中の名勝みなの川、小倉百人一首の「筑波根の峯より落つるみなの川」の名歌にとったものである。後、歌のことが分かって、落つるということを忌むために、名を登三と改めたのだという。

男女の川は、角道史上の巨人の一人であるから、彼の角力に対しては、一面に、巨人研究の興味を以て見るべきであろう。彼が剛壮無比の体格力量を有しながら、ややもすれば、土俵上は臆病風に吹かれがちで、天下無敵の勇威を発揮するを得ないのは、巨人に特有の、「臆病」なる性質に起因するものに外ならないから、彼を勝たせるためには、彼を憤激させるに限ると思う。かつて武蔵山を小突きまわし、玉錦を引っくり返し、決して前に落ちぬという照国を、十数回も叩き続けて叩き倒し、名寄岩《なよろいわ》を押し潰ぶすような荒芸は、男女の川でなければできぬことであろうが、多くの場合、他愛なく負けるのは、意思の欠乏に起因すると思う。少年時代の彼は、普通の少年と異なるところはなかったのみならず、むしろ小さい方で、意気地なしの弱虫だったそうだが、十六歳の春頃から急に大きくなりだして、徴兵検査の頃には、六尺有余の大男になっていた。巨人というのは、幼少の時から大きいのもいるが、このように、少年時代から、突如として大きくなるのも珍しくない。

男女の川は、あの偉大な体格で、青年時代、屋根職だったというのは、考えてもおかしいようだ。大正十二年の春、彼二十二歳の時、高砂部屋一行の東京角力が、筑波山下の北條町に巡業に来た時、たまたまそれを見物に来た男女の川を、昔の阿久津川、今の年寄佐渡ヶ岳が発見して入門させたもので、「角力になりたての頃、兄弟子の顔を見ると、どれもこれも同じようで、みんな大きく強そうだった」と、当時を思い出して語るそうだが、あの大男から、さらに大きく見える大男は、高砂部屋にも、どこにも居りはしない。臆病な巨人の眼中に、そう見えたのであろう。

彼は大正十三年一月、二十二歳、入門と同時に初土俵で、その出世は割合に早かった。入幕したのは二十七歳で、三十歳関脇の時、いわゆる天龍騒動勃発し、彼も脱走して革新力士団に加わり、朝潮と改名していたが、翌年一月、高砂部屋に帰参して、旧名、男女の川に復し、翌年、大関に進み、昭和十一年春場所の好成績により、横綱に推選され同十七年春場所、四十歳にして絶倫の腕力を擁しながら引退した。

三十五代　双葉山定次

双葉山は、大分県宇佐郡天津村布津部、秋吉義廣の長男、本名定次、明治四十五年（一九一二）の生まれ。

双葉山は十六歳にして立浪《たつなみ》部屋に入門し、十六歳、昭和三年一月、序の口に付出され、同六年五月十両に進み、いわゆる天龍騒動により、新興、革新両力士団の脱退騒ぎにより、一躍して幕内格に進み、その後、めきめきと強味を加えて、トントン拍子に進み、昭和十一年春場所まで、玉錦、男女の川、武蔵山等の諸豪にのみは勝味がなかったが、同年の夏場所、関脇に進むと同時に、これ等の諸豪を連破して全勝し、それ以来連戦連勝、ついに六十九連勝という古今未曾有の偉業を成就し、安芸の海のために、七十連勝を阻まれたとはいえ、何人《なにびと》もかつて想像せざる素晴しさであった。双葉山は、入幕前には主として突っ張る相撲であり、入幕後は、四つ相撲を研究し、大敵に対しては、引っ張り込んでうっちゃることのみを専念するかに見え、足を揃えて大関のゴールに飛び込んだ鏡岩には、度々、うっちゃりを以て、辛うじて勝っていたようだったが、大関以後はほとんどうっちゃりを見せず、またあえてうっちゃりの必要なきまでに、彼の強味は完成したのである。関脇の頃から、素晴しいスピードを以て、彼の相撲は、大成に近づいて来た。敵方に漲《みな》ぎる双葉攻略の怒濤《どとう》は、太刀山攻略以来のことで、安芸の海以来、出羽海部屋の力士にかけられた研究試問は、双葉山攻略であり、さすがの双葉山といえども、今や一場所の全勝も容易ならざるようであるが、彼の強味は依然として微動だもせず、双葉攻略はまだまだ斯界の中心興味たるを失わぬであろう。

双葉山は、今、全盛の力士であり、その研究評論は、他日を期するが至当であろう。しかし彼は昭和十三年一月、二十六歳にして横綱を免許され、古今未曾有の若き横綱として伝うべきのみならず、近来初めて横綱らしき横綱を彼において発見した喜びがある。彼は水は一度飲むきりで、自分よりは立たず、必ず敵を受けて立つ、仕切り直しには塩を取るばかりで、敵が立てば、いつでも応ずる用意を以て仕切っていることは、双葉山に対して、相撲ファンが、最も痛快とするところであり、大剛常陸山は受けて立つを原則としながら、空声で挑戦し、鳳にはそれに付け入られて、敗れたること二度あるが、双葉山は、その空声をも決して用いない。彼は巨豪大達の如くに、中仕切りではない。小仕切りをあえてするほどの強力ではなく、彼自身が言うとおり、割合に非力のようであるが、身長五尺八寸余、体重三十六貫、体格の均斉がよく取れて、技としては、左右いずれでもよろしく、突っ張りもあり、投げもあり、その風貌の示すように、人物、技量ともに理智的にして、精神修養の進んでいる点は最も推称すべきであろう。

三十六代　羽黒山政司

羽黒山は、関脇より大関に進むとともに、めきめき強くなった。双葉山より二歳若く、大正三年（一九一四）十一月十八日、新潟県西蒲原郡松長村字羽黒に生まれ、本名は小林正治といい、故郷を取って羽黒山という。伯母に当る本所区東両国の風呂屋朝日湯を頼って上京、三助を勤めているうち、立浪に発見され、弟子となり、昭和九年一月初土俵、その後、三年四場所にして十両に進む間に、わずか二度しか黒星はない。昭和十二年五月入幕、翌年五月、小結に進み、二場所で関脇に進み、十五年一月、大関に推選され、十六年一月、五月と二場所、続いて十四勝一敗の好成績を占め、二十八歳にして横綱に推選された。双葉山より身長、骨格ともに魁偉にして、逞しく、肩幅広く、腹はあまり出ず、風貌は朴訥《ぼくとつ》にして愛すべく威風堂々たる好横綱である。

彼は、現代において一、二を争う実力を有するようであるが、まだ横綱になったばかりであるから、その横綱振りは刮目《かつもく》して今後に見たいと思う。

三十七代　安芸の海節男

双葉山の七十連勝を食い止めて、にわかに国技館の英雄となった安芸の海は、天下の期待に背《そむ》かず、昭和十七年五月、ついに横綱に推選された。彼は大正三年（一九一四）、広島市の宇品に生まれ、出羽海部屋の力士となり、昭和七年十八歳にして初土俵、それより六年にして入幕、十年にして横綱に推選されたのは二十九歳。身長五尺八寸、体重三十貫五百。得意は左四つ櫓《やぐら》投げだが、技は広く、かつ自由にして足も利き、巧みに頭を敵の胸につけ、全身各部を遺憾なく活用して体力の足らざるところを補い、正攻法を主とする相撲だが、スピードの早いのが目立ち、勝味早く、変化に富み、角力の真理を体現していることにおいて現代の典型的なものといい得よう。

彼は双葉、羽黒及び照国と轡《くつわ》を並べての四横綱の中において、体力は譲るかと思われ、強剛を以て勝さる力士ではなく、訓練と修養とを以て斯道の真理を体得して横綱の栄位を獲得したという意味において、模範的というべく、その穏健なる風格と相俟って好感を与える好横綱である。

三十八代　照国《てるくに》萬蔵

照国は大正八年（一九一九）、秋田県雄勝郡秋宮村に生まれ、郷土の先輩にして角力の神とうたわれた名力士幡瀬川《はたせがわ》に見出されて力士となり、伊勢浜部屋に属して、昭和十年一月の初土俵、同十四年五月入幕、十六年一月の大関、十七年五月横綱に推選された。歳わずかに二十四。初土俵以来七年にして日下開山《ひのしたかいざん》という古来未曾有の超スピードの出世であるとともに、武蔵山、双葉山の二十六歳横綱の記録を破った開闢《かいびゃく》以来の青年横綱である。

照国は身長五尺六寸、体重は三十八貫余。前の小錦を一枠大きくして一層白くしたような、たとえば白象のようで愛くるしい横綱である。寄身強く腰はきわめて強靭にして、叩かれて前に落ちず、四つ相撲の典型的力士である。およそ横綱には、その実力の最高頂においてなる者と、洋々たる前途を有して悠々この栄位を占める者との二種あるが、照国は双葉山とともに後者に属し、しかも一段と早く栄位を占めたものであるから、その前途は測る可《べ》からざるものがある。しかも、角力の国と言われている秋田県から最初に出現した横綱であるから、郷土の人気は湧き立っている。

付記

横綱の強味は、好角家の話題になるが、故人柳澤伯は実力番付というのを作り、東、常陸山、西、太刀山を両大関とし、東、栃木山、西、梅ヶ谷を両脇に据えているのは公平の観察である。常陸、太刀の優劣如何は、これまた好話題であるが、種々の観点から見て、結局、その貫禄のみならす、強味から見ても、常陸を東大関に据えるが穏当であろう。次に太刀山の強味について挿話がある。太刀山の全盛の時、太刀山を向こうにまわして十人掛《がけ》の懸賞角力という話が熊本の大角力興行中に起こり、太刀山は東西の横綱大関以下十人という条件ならばやろうという。横綱大関だけは除いてというと、承知しないのを、吉田追風の声掛りであきらめさせ、関脇以下東西切っての精鋭十人、ここを先途《せんど》と突撃したが、太刀山の堅塁、微動だもすることか、天下無敵の鉄砲を用いるまでもなく、叩き込みをただ一回用いただけで、片っ端から引っ掴んでは放り出し、わずか七、八分間で、強敵十人を総嘗めにして、懸賞金五千円也を頂戴するに至った大剛振りには、満場呆然とするばかりであった。五人掛は谷風に始まり、十人掛は、まだ太刀山だけである。強い角力は幾らも出ようが、大阪の若島のような垢抜《あかぬ》けた好い角力はまたと得難いように思う。

何とも言えない好い姿勢で、角力振りが惚れ惚れするほどよかった。常陸山には勝たなかったが、梅ヶ谷には度々大勝した。それで洗練されていて、金離れがよくて、唄も義太夫も素敵だというから、おおいに持てたのは当然だが、その代わり身が持てず、明治時代の資産四十万円をたちまち失った。しかしいつまでも目に残る横綱である。

横山健堂（よこやま けんどう）

明治5（1872）年、山口県萩生まれ。本名横山達三。東京帝国大学卒。読売新聞記者、大阪毎日新聞記者を経て、国学院大学教授、駒沢大学教授を歴任。明治41（1908）年から黒頭巾の名で『読売新聞』に「新人国記」を連載した。維新史の造詣が深く、漢文調の文体による人物評論を得意とした。著書：『日本近世教育史』『旧藩と新人物』『大将乃木』『薩摩と琉球』『大西郷』『高杉晋作』など多数ある。昭和18（1943）年、逝去。

日本相撲史 新訂版

著 者 横山健堂

昭和十八年一月十日 初版発行
令和六年十一月八日 新訂版第一刷発行

発行者――坂本嘉廣
発行所――㈱冨山房企畫
東京都千代田区神田神保町一-三 〒一〇一-〇〇五一
電話〇三（三二三三）〇〇二三
発売元――㈱冨山房インターナショナル
東京都千代田区神田神保町一-三 〒一〇一-〇〇五一
電話〇三（三二九一）二五七八
組 版――㈱冨山房インターナショナル
印 刷――㈱冨山房インターナショナル
製 本――加藤製本株式会社

ISBN978-4-86600-132-6 C0075